高速铁路线路知识

王春江　主编

中 国 铁 道 出 版 社

2017年·北 京

内 容 简 介

为提高工务系统职工的技能水平，遵循“实用、实效、能力培养”的原则，并结合现场实际情况编写了本书。本书共分为七章，主要包括高速铁路轨道总论、无砟轨道结构、高速铁路扣件系统、无砟轨道施工技术、高速道岔结构及其维修技术、高铁线路养护维修、高铁桥梁结构与检查等内容。

本书可作为工务系统职工培训、学习之用，也可供工务管理人员参考使用。

图书在版编目(CIP)数据

高速铁路线路知识/王春江主编. —北京:中国铁道出版社，2016.3(2017.2重印)

ISBN 978-7-113-21474-6

Ⅰ.①高… Ⅱ.①王… Ⅲ.①高速铁路－铁路线路－岗位培训－教材 Ⅳ.①U238

中国版本图书馆 CIP 数据核字(2016)第 027689 号

书　　名: 高速铁路线路知识
作　　者: 王春江　主编

责任编辑: 刘　霞　　**编辑部电话:** (021)73347　　**电子信箱:** crplx2013@163.com
封面设计: 崔　欣
责任校对: 苗　丹
责任印制: 陆　宁　高春晓

出版发行: 中国铁道出版社(100054，北京市西城区右安门西街 8 号)
网　　址: http://www.tdpress.com
印　　刷: 北京鑫正大印刷有限公司
版　　次: 2016 年 3 月第 1 版　2017 年 2 月第 2 次印刷
开　　本: 880 mm×1 230 mm　1/32　印张:9　字数:261 千
书　　号: ISBN 978-7-113-21474-6
定　　价: 40.00 元

前　言

“361”专业培训实施以来，为铁路运输生产培养了一大批技术骨干和专业技术后备干部，为促进铁路局科学发展、安全发展提供了人力资源保障，得到了上级领导的肯定和广大基层职工的认可，为实现铁路局人才队伍素质提升奠定了坚实基础。

在“361”专业培训实践过程中，我们逐步探索出铁路高技能人才培养模式，并形成了一整套切合工务系统生产实际和高技能人才培养目标所需的培训内容体系。为提高工务系统职工的技能水平，遵循“实用、实效、能力培养”的原则，并结合现场实际情况，充分考虑职工学习的特点，编写了《铁路轨道》、《铁路工务安全》、《铁路测量》、《高速铁路线路知识》四本专业教材，符合铁路局制定的“361”专业培训教学指导方案。

由于编者水平有限，编制期限较短，教材中难免存在不足及疏漏之处，恳请广大读者给予批评、指正。同时，本书在编写过程中，参考了相关专家、学者的论著文献精华，在此谨向他(她)们表示衷心的感谢。

编　者

2015 年 12 月

目 录

第一章　高速铁路轨道总论

第一节　我国高速轨道铺设概况

一、中长期铁路网规划

(一)2004 年中长期铁路网规划

1. 路网规划

2004 年 1 月 7 日国务院原则通过了我国《中长期铁路网规划图》(以下简称《规划》)。

2. 客专规划方案

规划“四纵四横”铁路快速通道和三个城际(环渤海、长三角、珠三角)快速客运系统。

(二)2008 年调整规划图

1. 路网调整规划

2008 年中长期铁路网调整规划,通过了《中长期铁路网规划(2008 年调整)》(以下简称《规划(2008 年调整)》)。

2. 客专调整规划方案

原“四纵四横”骨架不变,进一步延伸、扩展、连通、衔接;新增 6 个城际轨道(长株潭、成渝以及中原城市群、武汉城市圈、关中城镇群、海峡西岸城镇群等经济发达和人口稠密地区建设城际客运系统,覆盖区域内主要城镇)。

二、“四纵四横”客运专线

(一)“四纵”客运专线

(1)北京—上海客运专线,包括蚌埠—合肥、南京—杭州客运专线,贯通京津至长江三角洲东部沿海经济发达地区,线路全长京沪 1 317 km,

合蚌 126 km，宁杭 248 km；

(2)北京—武汉—广州—深圳客运专线，连接华北和华南地区，线路全长 2 230 km；

(3)北京—沈阳—哈尔滨(大连)客运专线，包括锦州—营口客运专线，连接东北和关内地区，线路全长京秦沈 700 km，津秦 257 km、哈大 904 km，盘营 170 km；

(4)上海—杭州—宁波—福州—深圳客运专线，连接长江、珠江三角洲和东南沿海地区，沪杭 153 km，沿海通道线路全长 1 600 km。

(二)“四横”客运专线

(1)徐州—郑州—兰州客运专线，连接西北和华东地区，线路全长 1 400 km；

(2)上海—杭州—南昌—长沙—贵阳—昆明客运专线，连接西南、华中和华东地区，线路全长 2 090 km；

(3)青岛—石家庄—太原客运专线，连接华北和华东地区，线路全长 770 km；

(4)南京—武汉—重庆—成都客运专线，连接西南和华东地区，线路全长 1 900 km。

同时，建设南昌—九江、柳州—南宁、绵阳—成都—乐山、哈尔滨—齐齐哈尔、哈尔滨—牡丹江、长春—吉林、沈阳—丹东等客运专线，扩大客运专线的覆盖面。

三、九个城际客运系统(图 1.1)

四、客运网络系统规划

铁路客运网络系统由客运专线、城际轨道交通和客货混跑快速线路组成。

(一)《规划》与《规划(2008 年调整)》之比较

到 2020 年，《规划》与《规划(2008 年调整)》中有关客运网络系统比较，见表 1.1。

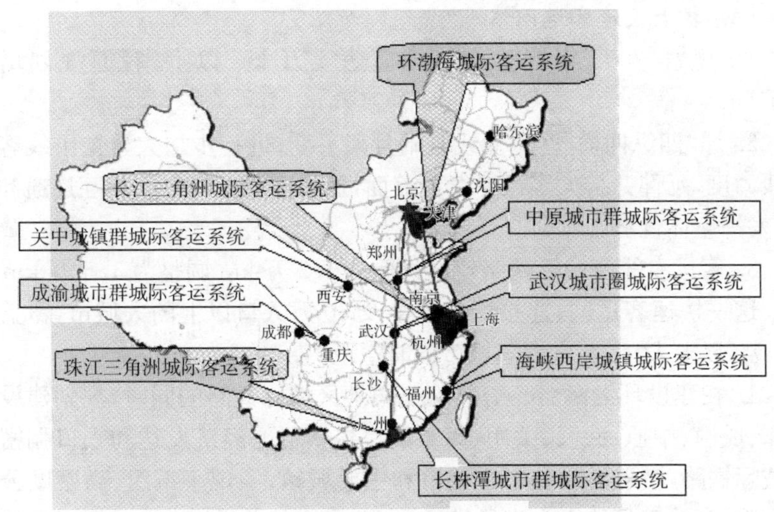

图 1.1　九个城际客运系统

表 1.1　《规划》与《规划(2008 年调整)》之比较(至 2020 年)

内　容	单位	2004 年规划	2008 年调整规划
铁路营业里程	km	100 000	>120 000
复线率	%	50	>50
电化率	%	50	>60
新线建设目标	km	16 000	41 000
客专与城际建设目标	km	12 000	16 000
运输模式		客货分线	客货分线
速度目标值	km/h	≥200	≥200

(二)《规划(2008 年调整)》的目标

到 2020 年,全国铁路营业里程达到 12 万 km 以上,主要繁忙干线实现客货分线,复线率和电化率分别达到 50%和 60%以上。

(三)《规划(2008 年调整)》的重点内容

调整的重点内容是加大客运专线、区际干线和煤运系统建设规模,以及加快既有铁路技术改造。

（四）扩大快速客运网络

1.《规划（2008 年调整）》总规模达 5 万 km 以上，较原规划增加 2 万 km。

2. 原“四纵四横”客运专线基础骨架不变，进一步加大繁忙干线客货分线力度，延伸并扩大客运专线覆盖面，加强客运专线之间相互连通和衔接，发挥整体优势。

3. 客运专线及城际铁路建设目标由 1.2 万 km 调整为 1.6 万 km 以上。这一快速客运网，连接所有省会及 50 万人口以上的大城市，覆盖全国 90％以上人口，大大缩短城市间时空距离。

4. 在建设环渤海、长三角、珠三角地区城际铁路的同时，规划建设长株潭、成渝、中原、武汉、关中、海峡西岸城镇群等经济发达和人口稠密地区城际铁路，覆盖沿线各中心城市和主要城镇，实现小编组、高密度公交化运输，有效满足地区大容量客运需求。

（五）“十二五”高速铁路发展重点任务

“十二五”铁路发展的总体目标是：路网布局更加完善，技术装备先进适用，运输安全持续稳定，创新能力不断增强，信息化水平全面提高，运输能力和服务水平大幅提升，经营效益和职工收入同步增长。到 2015 年，全国铁路营业里程达 12 万 km 左右，其中西部地区铁路 5 万 km 左右，复线率和电化率分别达到 50％和 60％km。初步形成便捷、安全、经济、高效、绿色的铁路运输网络，基本适应经济社会发展的需要。

基本建成快速铁路网，营业里程达 4 万 km 以上，基本覆盖省会及 50 万人口以上城市，区域间时空距离大幅缩短，旅客出行更加便捷、高效和舒适。

发展高速铁路，基本建成快速铁路网。

建设“四纵四横”高速铁路。贯通北京至哈尔滨（大连）、北京至上海、上海至深圳、北京至深圳及徐州至兰州、上海至成都等“四纵四横”高速铁路。

有序建设快速铁路。建设北京至呼和浩特、大同至西安、西安至成都、成都经贵阳至广州、合肥至蚌埠、合肥至福州、南京至杭州、吉林至珲春、沈阳至丹东、哈尔滨至齐齐哈尔、哈尔滨至佳木斯、武汉至九江、郑州至万州等快速铁路，进一步扩大快速铁路网覆盖面。

规划建设城际铁路。规划建设城际铁路。规划建设长江三角洲、珠江三角洲、环渤海地区、长株潭城市群、中原城市群、武汉城市圈、成渝经济区、关中城市群、海峡西岸经济区以及呼包鄂地区、北部湾地区、鄱阳湖生态经济区、滇中地区等城际铁路。利用通道内新建快速铁路和既有铁路开行城际列车，充分发挥路网资源在区域城际客运中的作用。

五、路网建设概况

2003 年 10 月 12 日，秦沈客运专线开通；2007 年 3 月 2 日，台湾高铁（台北至高雄）全线正式营运开通；2008 年 4 月 18 日，合宁客运专线开通，2008 年 8 月 1 日，京津城际开通，2008 年 12 月 24 日，胶济客运专线全线开通；2009 年 4 月 1 日，石太客运专线通车，2009 年 4 月 1 日，合武铁路客运专线开通，2009 年 9 月 28 日，甬台温铁路通车，2009 年 9 月 28 日，温福铁路通车，2009 年 12 月 26 日，武广客运专线建成通车；2010 年 1 月 28 日，郑西客运专线通车，2010 年 4 月 26 日，福厦高铁通车，2010 年 5 月 1 日，成灌高铁通车，2010 年 7 月 1 日，沪宁城际通车，2010 年 9 月 20 日，昌九城际通车，2010 年 10 月 26 日，沪杭高速铁路通车，2010 年 12 月 30 日，长吉城际高铁开通，2010 年 12 月 30 日，海南东环高铁通车；2011 年 1 月 7 日，广珠城际轨道通车，2011 年 6 月 30 日，京沪高铁通车，2011 年 12 月 26 日，广深港高铁（广州南至深圳北段）通车；2012 年 6 月 29 日，龙厦高铁通车，2012 年 7 月 1 日，汉宜高铁通车，2012 年 9 月 28 日，石武高铁（郑州至武汉段）通车，2012 年 10 月 16 日，合蚌客运专线通车，2012 年 12 月 1 日，哈大高铁通车，2012 年 12 月 26 日，石武高铁（石家庄至郑州段）通车，2012 年 12 月 26 日，京石高铁通车；2013 年 7 月 1 日，宁杭高铁通车，2013 年 7 月 1 日，杭甬高铁通车，全长 149.89 公里，2013 年 9 月 12 日，盘营客运专线通车，2013 年 9 月 26 日，向莆铁路通车，2013 年 12 月 1 日，津秦高铁通车，2013 年 12 月 28 日，厦深高铁正式通车，2013 年 12 月 28 日，西宝高铁通车，2013 年 12 月 28 日，渝利铁路正式通车，2013 年 12 月 28 日，衡柳铁路正式通车，2013 年 12 月 30 日，柳南城际铁路通车，2013 年 12 月 30 日，南钦高铁正式通车，2013 年 12 月 30 日，钦防高铁正式通车，2013 年 12 月 30 日，钦北高铁正式通车；

2014 年 4 月 18 日，南广铁路广西段通车，2014 年 12 月 26 日，南广铁路全程正式通车，2014 年 12 月 26 日，兰新高铁正式通车；2015 年以来合福高铁、沪昆高铁贵州东段、哈齐客专、沈丹客专、长珲客专、宁安城际等已开通，今年年底前还将陆续开通津保客专、金温线、丹大线、赣瑞龙线、海南环岛高铁、南昆客专南百段、成渝高铁等。

第二节　高速轨道结构选型

一、有砟与无砟之争

有关高速铁路究竟是采用传统有砟轨道还是新型无砟轨道，长期以来，国内外有关学者一直存在着，不同观点。争论的焦点概括来说，主要是在有关高速轨道的稳定性和经济性两大问题。

二、稳 定 性

在评价轨道结构的质量时，最重要的一点是在新线建设中所建造的高精度轨道几何质量，在高速运营荷载反复作用下能否长久保持。

有砟轨道弹性好，成本低，便于维修、调整和更新，通过强化和改进能够适应速度提高到 300 km/h 及以上的运营要求。但有砟轨道在新建时达到的高质量几何状态，往往随着高速列车荷载(特别是客货共线货运大轴重)的反复作用下，其高低和轨向等几何形位会迅速恶化，难以持久地保持其经常处于良好状态。为此，不得不靠定期进行轨道维修才能得以恢复。如此反复，轨道几何形位的持久性则一次次下降，影响轨道质量和行车品质。

无砟轨道在这方面却具有决定性的优势。无砟轨道能持久地保持轨道几何形位，稳定性高，维修很少。但无砟轨道建设成本高，振动噪声大，弹性差，一经建成改建很难，线下基础发生变形整治也很难。

三、经 济 性

轨道的经济性问题，原则上应根据有砟与无砟两种轨道结构的工程投资和维修费用，在使用寿命期限内，通过经济计算综合比较后才能得出结论。但遗憾的是，目前在世界范围内尚无此结论，缺少有根有据的分析。

现有的经验表明，从工程投资上来看，目前，日本板式轨道的建设成本为有砟轨道的 1.3～1.5 倍；德国无砟轨道为有砟轨道的 1.5～1.75 倍；西班牙估算为 2 倍。而从维修成本上来看，大都认为是有砟轨道的 1/2～1/3。但如果据此就下结论说无砟轨道的寿命成本低于有砟轨道，还为时尚早，毕竟假定 60 年使用寿命尚未被高速运营实践证实。

此外，有砟与无砟轨道的经济性问题，不仅局限于对轨道寿命周期成本的评估，还应对诸如轨道设备、减振降噪对策、线路运输效率、维修对正常运营的干扰、可能的施工缺陷以及水灾、冻害、震灾、脱轨等灾害对寿命周期成本的影响，这些不确定因素，难以定量化。

四、高速轨道结构组成

世界有代表性的高速轨道结构组成见表 1.2。

表 1.2　高速轨道结构的组成

国别	轨道类型	钢轨	轨　枕	道　床	扣　件
日本	有砟轨道	初 50 kg/m 后 60 kg/m	3H、3TPC 整体式 长 2.4 m 重 325 kg 配置 1 600 根/km	级配碎石 19/63 厚度先 250 mm 后 300 mm	102 型弹片式 扣压力 6 kN 轨下垫板厚度 10 mm 刚度 60 kN/ mm
	无砟轨道		轨道板	CA 砂浆 混凝土底座	直结 4 型、8 型弹片有螺栓分开式 扣压力 3 kN 轨下垫板厚度 10 mm 刚度 40～60 kN/ mm 可调衬垫 铁垫板
德国	有砟轨道	UIC60 900A	B70 型 PC 整体式 长 2.6 m 重 330 kg 配置 1 670 根/km	级配碎石 22/60 厚度 350 mm 桥上设有砟下胶垫	W 型弹条有螺栓不分开式 扣压力 10 kN 轨下垫板厚度 10 mm 刚度 60 kN/ mm 轨距挡板

续上表

国别	轨道类型	钢轨	轨 枕	道 床	扣 件
德国	无砟轨道	UIC60 900A	Rheda2000 双块式	混凝土道床	Vossloh300FFSKL15 弹条有螺栓不分开式 扣压力 11 kN 铁垫板厚度 16 mm 弹性基板厚度 12 mm 刚度 20～25 kN/ mm 塑料轨距挡板
法国	有砟轨道	UIC60 900A	RC 双块式 长 2.4 m 重 248 kg 配置 1 670 根/km	级配碎石 25/50 厚度 300～350 mm 桥上设有砟下胶垫	Nabla 型弹片有螺栓不分开式 扣压力 11 kN 轨下垫板厚度 9 mm 刚度 100 kN/ mm 绝缘轨距块
	无砟轨道	UIC60 900A	弹性双块式 长 2.4 m 重 248 kg	混凝土道床 宽 3 080 mm 高 325 mm	Nabla 型弹片有螺栓不分开式 扣压力 11 kN 轨下垫板厚度 9 mm 刚度 100 kN/ mm 绝缘轨距块
中国	有砟轨道	U71Mn 60 kg/m	Ⅲ型 PC 枕 桥隧用弹性轨枕 长 2.6 m 重 330 kg 配置 1 667 根/km	级配碎石 特级 厚度 350 mm 桥隧设砟下胶垫	弹条Ⅳ型无挡肩无螺栓 弹条Ⅴ型有挡肩不分开式 轨下垫板刚度 60 kN/ mm 每组扣压力 9 kN(一般) 4 kN(小阻力) 塑料轨距挡板
	无砟轨道		轨道板	CAM 层 混凝土底座	WJ-7 型无挡肩分开式 轨下垫板刚度 20～30 kN/ mm WJ-8 型有挡肩不分开式 铁垫板下弹性垫板 刚度 20～30 kN/ mm 每组扣压力 9 kN(一般) 4 kN(小阻力) 塑料轨距挡板
			双块枕	混凝土道床	

五、两种轨道的综合评价

通过以上对高速铁路有砟和无砟两种轨道结构使用经验的初步分析，其性能综合评价见表 1.3。

表 1.3　两种轨道性能的综合评价

性　　能	有砟轨道	无砟轨道
几何形位	难以维持	持久保持
平纵断面参数	选线自由度小	选线自由度大
改建	较易	很难
运输能力	较低	较高
承载能力	较低	较高
轨道弹性	较优	较差
基础变形	调整容易	整治困难
环境条件	减振降噪处理易	减振降噪处理难
建筑限界高度	较高	较低
工程投资	较低	较高
维护费用	较大	很少
使用寿命	30 年	60 年

六、高速轨道结构选型

至于高速轨道结构的选型，应根据线路速度等级和线下工程条件，经技术经济比较后选择。除法国铁路外，一般认为：

$v \leqslant 200$ km/h，以有砟轨道为主；

$v \geqslant 250$ km/h，优选无砟轨道；

$v \geqslant 300$ km/h，以无砟轨道为主。

并且，不同类型轨道结构应集中成段铺设，有砟轨道与无砟轨道之间应设置过渡段。

七、我国客运专线无砟轨道结构

（一）无砟轨道的概念

所谓无砟轨道，就是用刚性混凝土道床替代碎石道床，并且通过扣件系统直接的或支承体与钢轨弹性联结起来的轨道结构。

(二)世界有代表性的无砟轨道类型及其特征(表 1.4)

表 1.4 无砟轨道类型及其特征

顺号	轨道构成方式	实施国家	建设费	施工性	维护费	耐久性	环保性
1	在扣件周围现浇混凝土	PACT 轨道(英国等)	□	□	○	○	×
2	在轨枕周围现浇混凝土	RHEDA 轨道(德国、中国) STEDEF 轨道(法国等)	□ ×	□ □	○ ○	○ ○	□ ○
3	在沥青混凝土道床上直接铺设轨枕	ATD 轨道(德国)	□	○	○	○	○
4	在预制板下注入填充层	SLAB 轨道(日本、中国) IPA 轨道(意大利)	× ×	□ □	○ ○	○ ○	× ×
5	在弹性支承块周围现浇混凝土	LVT 轨道(瑞士、法国、中国)	□	□	○	○	○

注:相对比较:○——良好,□——一般,×——不良

(三)选型基本原则

根据国内外对无砟轨道建造及运营的实践经验,无砟轨道的选型应符合施工性、维护性、动力性、适应性、经济性五大基本原则。

1. 施工性

(1)核心是施工速度。

(2)施工速度与轨道结构的复杂程度,怎样的高精度才能达到轨道少维修,土木工程完工后能否随时可铺设轨道,机械化施工程度及物流组织等因素密切相关。

(3)一般要求施工方法比较简单,施工速度现浇混凝土式无砟轨道不低于 120 m/d,预制板式无砟轨道不低于 200 m/d。

2. 维护性

(1)无砟轨道是否具有可维护性是非常重要的。

(2)无维修的概念是不合理的,少维修的理念是符合无砟轨道工程实际的。

(3)国内外的经验一再表明,无砟轨道的下部结构一旦发生严重变形,整治非常困难。

(4)因此,在选型时必须考虑随着线下工程变形所引起的轨道变形,在一定程度上可以整正,例如,上下±30 mm,左右±10 mm。

3. 动力性

(1)国内外的研究表明,在高速动力荷载反复作用下,无砟轨道的强度是充分的、足够的。

(2)关键技术是轨道弹性,而轨道弹性又主要来自扣件系统。

(3)从抑制因轮载变动、钢轨波磨、高频振动等方面来考虑,无砟轨道应具有与有砟轨道同等程度的弹性水平。

(4)作为高速客运专线无砟轨道合理弹性的目标值,应以轮载下钢轨挠曲变形 1.3～1.7 mm 为衡量标准,亦即要求轨道垂向合理刚度以55～80 kN/ mm 为准绳。

4. 适应性

主要是指轨道工程与其他工程的接口和接口相互适应的问题。

(1)与路基、桥梁、隧道等下部结构连接的良好适应性。

(2)与 ZPW2000 无绝缘轨道电路的互动设计和良好适应性。

(3)与地域的地质、气候等条件的互动设计和良好适应性。

5. 经济性

(1)日本板式轨道造价,当初控制在有砟轨道的 2 倍以内,现降至1.3～1.5 倍;板式轨道维护作业费,山阳新干线为有砟轨道的 1/5,东北新干线为 1/3。

(2)德国无砟轨道造价,当初为有砟轨道的 3 倍,现降低到 1.3～1.5 倍。维修作业费为有砟轨道的 1/3～1/5。

(3)我国无砟轨道正处于发展阶段,因此无砟轨道的造价,当前至少应控制在有砟轨道的 2 或 2.5 倍以内为宜。

(四)气候条件与无砟轨道

1. 我国气候条件

(1)我国领土辽阔,地形复杂,气候十分多样。从赤道到极地,从海洋到内陆的各种气候几乎都有,大部分地区位于北温带和亚热带,属于东亚季风气候,夏季普遍高温多雨,温差小,冬季寒冷干燥,南北温差大(可达40 ℃)。

(2)无砟轨道的结构、施工与伤损、维护都会受到气候条件的影响。为此,有必要把气候条件与无砟轨道两者联系起来,考虑它的地域温度和相关技术等问题;建议在我国按纬度区分为温暖、寒冷和严寒三个地域,采用不同类型的无砟轨道。

2. 纬度区分

(1)北纬35度以南,即黄河以南,属温暖地区。

(2)北纬35度~42度,即黄河以北,属寒冷地区。

(3)北纬42度以北,即沈阳以北,属严寒地区。

3. 轨道选型

按温暖、寒冷、严寒三个不同地区,选择不同类型的无砟轨道结构型式和相关技术条件。

4. 铺设现状

(1)秦沈客运专线(秦皇岛—沈阳)地处北纬40度~42度。在狗河和双何特大桥上铺设的是寒冷地区Ⅰ型板式无砟轨道,沙河特大桥上铺设的长枕埋入式无砟轨道。

(2)武广客运专线(武汉—广州)地处黄河以南,北纬31度~23度。特别是在广州试验段铺设的是温暖地区低弹模CA砂浆CRTSⅠ型框架板式无砟轨道,武汉至广州铺设的是CRTSⅠ型双块式无砟轨道。

(3)广深港客运专线、广珠城际和沪宁城际客运专线地处黄河以南,北纬23度~32度。铺设的是CRTSⅠ型板式无砟轨道。

(4)成灌城际客运专线地处黄河以南,北纬31度。铺设的是CRTSⅢ型板式无砟轨道。

(5)郑西客运专线(郑州—西安)地处北纬35度~34度。铺设的是CRTSⅡ型双块式无砟轨道。

(6)京津城际客运专线(北京—天津)地处黄河以北,约北纬40度,铺设的是高弹模CA砂浆CRTSⅡ型板式无砟轨道。

(7)京沪高速铁路(北京—徐州—上海)地处北纬40度~34度~32度。北京—徐州属于黄河以北寒冷地区,徐州—上海属于黄河以南温暖地区,确定铺设CRTSⅡ型板式无砟轨道。

(8)哈大客运专线,大连—沈阳地处沈阳以南,北纬39度~42度范围，属于寒冷地区，沈阳—哈尔滨地处沈阳以北，北纬 42 度～46 度范围，属于严寒地区，确定铺设严寒地区Ⅰ型板式无砟轨道。

复习思考题

1. 什么是无砟轨道？
2. 客运专线无砟轨道结构选型基本原则是什么？

第二章　无砟轨道结构

无砟轨道是以混凝土或沥青混合料等取代散粒道砟道床而组成的轨道结构形式。无砟轨道分为CRTSⅠ型板式、CRTSⅡ型板式、CRTSⅢ型板式、双块式以及道岔区轨枕埋入式和板式无砟轨道等。

第一节　CRTSⅠ型板式无砟轨道

一、CRTSⅠ型板式无砟轨道结构及主要技术要求

1. 道床结构由轨道板、水泥乳化沥青砂浆充填层、混凝土底座、凸形挡台及其周围填充树脂等部分组成，如图2.1所示。曲线超高在底座上设置。

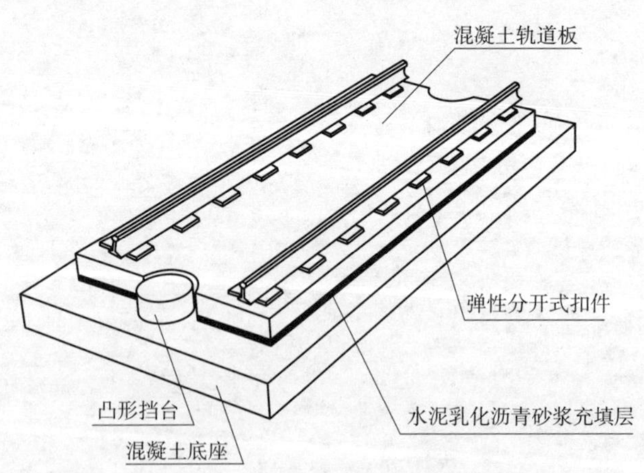

图2.1　CRTSⅠ型板式无砟轨道结构组成

2. 轨道板结构类型可分为预应力混凝土平板、预应力混凝土框架板和钢筋混凝土框架板，如图2.2为预应力混凝土平板。标准轨道板长度

为 4 962 mm,轨道板宽度为 2 400 mm,厚度不宜小于 190 mm。轨道板两端设半圆形缺口,半径为 300 mm。扣件节点间距不宜大于 650 mm。

图 2.2　预应力混凝土平板

3. 水泥乳化沥青砂浆充填层厚度为 50 mm,不应小于 40 mm。减振型板式轨道水泥乳化沥青砂浆充填层厚度为 40 mm,不应小于 35 mm。

4. 水泥乳化沥青砂浆应灌注饱满,与轨道板底部密贴,轨道板边角悬空深度应小于 30 mm。

5. 凸形挡台分为圆形和半圆形,半径为 260 mm,高度为 250 mm。其周围填充树脂厚度为 40 mm,不应小于 30 mm,填充树脂低于轨道板顶面 5～10 mm。在桥梁端部为半圆形,在梁体中部均为圆形。

6. 预应力混凝土轨道板不允许开裂,普通混凝土框架板混凝土裂缝宽度不得大于 0.2 mm。

7. 底座混凝土裂缝宽度不得大于 0.2 mm,路基和隧道地段混凝土底座间伸缩缝宽度为 20 mm,状态应良好。

8. 排水通道,特别是框架式轨道板内排水、底座内预埋横向排水管道,应保持通畅。

二、路基地段 CRTS Ⅰ 型板式无砟轨道(图 2.3)

1. 底座在路基基床表层上设置。

2. 底座每隔一定长度,对应凸形挡台中心位置,设置横向伸缩缝。

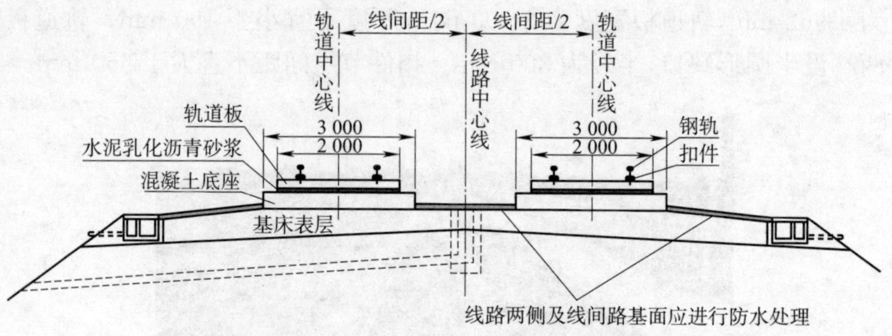

图 2.3 路基地段 CRTSⅠ型板式无砟轨道(单位:mm)

3. 线间排水应结合线路纵坡、桥涵等线路条件具体设计。当采用集水井方式时,集水井设置间隔应根据汇水面积和当地气象条件计算确定。严寒地区线间排水设计应考虑防冻措施。

4. 线路两侧及线间路基表面以沥青混凝土防水材料封闭,路基面防水材料的性能应符合相关规定。

三、桥梁地段 CRTSⅠ型板式无砟轨道(图 2.4)

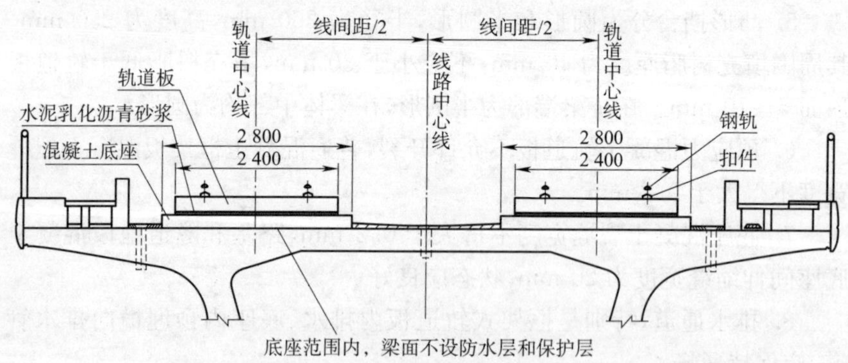

图 2.4 桥梁地段 CRTSⅠ型板式无砟轨道(单位:mm)

1. 底座在梁面上构筑,底座通过梁体预埋套筒植筋与桥梁连接。在底座轨道中心线 2.6 m 范围内,梁面应进行拉毛或凿毛处理。

2. 底座对应每块轨道板长度,在凸形挡台中心位置,设置横向伸缩缝。

3. 底座范围内,梁面不设防水层和保护层;底座范围以外,根据桥梁设计的相关规定设置防水层和保护层。

4. 桥上扣件纵向阻力及梁端扣件结构型式应根据计算确定。

四、隧道地段 CRTS Ⅰ 型板式无砟轨道(图 2.5)

1. 有仰拱隧道内,底座在仰拱回填层上构筑,沿线路纵向,每隔一定长度,对应凸形挡台中心位置,设置横向伸缩缝。隧道沉降缝位置,底座对应设置伸缩缝。底座宽度范围内,仰拱回填层表面应进行拉毛或凿毛处理。

2. 无仰拱隧道内,底座与隧道钢筋混凝土底板合并设置,并连续铺设。

3. 距隧道洞口 100 m 范围,仰拱回填层或钢筋混凝土底板预埋钢筋与底座连接。

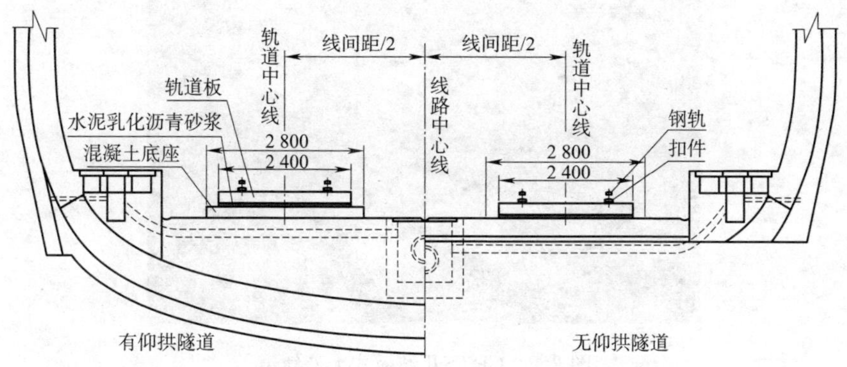

图 2.5　隧道地段 CRTS Ⅰ 型板式无砟轨道(单位:mm)

第二节　CRTS Ⅱ 型板式无砟轨道结构

一、CRTS Ⅱ 型板式无砟轨道结构及主要技术要求

CRTS Ⅱ 型板式无砟轨道,标准轨道板长度为 6 450 mm,宽度为

2 550 mm,厚度为 200 mm,补偿板和特殊板根据具体条件配置,如图 2.6 所示。

图 2.6 CRTSⅡ型板式无砟轨道

1. 路基地段道床结构由轨道板、水泥乳化沥青砂浆充填层、支承层等部分组成,如图 2.7 所示。曲线超高在路基基床表层上设置。

2. 桥梁地段道床结构由轨道板、水泥乳化沥青砂浆充填层、底座板、滑动层、高强度挤塑板、侧向挡块及弹性限位板等部分组成,如图 2.8 所示。桥台后路基设置锚固结构(包括摩擦板、土工布、端刺)及过渡板。曲线超高在底座板上设置。长大桥区段底座板设有钢板连接器后浇带。

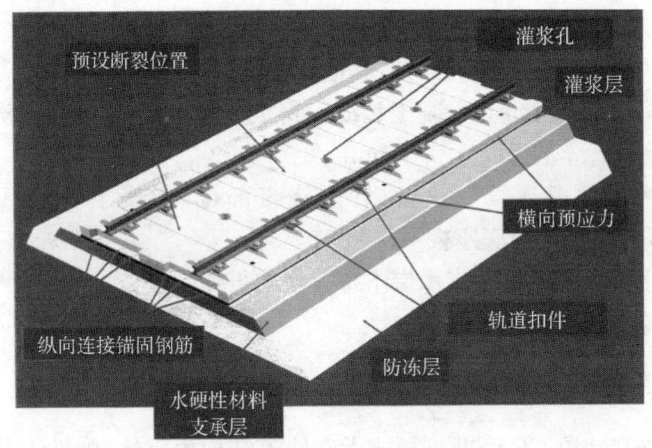

图 2.7　CRTSⅡ轨道系统结构

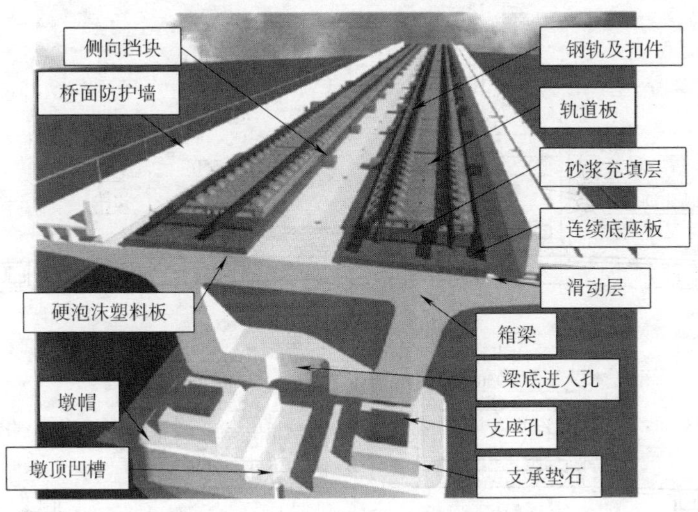

图 2.8　桥梁地段 CRTSⅡ轨道系统结构

3. 隧道地段道床结构由轨道板、水泥乳化沥青砂浆充填层、支承层等部分组成。曲线超高一般在仰拱回填层(有仰拱隧道)或底板(无仰拱隧道)上设置。

4. 水泥乳化沥青砂浆充填层应与轨道板底部和支承层或底座板密

贴,厚度为 30 mm,不应小于 20 mm,不宜大于 40 mm。

5. 轨道板除预裂缝处以外,其他部位不得有裂缝。

6. 轨道板间接缝处混凝土裂缝不得大于 0.2 mm,接缝现浇混凝土与轨道板间离缝不得大于 0.3 mm。

7. 桥梁地段连续底座板(含后浇带部位)混凝土裂缝不得大于 0.3 mm,侧向挡块与底座板不得粘连。

8. 路基和隧道地段支承层不得有竖向贯通裂缝。

9. 排水通道应保持通畅。

二、路基地段 CRTSⅡ型板式无砟轨道

1. 路基地段 CRTSⅡ型板式无砟轨道结构由钢轨、弹性不分开式扣件、轨道板、水泥乳化沥青砂浆充填层、支承层等组成,如图 2.9 所示。

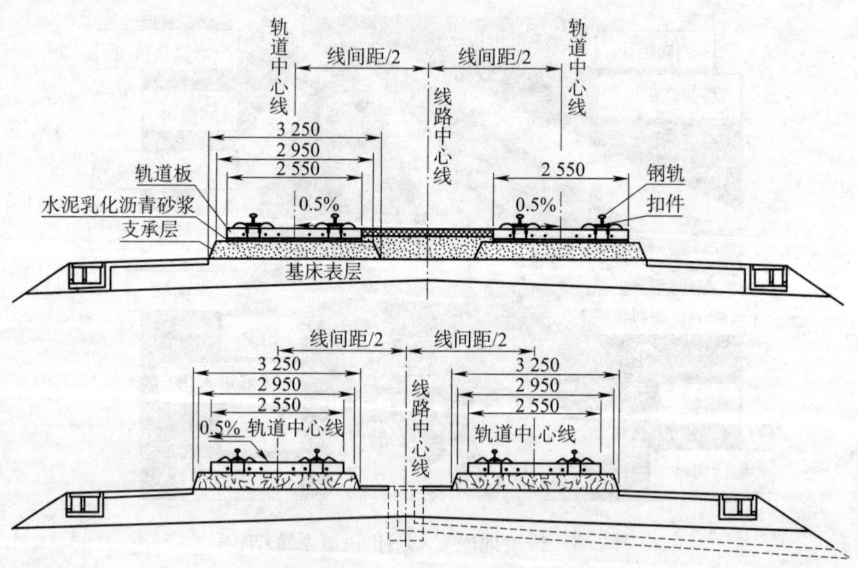

图 2.9 路基地段 CRTSⅡ型板式无砟轨道(单位:mm)

2. 支承层在路基基床表层上设置,其性能应符合相关规定。支承层顶面宽度为 2 950 mm,底面宽度为 3 250 mm,厚度一般为 300 mm,特殊

条件下应根据计算确定。沿线路纵向，每隔不大于 5 m 设置一横向预裂缝，缝深为厚度的 1/3。轨道板宽度范围内的支承层表面应进行拉毛处理。

3. 曲线超高在路基基床表层上设置。

4. 线间排水应结合线路纵坡、桥涵等线路条件具体设计。当采用集水井方式时，集水井设置间隔应根据汇水面积和当地气象条件计算确定。

5. 线路两侧及线间路基面进行防水处理。

三、桥梁地段 CRTSⅡ型板式无砟轨道

1. 桥梁地段 CRTSⅡ型板式无砟轨道结构由钢轨、弹性不分开式扣件、轨道板、水泥沥青砂浆充填层、混凝土底座板、滑动层、硬质泡沫塑料板、侧向挡块、台后端刺及摩擦板等部分组成，如图 2.10 所示。

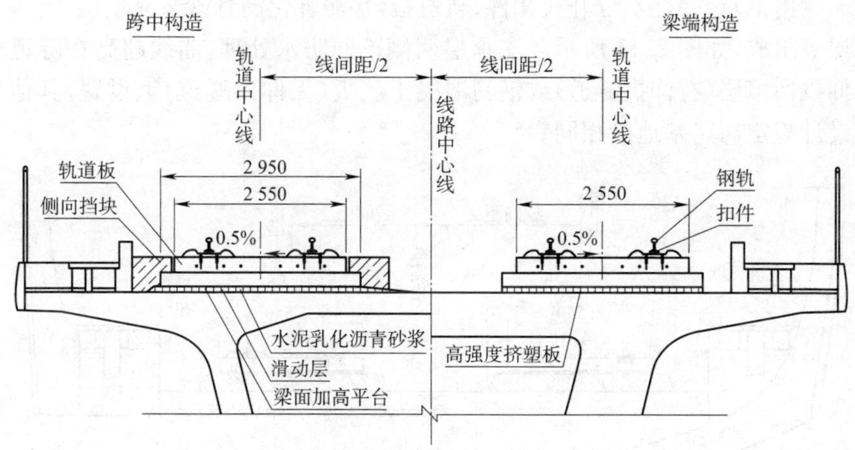

图 2.10　桥梁地段 CRTSⅡ型板式无砟轨道(单位:mm)

2. 底座板采用跨梁缝的连续混凝土结构，混凝土强度等级 C30。底座板宽度为 2 950 mm；直线区段的底座板厚度 190 mm；曲线超高在底座板上设置，曲线内侧的底座板厚度不得小于 175 mm。

3. 底座板宽度范围内，梁面设置滑动层，滑动层采用两布一膜结构，其性能应符合相关规定。

4. 桥梁固定支座处上方设置底座板纵向限位机构。梁体预埋锚固筋连接套筒，设置抗剪齿槽，锚固筋的数量和位置根据计算确定。

5. 底座板两侧，隔一定间距设侧向挡块，侧向挡块的数量和位置根据计算确定，梁体相应位置预埋侧向挡块连接套筒。侧向挡块与底座板间应设置弹性限位板，限位板的性能应符合相关规定。

6. 在梁缝中心两侧的一定范围，梁面设置厚度为 50 mm 的硬质泡沫塑料板，其性能应符合相关规定。

7. 轨道板外侧的底座板顶面设置横向排水坡。

8. 台后路基设置摩擦板、端刺及过渡板。摩擦板与底座板间设置两层土工布，台后摩擦板、端刺及过渡板结构及形式尺寸应根据计算确定。

四、隧道地段 CRTSⅡ型板式无砟轨道结构

由钢轨、弹性不分开式扣件、轨道板、水泥乳化沥青砂浆充填层、支承层等组成，如图 2.11 所示。支承层两侧不作防水处理，曲线超高在隧道仰拱回填层（有仰拱隧道）或钢筋混凝土底板（无仰拱隧道）上设置，其他设计规定与路基地段相同。

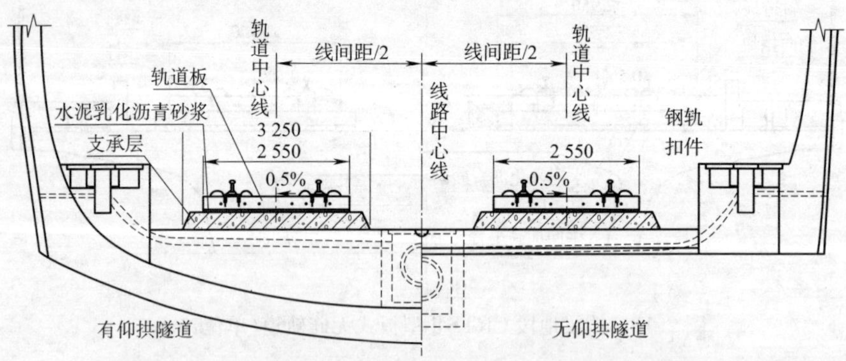

图 2.11 隧道地段 CRTSⅡ型板式无砟轨道（单位：mm）

五、轨道板的剪切连接

1. 剪切连接的设置范围

轨道板的剪切连接位置为每片箱梁的梁缝（包括简支梁与简支梁缝）

区域、梁与台背、端刺与路基过渡段、桩板结构与路基过渡段及道岔前后处，主要结构作用是将轨道板与底座板连接成为一个整体，以适应端部结构变形，结构形式视工程部位的不同而有所区别。其中，每块轨道板在梁缝（包括桥台处梁缝）两端各设 4 根（设于承轨台中间部位）剪力销。

2. 剪切筋安装孔的钻设

钻孔前应在设计植筋位置使用钢筋探测雷达探明轨道板及底座板内的钢筋布置情况，以此微调并确定钻孔位置。钻孔使用植筋专用钻孔机（一般由锚固胶供应商提供），如图 2.12 所示。钻孔完成后，使用高压风管（枪）吹除孔内杂物。植筋施工应随即进行，否则应用砂丝团或软布团封堵孔口，如图 2.13 所示。

图 2.12　剪切连接钻孔

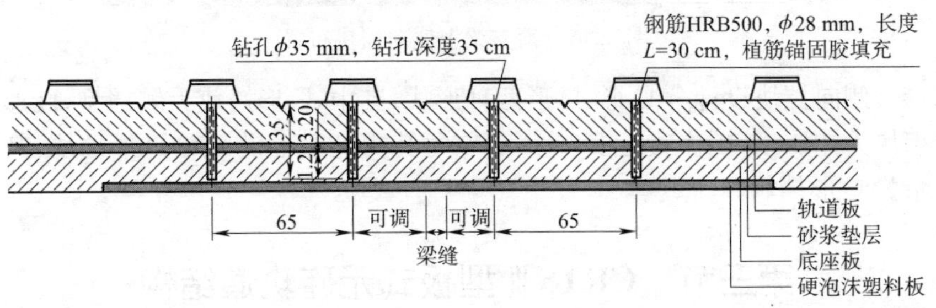

图 2.13　轨道板剪切连接布置图（单位：mm）

3. 剪切连接筋的绝缘处理

为确保剪切筋与板(轨道板及底座板)内钢筋处于隔离绝缘状态,剪切筋表面应事先均匀涂抹一层植筋胶(锚固用胶),并确保表面无遗漏之处。面胶凝固后再进行植入施工。

4. 剪切连接筋的安装

孔内注入(适量,试验确定)植筋胶并植入剪力销钉(筋)。剪切筋植入时应轻轻插入,并避免与板内钢筋接触。

六、简支梁上侧向挡块布置

桥梁地段 CRTSⅡ型板式无砟轨道底座板两侧设置侧向挡块,如图 2.14 所示。侧向挡块与底座板间设置由橡胶垫层、不锈钢钢板等组成的弹性限位板,以保证无砟轨道系统横向和竖向抗扭曲稳定性,实现桥梁与轨道间纵向自由伸缩。

图 2.14 简支梁上侧向挡块布置

侧向挡块设计分 C 形、D 形两种形式,其中,C 形挡块为侧挡型,D 形挡块为扣压型(压住底座板)。一般在每孔简支梁上设 2 对 D 形挡块,其余为 C 形挡块。

第三节 CRTSⅢ型板式无砟轨道结构

CRTSⅢ型板式无砟轨道是在现浇的钢筋混凝土底座或混凝土支承

层上铺装预留连接钢筋的预制混凝土轨道板，中间设置自密实混凝土层，并适应 ZPW-2000 轨道电路的无砟轨道结构形式，如图 2.15 所示。

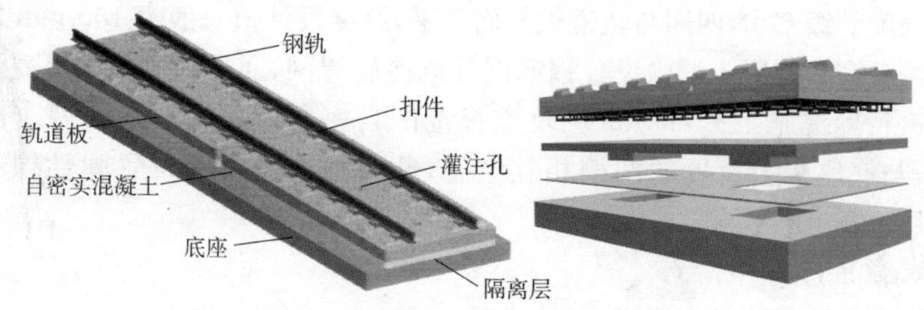

图 2.15　CRTSⅢ型板式无砟轨道结构

一、轨道结构组成

1. 轨道板

轨道板采用工厂预制带挡肩的双向后张预应力结构。轨道板板下设置两排 U 形筋，板下填充层内设有一层钢筋网片，通过自密实混凝土填充层，不仅能与轨道板可靠连接，还能与底座凹槽形成凸凹结合。从而形成复合结构，整体性好，限制轨道板纵横向移动。同时，可以有效控制轨道板离缝、翘曲和板下填充层开裂等问题。轨道板主要类型有 P5350(P 指预应力平板，5350 指板长度)、P5600、P4925 和 P4856 等。轨道板宽 2 500 mm，厚 190 mm 或 210 mm。扣件间距 687 mm、630 mm、617 mm 等，如图 2.16 所示。

图 2.16　轨道板底连接钢筋

2. 自密实混凝土层

采用强度较高、流动性及耐久性良好的自密实混凝土，自密实混凝土层强度等级 C40，四周与轨道板侧面齐平，厚度设计值一般为 100 mm 左右。自密实混凝土层内设置钢筋网片或冷轧焊网，通过轨道板中部灌注孔进行灌注施工。对应每块轨道板范围自密实混凝土层形成两个凸台，与底座板上设置的凹槽相互结合，凸台与凹槽之间设置弹性橡胶垫层。

3. 底座

底座现场浇筑完成，路基地段宽 3 100 mm，厚度为 200～300 mm；桥梁和隧道区段宽 2 900 mm，厚度一般为 200 mm 左右。底座按照结构设计配置双层受力钢筋，并对应自密实混凝土设置凹槽；如图 2.17 所示。自密实混凝土层与底座间设置 4 mm 厚的土工布隔离层。凹槽四周设置弹性缓冲垫层，与凸台一起限制轨道板的纵横向位移，抵抗纵横向作用力，并传递荷载，同时，弹性缓冲垫层可提供合适的弹性，有效地缓冲列车纵横向的冲击。

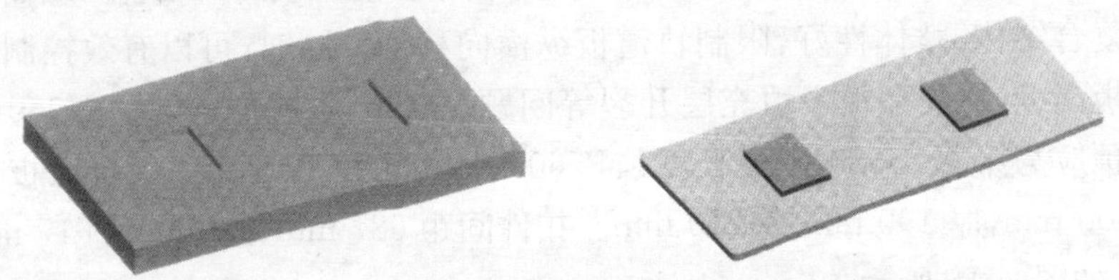

图 2.17　底座限位凹槽自密实混凝土层及灌注形成的凸台

底座长度受混凝土裂缝制约。路基、桥梁、隧道地段均采用分段钢筋混凝土底座结构。路基地段 2～4 块轨道板设置一道底座伸缩缝；桥梁地段每块轨道板设置独立混凝土底座；隧道地段 3～4 块轨道板设置一道底座伸缩缝，遇隧道沉降缝应对应设置伸缩缝。伸缩缝缝内填充聚乙烯泡沫板，并用沥青软膏或聚氨酯密封。

路基上 CRTSⅢ型板式无砟轨道如图 2.18 所示，桥上 CRTSⅢ型板式无砟轨道结构如图 2.19 所示。

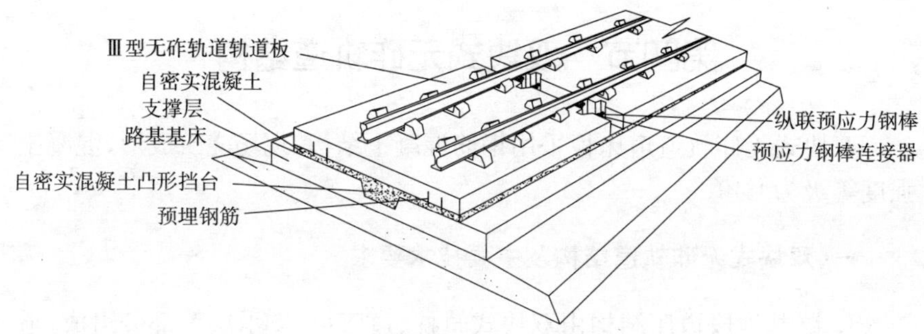

图 2.18　路基上Ⅲ型板式无砟轨道结构

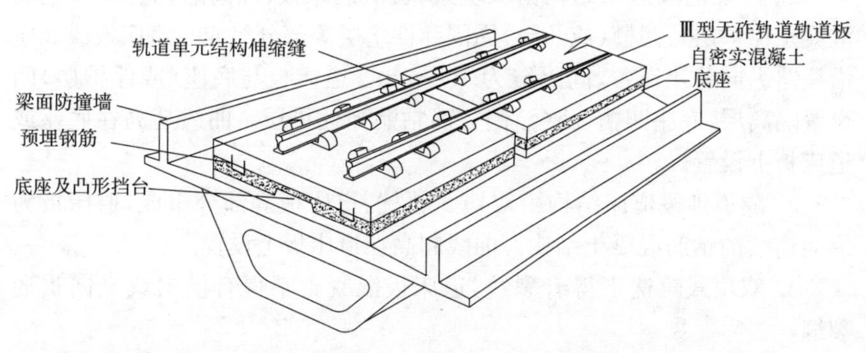

图 2.19　桥上Ⅲ型板式无砟轨道结构

二、CRTSⅢ型板式无砟道床结构特点

1. 采用弹性不分开式扣件配套有挡肩预制混凝土轨道板。

2. 轨道板底面预留 U 形筋与自密实混凝土层连接,形成复合结构,改善了轨道板受力。

3. 采用自密实混凝土作为轨道板下充填材料。

4. 自密实混凝土层和混凝土底座之间设置隔离层。

5. 通过底座设置限位凹槽、自密实混凝土灌注形成凸台的方式进行结构限位。

第四节 双块式无砟轨道结构

双块式无砟轨道道床板采用钢筋混凝土结构，现场浇筑成形，混凝土强度等级为C40。

一、双块式无砟轨道结构及主要技术要求

1. 路基地段道床结构由双块式轨枕、道床板、支承层等部分组成，道床板一般为纵向连续的钢筋混凝土结构。曲线超高在基床表层上设置。

2. 桥梁地段道床结构由双块式轨枕、道床板、隔离层、底座（或钢筋混凝土保护层）、凹槽（或凸台）周围弹性垫层等部分组成。道床板或底座沿线路纵向分块设置，间隔缝为100 mm。道床板与底座（或保护层）间设置隔离层，底座凹槽（凸台）侧立面粘贴弹性垫层。曲线超高在底座或道床板上设置。

3. 隧道地段道床结构由双块式轨枕、道床板等部分组成，道床板为纵向连续的钢筋混凝土结构。曲线超高在道床板上设置。

4. 双块式轨枕不得有裂缝，道床板混凝土不得有横向或竖向贯通裂缝。

5. 路基地段支承层不应有竖向贯通裂缝，支承层与道床板、路基基床表层间应密贴，不得有离缝。

6. 排水通道应保持通畅，道床板表面不得积水。

二、路基地段双块式无砟轨道（图2.20）

1. 支承层在路基基床表层上设置。支承层顶面宽度为3 200 mm，底面宽度为3 400 mm，厚度为300 mm。沿线路纵向，每隔不大于5 m设一横向预裂缝，缝深为厚度的1/3。道床板宽度范围内的支承层表面进行拉毛处理。

2. 道床板为纵向连续的钢筋混凝土结构，在支承层上构筑。道床板宽度为2 800 mm，厚度为260 mm。

3. 线间排水应结合线路纵坡、桥涵等线路条件和环境条件确定。当

采用集水井方式时,集水井设置间隔根据汇水面积和当地气象条件计算确定。

4. 线路两侧及线间路基面进行防水处理。

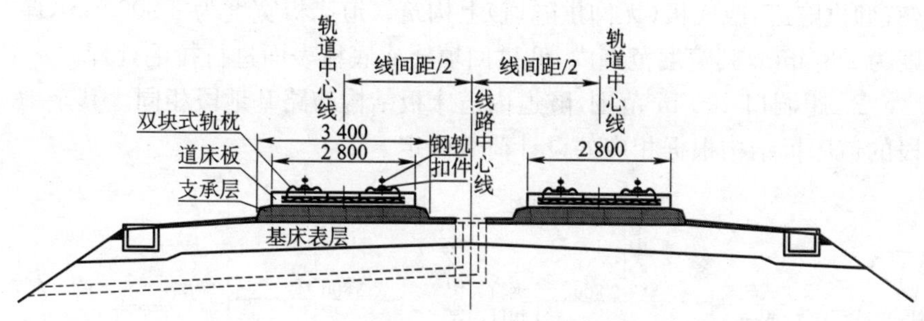

图 2.20　路基地段 CRTS Ⅰ 型双块式无砟轨道标准横断面示意(单位:mm)

三、桥梁地段双块式无砟轨道结构(图 2.21)

1. 道床板宽度为 2 800 mm,厚度为 260 mm。底座宽度为 2 800 mm,直线地段底座厚度不宜小于 210 mm,曲线地段底座内侧厚度不应小于 100 mm。

2. 底座通过梁体预埋套筒植筋或预埋钢筋与桥梁连接,轨道中心线 2.6 m 范围内,梁面进行拉毛处理。

3. 底座范围内,梁面不设防水层和保护层。

4. 桥上扣件纵向阻力及梁端扣件结构形式根据计算确定。

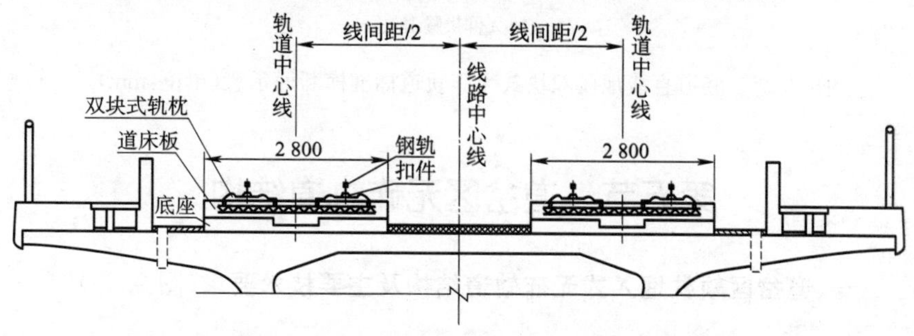

图 2.21　桥梁地段双块式无砟轨道标准横断面示意(单位:mm)

四、隧道地段双块式无砟轨道结构(图 2.22)

1. 道床板为纵向连续的钢筋混凝土结构,直接在隧道仰拱回填层(有仰拱隧道)或底板(无仰拱隧道)上构筑。道床板宽度为 2 800 mm,厚度为 260 mm,其宽度范围内,仰拱回填层或底板表面进行拉毛处理。

2. 距洞口 200 m 范围,隧道内道床板结构与路基地段相同。其余地段的道床板结构根据相应的设计荷载确定。

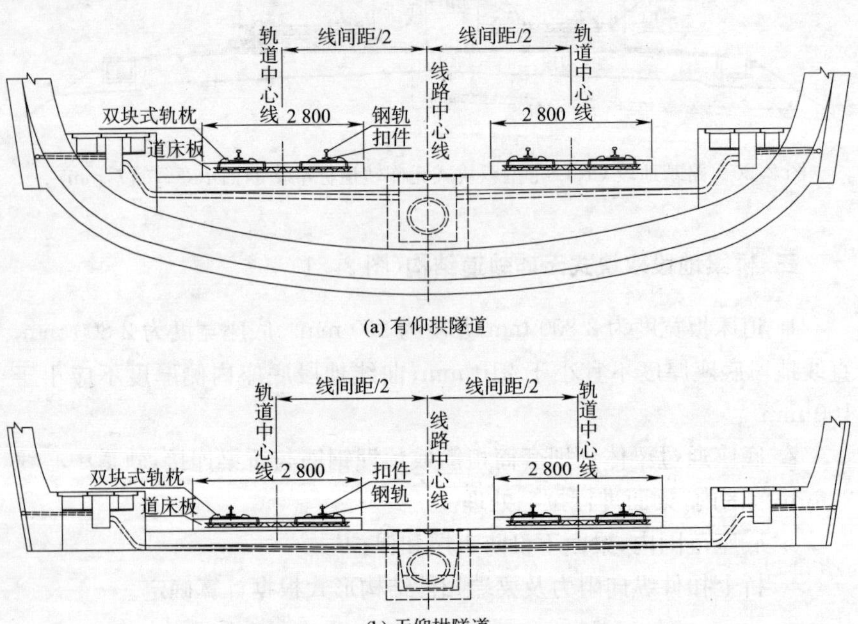

图 2.22 隧道直线地段双块式无砟轨道标准横断面示意(单位:mm)

第五节 道岔区无砟轨道结构

一、道岔区轨枕埋入式无砟轨道结构及主要技术要求(图 2.23)

1. 路基和隧道地段道床结构由桁架式预应力岔枕、道床板、底座或支承层等部分组成。

2. 桥梁地段道床结构由桁架式预应力岔枕、道床板、隔离层、底座及凹槽周围弹性垫层等部分组成。

3. 岔枕不应出现裂缝，道床板混凝土裂缝不得有横向或竖向贯通裂缝。

4. 底座混凝土裂缝不得大于 0.2 mm，底座或支承层不得有竖向贯通裂缝。

5. 排水通道应保持通畅，道床板表面不得积水。

图 2.23　枕式无砟道岔结构

二、道岔区板式无砟轨道结构及主要技术要求（图 2.24）

1. 路基地段道床结构由道岔板、底座（自密实混凝土层）及找平层等部分组成。

2. 桥梁地段道床结构由道岔板、水泥乳化沥青砂浆充填层、底座、滑动层、高强度挤塑板、侧向挡块及弹性限位板等部分组成。

3. 道岔板（或预设裂缝处）混凝土裂缝宽度应小于 0.2 mm，扣件周围不得有裂缝。

4. 路基地段底座、桥梁地段水泥乳化沥青砂浆充填层应与道岔板底部密贴。水泥乳化沥青砂浆充填层厚度为 30 mm，不应小于 20 mm，不宜大于 40 mm。

5. 桥梁地段连续底座混凝土裂缝不得大于 0.3 mm，侧向挡块不得有裂缝。

6. 排水通道应保持通畅，道岔板表面不得积水。

图 2.24　京津城际板式道岔

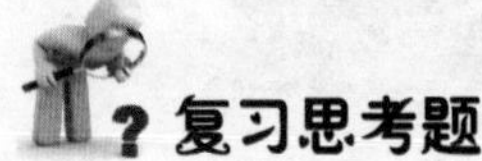

复习思考题

1. 我国铁路客运专线现已铺设的无砟轨道类型有哪些?
2. CRTS Ⅰ 型板式无砟轨道由哪几部分组成?
3. 简述道岔区枕式无砟轨道结构。

第三章　高速轨道扣件系统

第一节　客运专线扣件系统简介

一、分类及适用范围

客运专线扣件系统按轨下基础形式分为有砟轨道扣件系统和无砟轨道扣件系统，具体分类及适用范围见表 3.1。

表 3.1　扣件系统分类及适用范围

扣件类型	轨道类型	适用轨下基础
弹条Ⅳ型扣件	有砟轨道	无挡肩轨枕
弹条Ⅴ型扣件		有挡肩轨枕
FC 型扣件		无挡肩轨枕
WJ-7 型扣件	无砟轨道	无挡肩轨枕/轨道板
WJ-8 型扣件		有挡肩轨枕/轨道板
SFC 型扣件		无挡肩轨枕/轨道板
300 型扣件		有挡肩轨枕/轨道板

二、结构特征

（一）弹条Ⅳ型扣件（图 3.1）

弹条Ⅳ型扣件为无螺栓扣件，属轨枕不带混凝土挡肩的不分开式有砟轨道用扣件。其主要结构特征如下：

1. 在制作轨枕时预先埋设预埋铁座，弹条通过插入预埋铁座扣压钢轨。

2. 预埋铁座与钢轨间设有绝缘轨距块，通过更换绝缘轨距块实现钢轨左右位置的调整。

图 3.1　弹条Ⅳ型扣件

3. 本扣件不能进行钢轨高低调整。

(二)弹条Ⅴ型扣件(图 3.2)

弹条Ⅴ型扣件为有螺栓扣件,属轨枕带混凝土挡肩的不分开式有砟轨道用扣件。其主要结构特征如下:

1. 在制作轨枕时预先埋设预埋套管,螺旋道钉与套管配合紧固弹条。

2. 通过更换轨距挡板实现钢轨左右位置的调整。

3. 可垫入调高垫板实现钢轨高低调整。

(三)FC 型扣件(图 3.3)

FC 型扣件为无螺栓扣件,属轨枕不带混凝土挡肩的不分开式有砟轨道用扣件。其主要结构特征如下:

1. 在制作轨枕时预先埋设预埋底座,弹条通过插入预埋底座扣压钢轨。

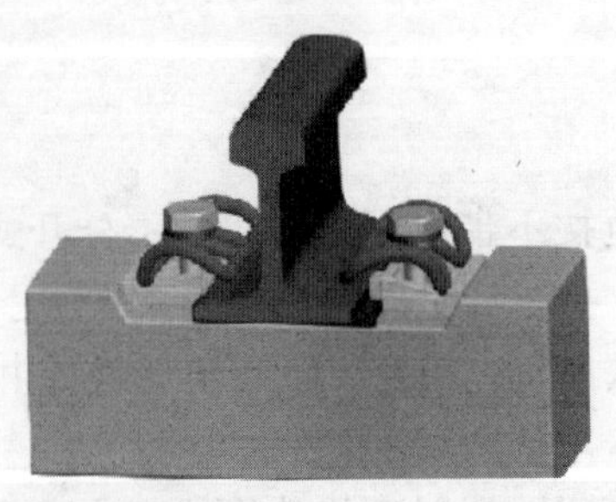

图 3.2　弹条Ⅴ型扣件

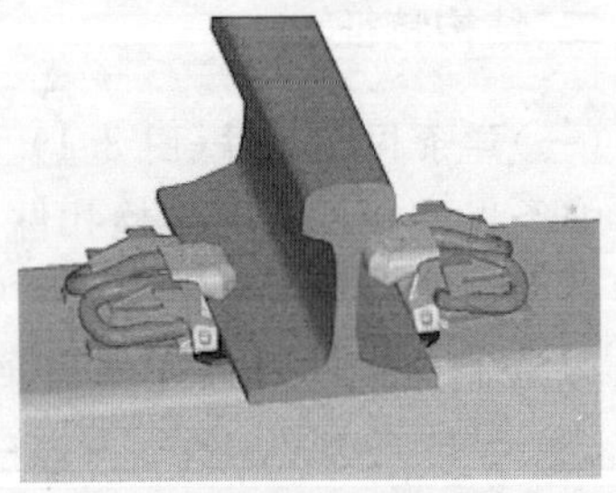

图 3.3　FC 型扣件

2. 预埋底座与钢轨间设有绝缘轨距块，通过更换绝缘轨距块实现钢轨左右位置的调整。

3. 本扣件不能进行钢轨高低调整。

(四)WJ-7 型扣件(图 3.4)

WJ-7 型扣件为无砟轨道扣件，属轨枕/轨道板不带混凝土挡肩的分开式扣件。主要结构特征如下：

1. 铁垫板上设置轨底坡，轨枕/轨道板承轨面为平坡。

2. 铁垫板上设有 T 型螺栓插入座和挡肩，通过拧紧 T 型螺栓的螺母紧固弹条。

3. 铁垫板上挡肩与钢轨间设有绝缘块，起绝缘作用。

4. 通过锚固螺栓与轨枕/轨道板中预埋的绝缘套管配合紧固铁垫板。

5. 轨向和轨距的调整通过移动铁垫板来实现，为连续无级调整。

6. 可垫入调高垫板实现钢轨高低调整。

(五)WJ-8 型扣件(图 3.5)

WJ-8 型扣件为无砟轨道扣件，属轨枕/轨道板带混凝土挡肩的不分开式扣件。主要结构特征如下：

1. 铁垫板上设挡肩，挡肩与钢轨之间设有绝缘块。

图 3.4　WJ-7 型扣件

图 3.5　WJ-8 型扣件

2. 通过螺旋道钉与轨枕/轨道板中预埋的套管配合紧固弹条。

3. 铁垫板与混凝土挡肩间设置轨距挡板，通过更换轨距挡板实现钢轨左右位置的调整。

4. 可垫入调高垫板实现钢轨高低调整。

(六)SFC 型扣件

SFC 型扣件为无砟轨道扣件,属轨枕/轨道板不带混凝土挡肩的分开式扣件,分直列式(图 3.6)和错列式(图 3.7)两种。主要结构特征如下:

1. 弹条通过插入铸铁底板的挡肩紧固钢轨。
2. 铸铁底板挡肩与钢轨间设有绝缘块,起绝缘作用。
3. 通过锚固螺栓与轨枕/轨道板中的预埋套管配合紧固铸铁底板。
4. 轨向和轨距的调整通过移动铸铁底板来实现。
5. 在铸铁底板下垫入调高垫板实现钢轨高低调整。

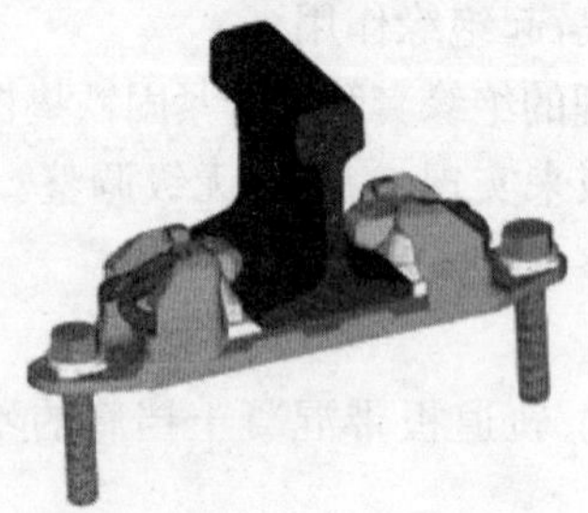

图 3.6 直列式 SFC 型扣件

图 3.7 错列式 SFC 型扣件

(七)300 型扣件

300 型扣件为无砟轨道扣件,属轨枕/轨道板带混凝土挡肩的不分开式扣件,分 300-1a 型(图 3.8)和 300-1U(图 3.9)型两种。主要结构特征如下:

图 3.8 300-1a 型扣件

图 3.9 300-1U 型扣件

1. 通过轨枕螺栓与轨枕/轨道板中预埋的套管配合紧固弹条。

2. 钢轨与混凝土挡肩间设置轨距挡板，通过更换轨距挡板实现钢轨左右位置的调整。

3. 可垫入调高垫板实现钢轨高低调整。

第二节　弹条 V 型扣件系统

一、弹条 V 型扣件部件组成及说明

弹条 V 型扣件(图 3.10)由螺旋道钉、平垫圈、弹条、轨距挡板、轨下垫板和预埋套管组成，此外为了钢轨高低位置调整的需要，还包括调高垫板。

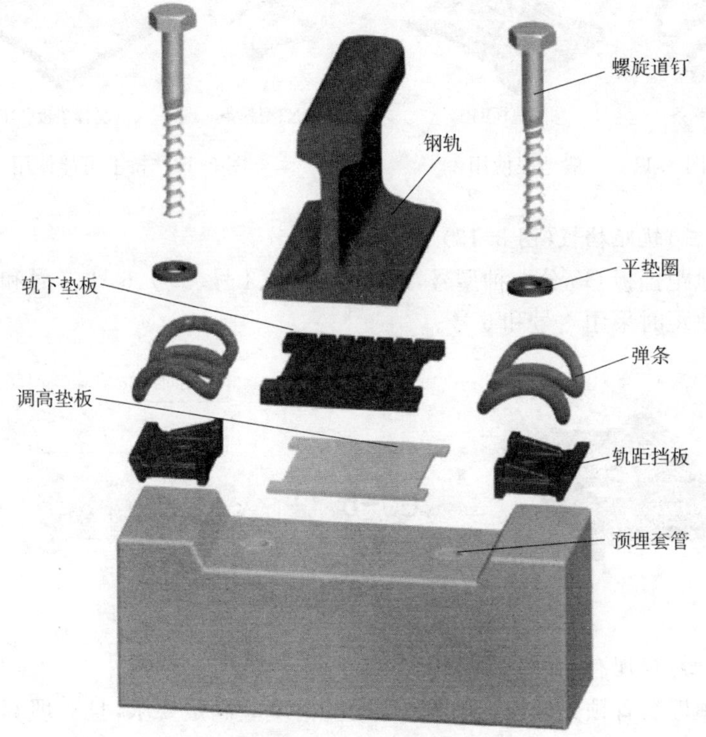

图 3.10　弹条 V 型扣件部件组成

（一）弹　　条

弹条分两种，即一般地段使用的 W2 型弹条和桥上可能使用的 X3 型弹条，W2 型弹条的直径为 14 mm，X3 型弹条的直径为 13 mm。此外，作为备件的弹条 I 型扣件 A 型弹条可能用于钢轨接头处。

（二）轨下垫板

轨下垫板分一般地段使用的橡胶垫板 RP5 和桥上可能使用的复合垫板 CRP5 两种，如图 3.11 所示。

桥上需要降低线路阻力时，可采用 X3 型弹条并配用复合垫板，如图 3.12 所示，此时单组扣件的钢轨纵向阻力为 4 kN。

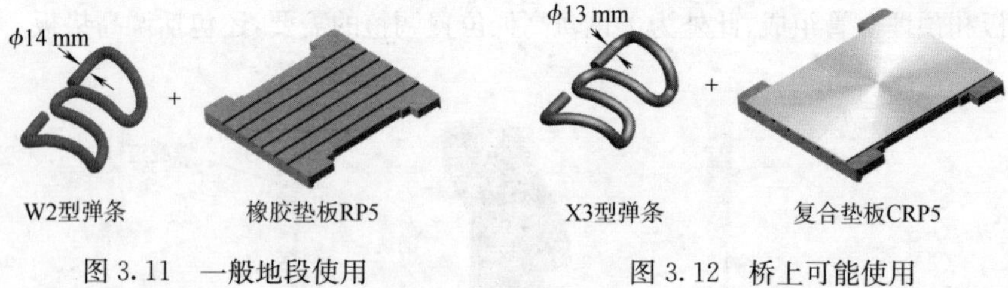

图 3.11　一般地段使用　　　　图 3.12　桥上可能使用

（三）轨距挡板（图 3.13）

轨距挡板 G5 分七种型号，即 2 号、3 号、4 号、5 号、6 号、7 号和 8 号。标准轨距时采用 4 号和 6 号。

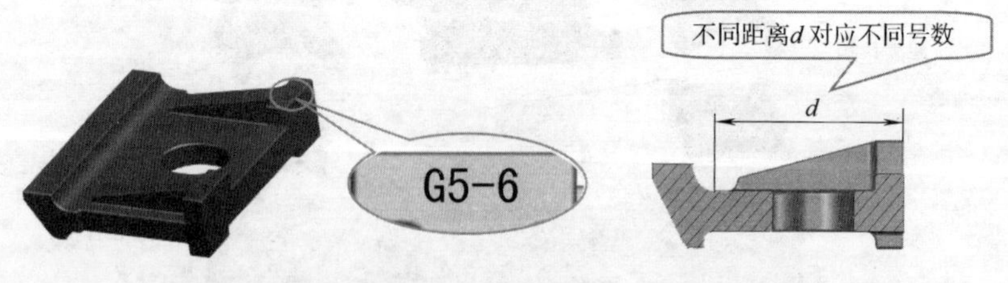

图 3.13　轨距挡板

（四）预埋套管（图 3.14）

预埋套管预先埋设于轨枕中，埋设精度应满足要求，且预埋套管 D1 顶面应与轨枕承轨面齐平。预埋套管埋设后，应加盖塑料（或其他材料）

盖以防雨水和泥污进入。

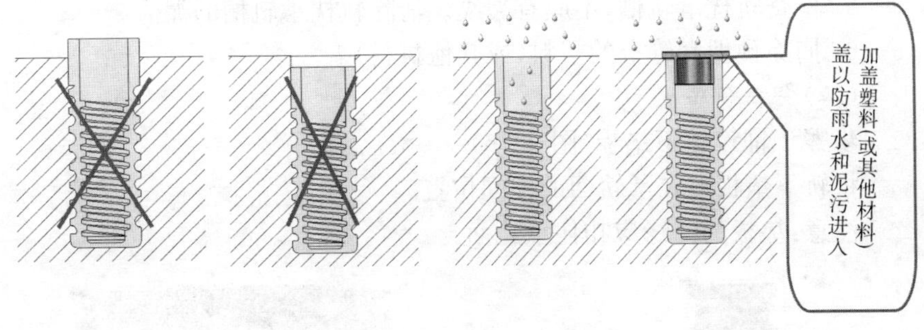

图 3.14　预埋套管埋设

(五)轨下调高垫板(图 3.15)

调高垫板 TD5 按厚度 d 分为 1 mm、2 mm、5 mm、8 mm 四种规格，放置于轨下垫板与轨枕承轨面之间。

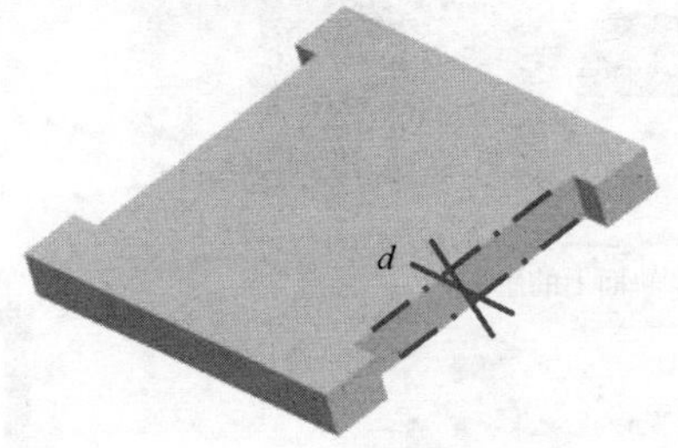

图 3.15　轨下调高垫板

二、弹条 V 型扣件铺设顺序及要求

(一)安装前的准备工作

1. 选择并准备合适类型的弹条(W2 型或 X3 型)和合适类型的轨下垫板(橡胶垫板 RP5 或复合垫板 CRP5)。

2. 适当准备弹条 I 型扣件 A 型弹条，以备用于钢轨接头。

3. 选择并准备 4 号和 6 号轨距挡板，适当准备 3 号、5 号和 7 号轨距挡板，以备轨距不合适时调整轨距之用。

4. 适当准备 1 mm、2 mm 厚调高垫板，以备调整钢轨高低之用。

5. 检查轨枕承轨槽，不应有裂纹。清除轨枕承轨槽的泥渣。

6. 摘除预埋套管上的塑料(或其他材料)盖。

(二)安装顺序

步骤 1 铺设轨下垫板(图 3.16)

将轨下垫板放在承轨面的中间位置。

注意：垫板的凸缘应扣住承轨面。

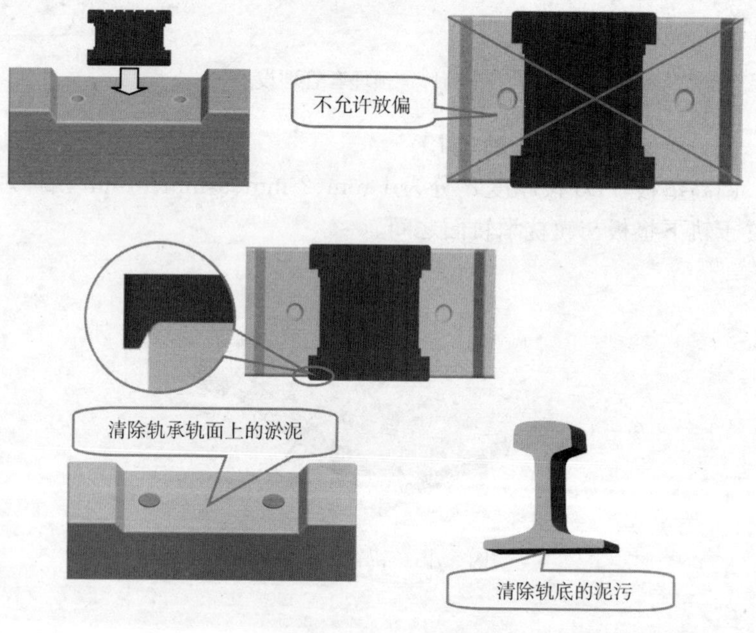

图 3.16 铺设轨下垫板

步骤 2 铺设钢轨(图 3.17)

步骤 3 安装轨距挡板(图 3.18)

安设 4 号和 6 号轨距挡板，钢轨外侧安设 4 号、内侧安设 6 号，且其应放置在轨下垫板两边耳之间。若因钢轨、轨枕和轨距挡板的制造偏差，安设规定号码的轨距挡板不能满足轨距要求或轨距挡板不能安装入位时，可根据实际情况予以调换。

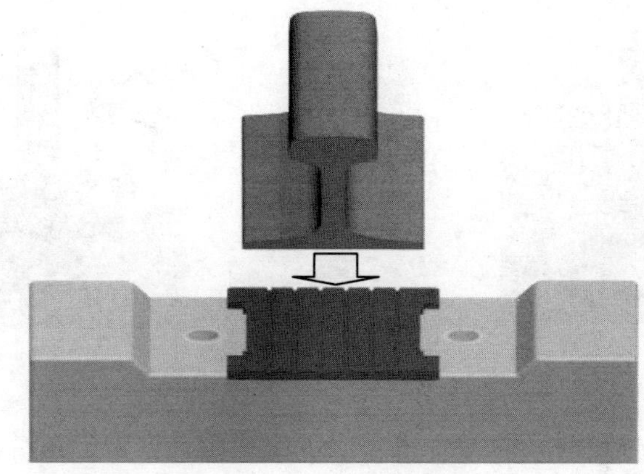

图 3.17　铺设钢轨

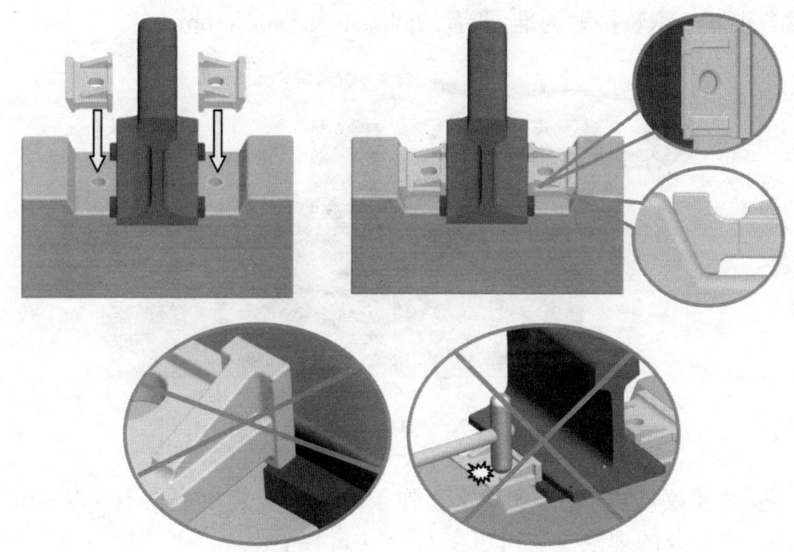

图 3.18　安装轨距挡板

注意:轨距挡板不应压住轨下垫板;安装轨距挡板时,不得用锤或其他工具猛烈敲击轨距挡板使其入位。

步骤 4 安装弹条(图 3.19)

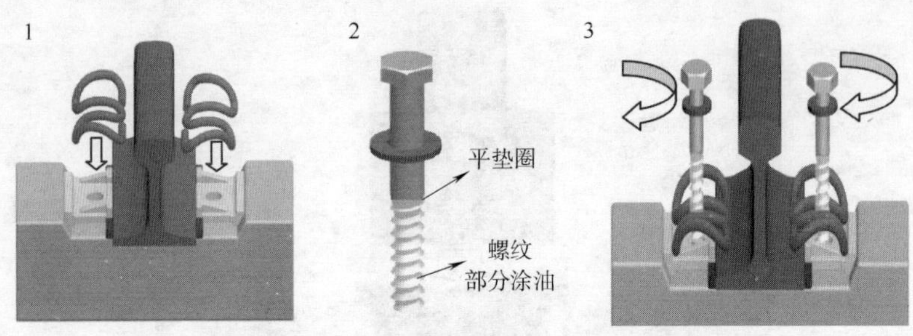

图 3.19　安装弹条

将弹条摆放到位,将螺旋道钉套上平垫圈且在螺纹部分涂满铁路专用防护油脂,然后拧入套管,紧固弹条。

特别提示:判断弹条是否安装到位的标准,以弹条中部前端下颚(图 3.20)刚好与钢轨接触为准,两者的间隙不大于 0.5 mm。

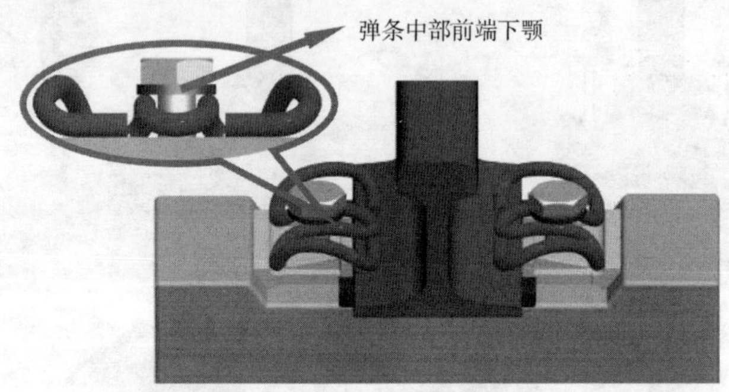

图 3.20　弹条安装位置

安装建议:通常情况下,W2 型弹条的理论安装扭矩在 160 N·m 左右,X3 型弹条的理论安装扭矩在 95 N·m 左右。

在现场大规模安装前,建议先取 5～10 个节点进行安装,以测出使弹条能按照以上安装到位标准达到正确安装位置的实际安装扭矩。

特别提示:在钢轨接头处,当在小号码轨距挡板上安装 W2 型弹条和 X3 型弹条有困难时,应安装弹条Ⅰ型扣件 A 型弹条。

三、弹条 V 型扣件安装调整

(一)调整轨距(图 3.21)

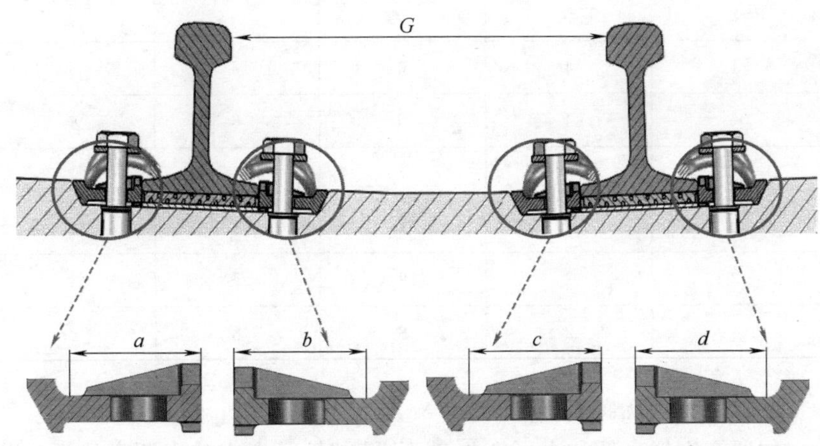

图 3.21　调整轨距

检查轨距，如有不适，对照表 3.2 根据所需的轨距调整量更换不同号码的轨距挡板。(所需的轨距调整量＝实测轨距 G－1 435 mm)

表 3.2　轨距调整量对应不同号码的轨距挡板

轨距调整量(mm)	左股钢轨		右股钢轨	
	外侧 a	内侧 b	内侧 c	外侧 d
－8	8	2	2	8
－7	7	3	2	8
－6	7	3	3	7
－5	6	4	3	7
－4	6	4	4	6
－3	5	5	4	6

续上表

轨距调整量(mm)	左股钢轨		右股钢轨	
	外侧 a	内侧 b	内侧 c	外侧 d
−2	5	5	5	5
−1	4	6	5	5
0	4	6	6	4
+1	3	7	6	4
+2	3	7	7	3
+3	2	8	7	3
+4	2	8	8	2

(二)调整钢轨高低(图 3.22)

如遇有钢轨高低和水平有少量不平顺时,可考虑放入调高垫板。此时应提升钢轨,在轨下垫板和轨枕之间放入调高垫板。

特别提示:调高垫板不得放在轨下垫板上,放入的调高垫板总厚度不得大于 10 mm,调高垫板的数量不得超过两块。

图 3.22 调整钢轨高度

轨距挡板应放置在调高垫板和轨下垫板两边耳之间(图 3.23),不得压住调高垫板和轨下垫板。

图 3.23　轨距挡板放置位置

四、弹条 V 型扣件养护维修要求

(1)运营初期应注意观察扣件和轨枕的使用情况,如扣件松弛,应及时复拧。发现有轨枕空吊、高低和水平不平顺或三角坑时,应及时进行起道捣固,如遇有少量高低和水平不平顺难用起道捣固作业消除时,可垫入调高垫板。

(2)使用中如发现扣件部件损坏应及时更换。

(3)在进行大型养路机械起道捣固作业前,应将调高垫板全部取下。起道捣固作业完成后,如个别地段钢轨高低和水平有少量不平顺时,可放入调高垫板。

(4)如遇有需要卸下螺旋道钉的情况时,应避免泥污进入预埋套管。

第三节　WJ-7 型扣件系统

一、WJ-7 型扣件部件组成(图 3.24)及说明

WJ-7 型扣件由 T 型螺栓、螺母、平垫圈、弹条、绝缘块、铁垫板、轨下垫板、绝缘缓冲垫板、重型弹簧垫圈、平垫块、锚固螺栓和预埋套管组成。此外,为了钢轨高低位置调整的需要,还包括轨下调高垫板和铁垫板下调高垫板。

(一)弹　　条

弹条分两种,即一般地段使用的 W1 型和桥上可能使用的 X2 型,W1 型弹条的直径为 14 mm,X2 型弹条的直径为 13 mm。

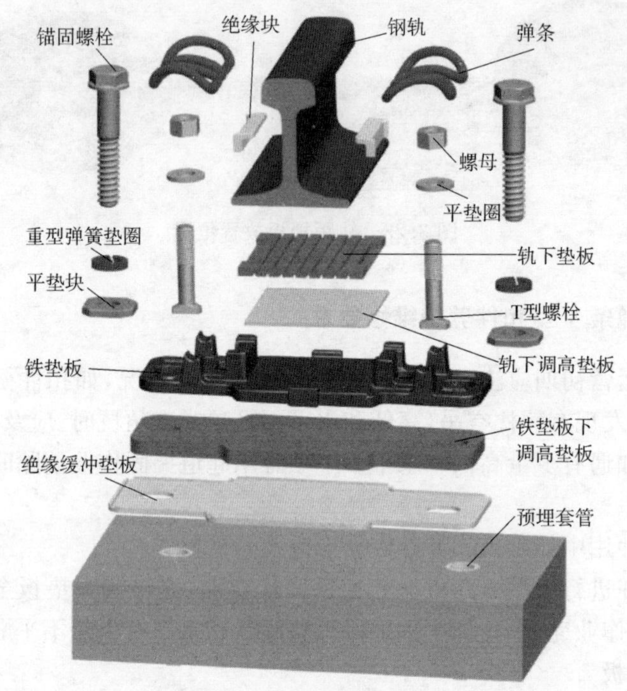

图 3.24　WJ-7 型扣件部件组成

(二)轨下垫板

轨下垫板分 A、B 两类,A 类用于兼顾货运的客运专线,B 类用于客运专线,每一类又分一般地段使用的橡胶垫板(图 3.25)和桥上可能使用的复合垫板(图 3.26)两种。桥上需要降低线路阻力时,可采用 X2 型弹条并配用复合垫板。此时单组扣件的钢轨纵向阻力为 4 kN。

(三)预埋套管(图 3.27)

该部件预先埋设于轨枕/轨道板中,埋设精度应满足要求,且预埋套管顶面应与轨枕/轨道板承轨面齐平。预埋套管埋设后,应加盖塑料(或其他材料)盖以防雨水和泥污进入。

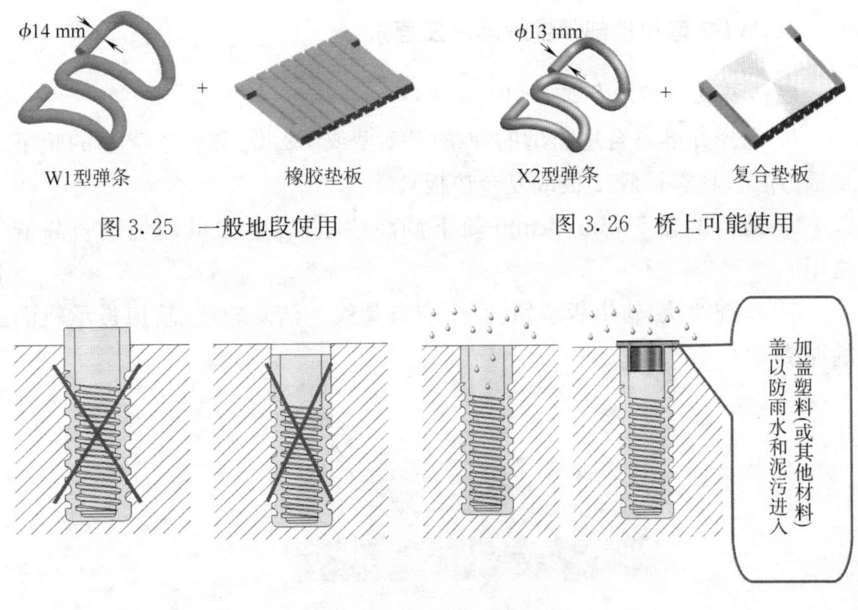

图 3.25　一般地段使用

图 3.26　桥上可能使用

图 3.27　预埋套管埋设

(四)调高垫板

调高垫板分轨下调高垫板(图 3.28)和铁垫板下调高垫板(图 3.29)两种。

图 3.28　轨下调高垫板

图 3.29　铁垫板下调高垫板

轨下调高垫板根据厚度 d 不同,分为 1 mm、2 mm、5 mm、8 mm 四种规格。

铁垫板下调高垫板根据厚度 d 不同,分为 5 mm、10 mm 两种规格。

二、WJ-7 型扣件部件铺设顺序及要求

(一)安装前的准备工作(图 3.30)

1. 选择并准备合适类型的弹条(W1 型或 X2 型)和合适类型的轨下垫板(A 类、B 类橡胶垫板或复合垫板)。

2. 适当准备 1 mm、2 mm 轨下调高垫板,以备微量调整钢轨高低之用。

3. 检查轨枕/轨道板承轨面,不应有裂纹。清除轨枕/轨道板承轨面的泥渣。

图 3.30 安装前的准备工作

4. 摘除预埋套管上的塑料(或其他材料)盖。

(二)安装顺序

步骤 1 安放绝缘缓冲垫板(图 3.31)

铺设绝缘缓冲垫板,使垫板孔与预埋套管孔对中。

步骤 2 安放铁垫板(图 3.32)

安放铁垫板,使轨底坡朝向轨道内侧(按铁垫板上的箭头方向)。铁垫板的螺栓孔中心应与预埋套管中心对正。

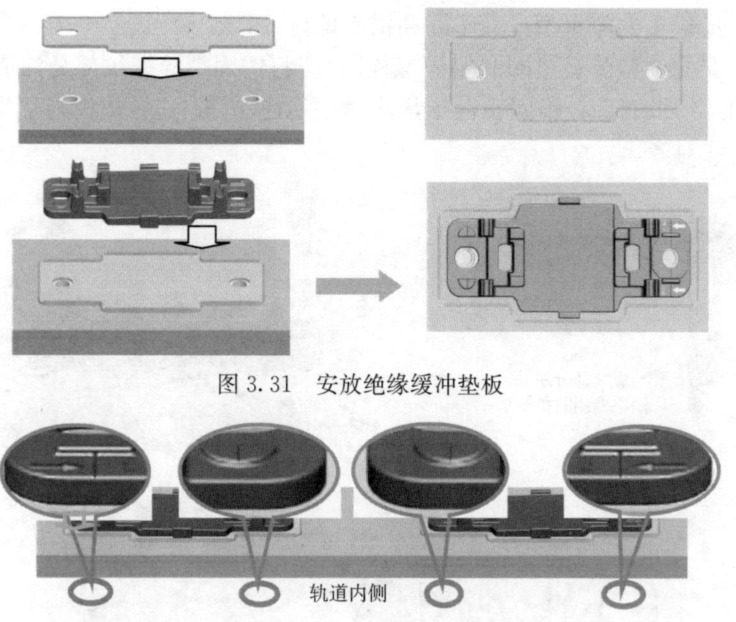

图 3.31 安放绝缘缓冲垫板

图 3.32 安放铁垫板

步骤 3 安放平垫块(图 3.33)

安放平垫块,使平垫块在铁垫板上两凸台之间,底面与铁垫板密贴,并使平垫块距圆孔中心较长一侧朝内。

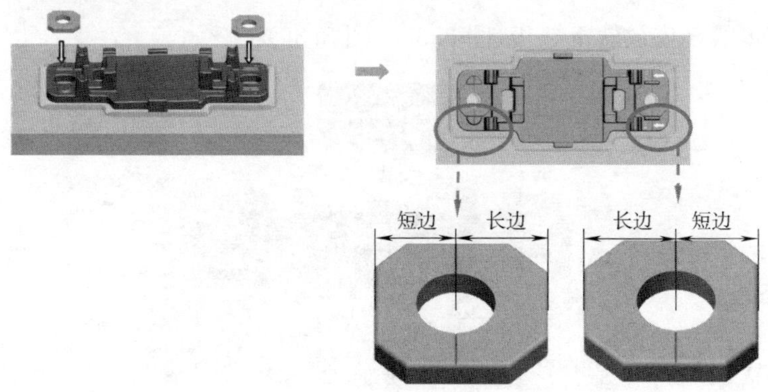

图 3.33 安放平垫块

步骤 4 安放重型弹簧垫圈和锚固螺栓(图 3.34)

安放重型弹簧垫圈和锚固螺栓前,应将锚固螺栓螺纹部分涂满铁路专用防护油脂。在锚固螺栓拧紧前,应挪动铁垫板,使铁垫板与平垫块的标记线对齐。

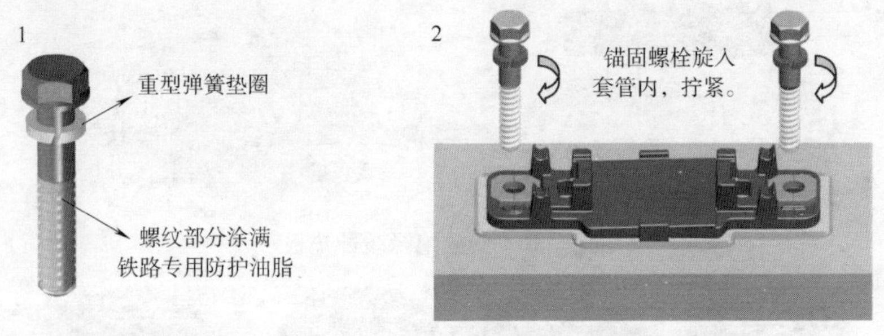

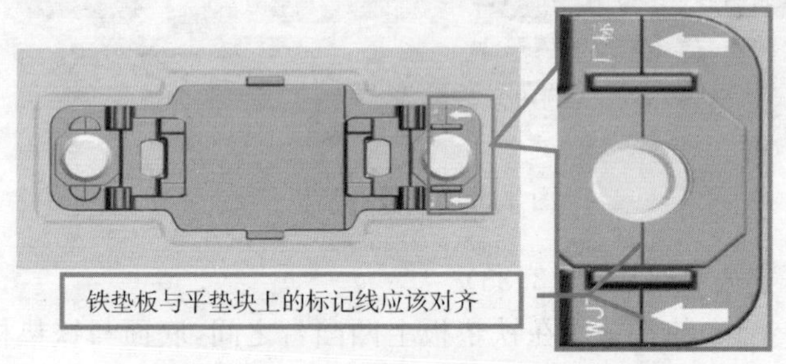

图 3.34 安放重型弹簧垫圈和锚固螺栓

步骤 5 安放轨下垫板(图 3.35～图 3.36)

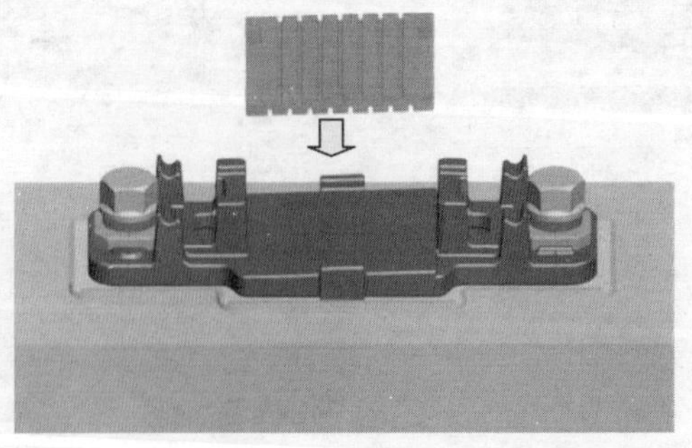

图 3.35 安放轨下垫板

将轨下垫板安放在铁垫板上，使轨下垫板沟槽方向垂直铁垫板的长度方向。

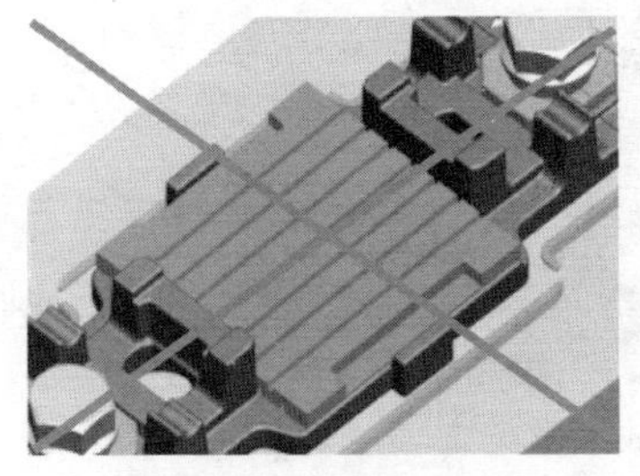
错误安装方法

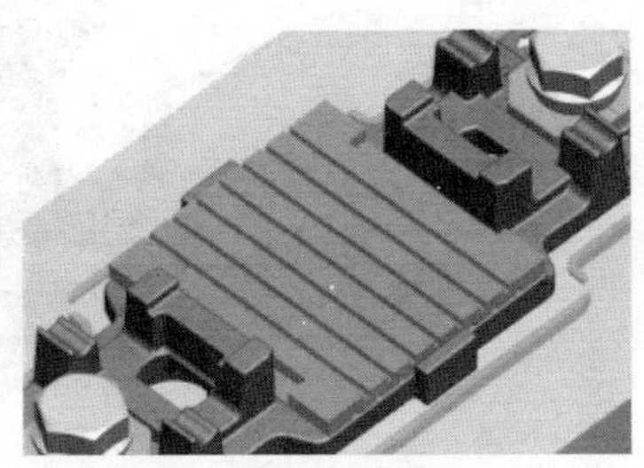
正确安装方法

图 3.36　安放轨下垫板

步骤 6 安放钢轨(图 3.37)

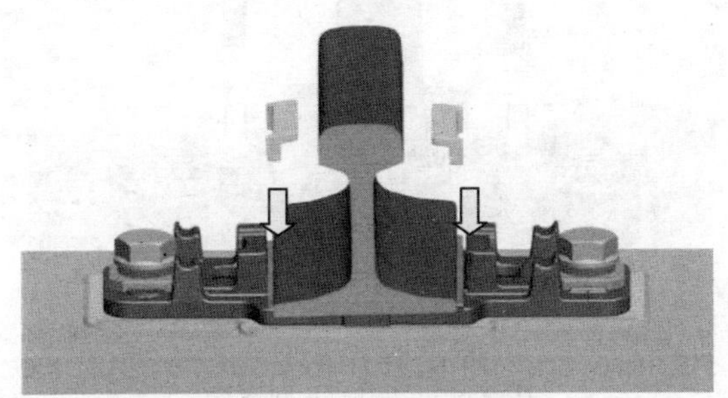

图 3.37　安放钢轨

步骤 7 安放绝缘块(图 3.38～图 3.39)

安放绝缘块，且绝缘块的边耳应扣住铁垫板挡肩。

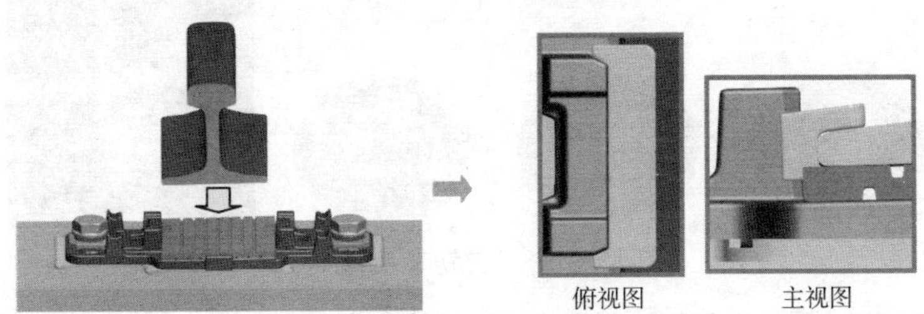

图 3.38　安放绝缘块

特别提示：安装绝缘块时，不得用锤或其他工具猛烈敲击使其入位。

图 3.39　安放绝缘块

步骤 8 安放 T 型螺栓(图 3.40～图 3.41)

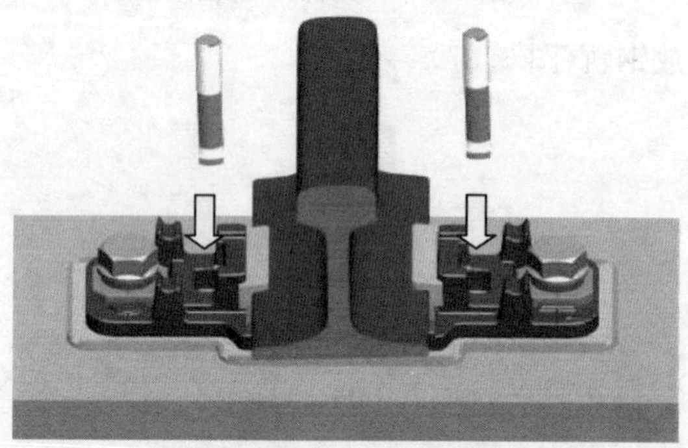

图 3.40　安放 T 型螺栓

具体安装过程如下：

1. T 型螺栓头部按照所示角度，插入铁垫板。

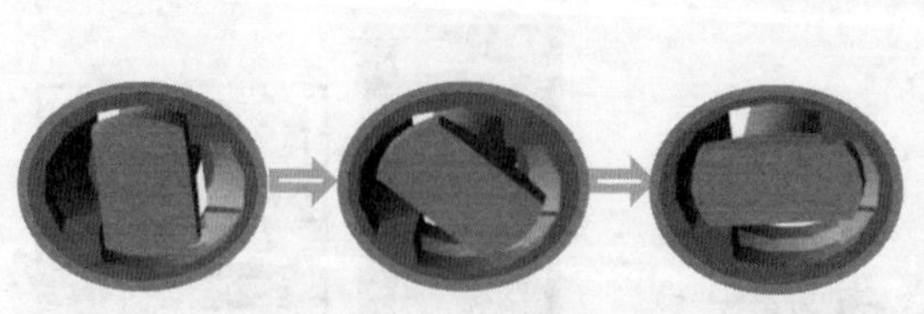

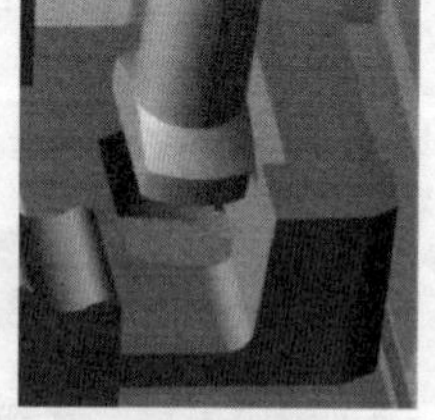

图 3.41　安放 T 型螺栓

2. T 型螺栓头部插入铁垫板后，按顺时针方向旋转 90°，螺栓头部到预定位置，然后上提使 T 型头完全嵌入槽中。

步骤 9 安放弹条

步骤 10 安放平垫圈和拧紧螺母(图 3.41～图 3.42)

将 T 型螺栓螺纹部分涂油,然后套入平垫圈,拧入螺母。

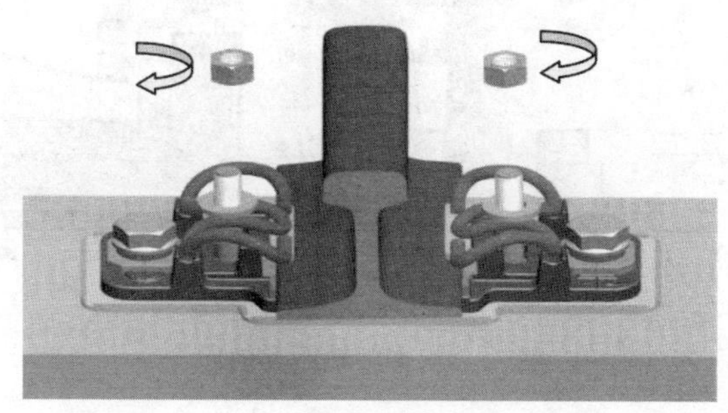

图 3.42　安放平垫圈和拧紧螺母

特别提示:判断弹条是否安装到位的标准:以弹条中部前端下颚与绝缘块刚好接触为准,两者的间隙不大于 0.5 mm。

安装建议:通常情况下,W1 型弹条的理论安装扭矩在 120 N·m 左右,X2 型弹条的理论安装扭矩在 80 N·m 左右。

在现场大规模安装前,建议先取 5～10 个节点进行安装,以测出使弹条能按照以上"安装到位标准"达到正确安装位置的实际安装扭矩。

步骤 11 拧紧锚固螺栓

确认轨距和轨向合适后,以 300～350 N·m 的扭矩拧紧锚固螺栓。

特别提示:在浇筑混凝土过程中,应对所有外露的扣件部件采用适当的防护措施进行包封,以保持清洁。

三、WJ-7 型扣件部件安装调整

(一)调整轨距和轨向(图 3.43)

检查轨距和轨向,如有不适,按如下步骤调整轨距:

(1)松开锚固螺栓;

(2)用改道器横向挪动铁垫板,直至轨距和轨向合适;

(3)以 300～350 N·m 的扭矩拧紧锚固螺栓。

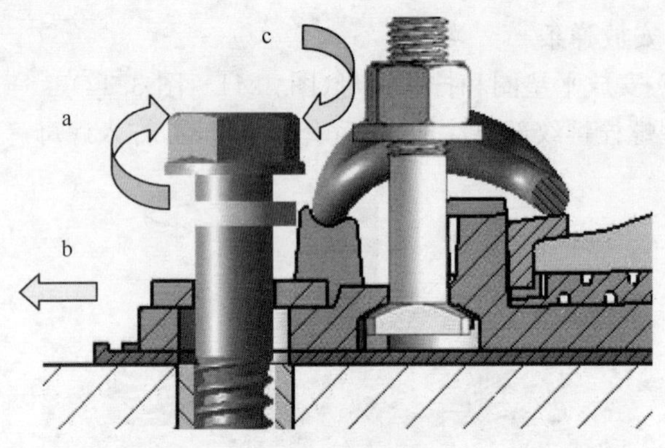

图 3.43　调整轨距和轨向

在挪动铁垫板的时若出现平垫块和铁垫板卡阻情况，按以下步骤进行操作（图 3.44）：

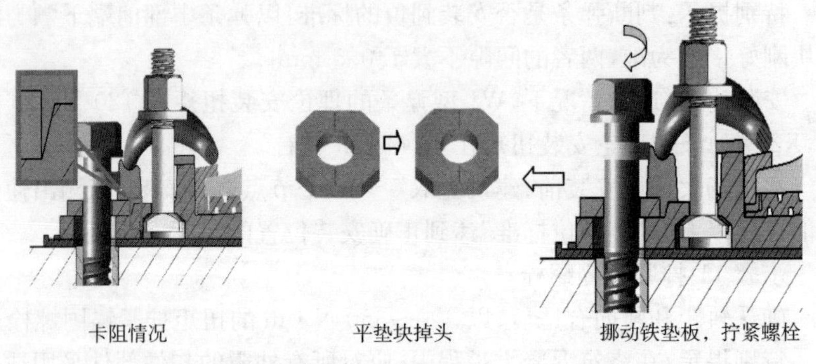

图 3.44　平垫块掉头

（1）平垫块掉头，短边朝向钢轨；

（2）继续挪动铁垫板，确认轨距和轨向合适后以 300～350 N·m 的扭矩拧紧锚固螺栓。

（二）调整钢轨高低

如遇有钢轨高低和水平有少量不平顺时，可考虑放入调高垫板。此时应提升钢轨，垫入调高垫板。当调高量小于 10 mm 时，在轨下放入调高垫板，当调高量超过 10 mm 时，可同时在铁垫板下放入调高垫板。

1. 钢轨下调高(图 3.45)

轨下调高垫板不得放在轨下垫板上，放入的轨下调高垫板总厚度不得大于 10 mm，轨下调高垫板的数量不得超过两块，并应把最薄的轨下调高垫板放在下面，以防轨下调高垫板窜出。

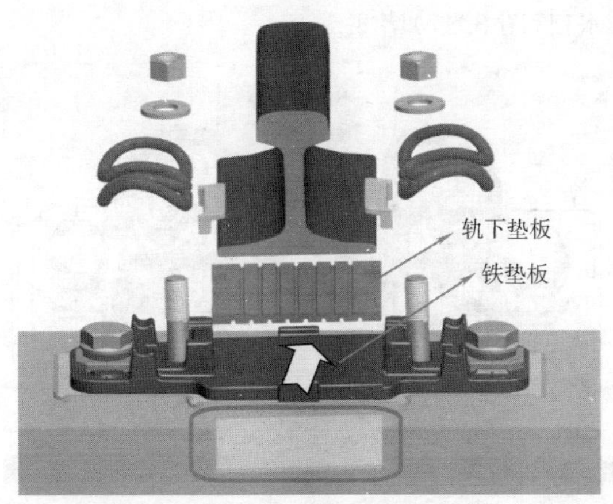

图 3.45　钢轨下调高

2. 铁垫板下调高(图 3.46)

在铁垫板与绝缘缓冲垫板间垫入铁垫板下调高垫板，垫入的垫板总数不得超过两块，总厚度不得超过 20 mm。

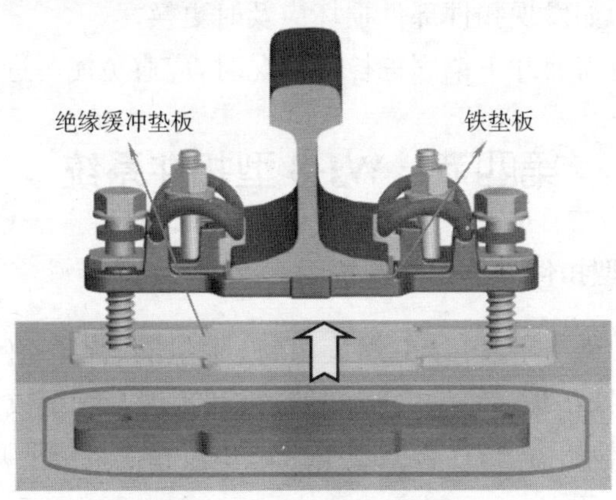

图 3.46　铁垫板下调高

四、WJ-7 型扣件部件养护维修要求

(1)运营初期应注意观察扣件的使用情况,如扣件松弛,应及时复拧。当发现钢轨空吊、高低和水平不平顺时,应及时放入调高垫板。特别要防止缓冲垫板排水口(图 3.47)堵塞。

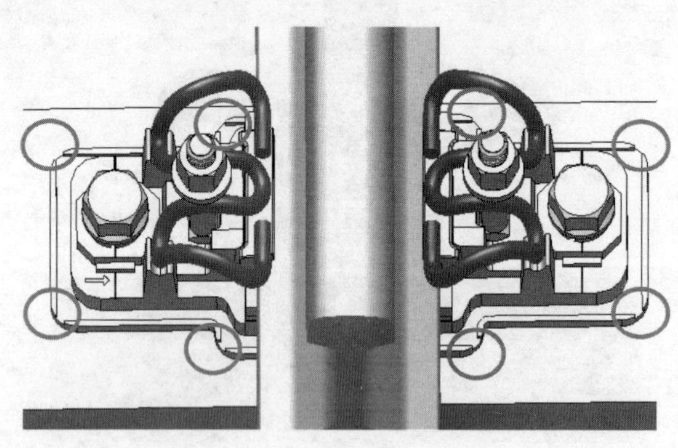

图 3.47　绝缘缓冲垫板排水口

(2)应对 T 型螺栓进行定期涂油,防止螺栓锈蚀。

(3)应保持扣件的清洁。

(4)使用中如发现扣件部件损坏应及时更换。

(5)如遇有需要卸下锚固螺栓的情况时,应避免泥污进入预埋套管。

第四节　WJ-8 型扣件系统

一、WJ-8 型扣件部件组成及说明

WJ-8 型扣件(图 3.48)由螺旋道钉、平垫圈、弹条、绝缘块、轨距挡板、轨下垫板、铁垫板、铁垫板下弹性垫板和预埋套管组成。此外为了钢轨高低位置调整的需要,还包括轨下微调垫板和铁垫板下调高垫板。

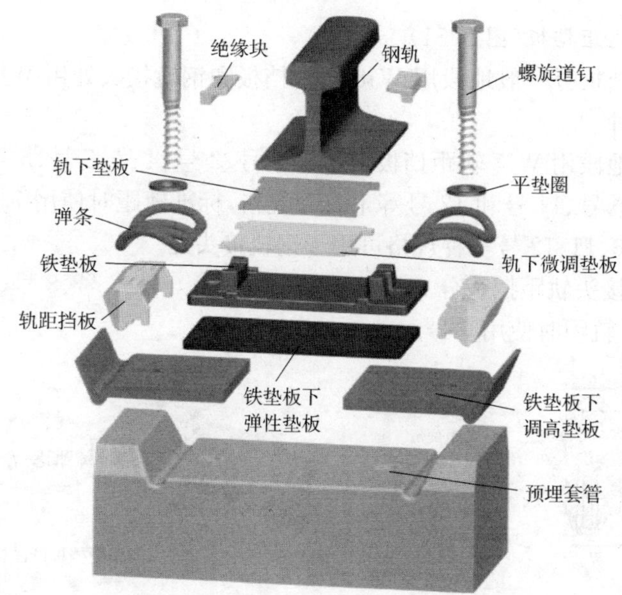

图 3.48　WJ-8 型扣件部件组成

(一)弹条和轨下垫板

弹条分两种,即一般地段使用的 W1 型(图 3.49)和桥上可能使用的 X2 型(图 3.50),W1 型弹条的直径为 14 mm,X2 型弹条的直径为 13 mm。轨下垫板分一般地段使用的橡胶垫板和桥上可能使用的复合垫板两种。桥上需要降低线路阻力时,可采用 X2 型弹条并配用复合垫板,此时单组扣件的钢轨纵向阻力为 4 kN。

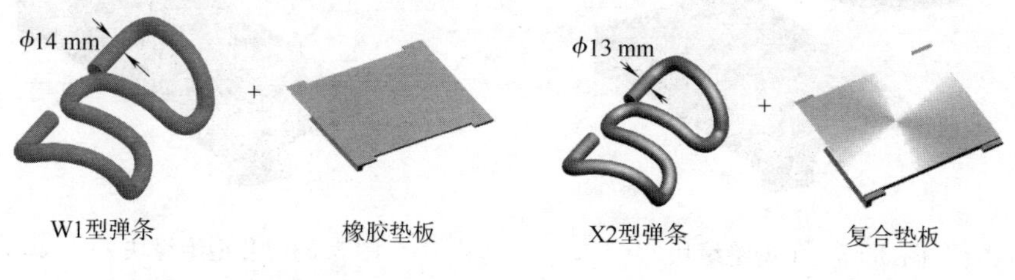

图 3.49　一般地段使用　　图 3.50　桥上可能使用

(二)轨距挡板(图 3.51)

轨距挡板分一般地段用 WJ8 轨距挡板和钢轨接头处用 WJ8 接头轨距挡板两种。

一般地段用 WJ8 轨距挡板又分为 2 号、3 号、4 号、5 号、6 号、7 号、8 号、9 号、10 号、11 号和 12 号等十一种规格,标准轨距时使用 7 号轨距挡板,其中 10、11、12 号三种规格可用于钢轨接头处。

WJ8 接头轨距挡板分 2 号、3 号、4 号、5 号、6 号、7 号、8 号、9 号八种规格,标准轨距时使用 7 号。

图 3.51 轨距挡板

(三)绝 缘 块

绝缘块分Ⅰ型和Ⅱ型两种,一般地段采用Ⅰ型(图 3.52),钢轨接头处采用Ⅱ型绝缘块(图 3.53)。

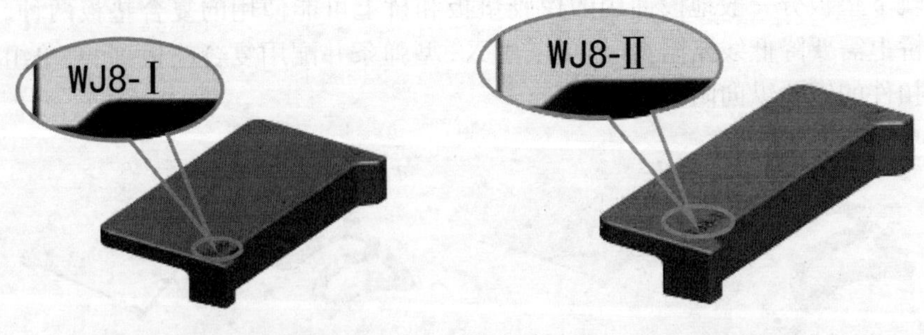

图 3.52 Ⅰ型绝缘块　　图 3.53 Ⅱ型绝缘块

(四)铁垫板下弹性垫板(图 3.54)

铁垫板下弹性垫板分 A、B 两类。A 类弹性垫板用于兼顾货运的客运专线;B类弹性垫板用于客运专线。

图 3.54　铁垫板下弹性垫板

（五）螺旋道钉（图 3.55）

螺旋道钉分 S2 型和 S3 型两种，在扣件正常状态安装或钢轨调高量不大于 15 mm 时用 S2 型，大于 15 mm 时用 S3 型。

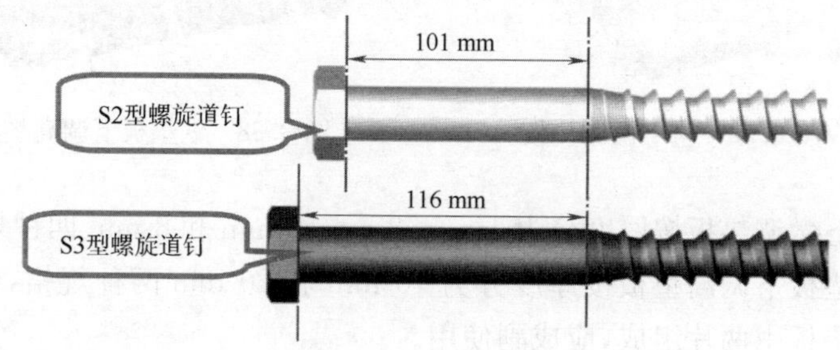

图 3.55　螺旋道钉

（六）预埋套管（图 3.56）

该部件预先埋设于轨枕/轨道板中，埋设精度应满足要求，且预埋套管顶面应与轨枕/轨道板承轨面齐平。预埋套管埋设后，应加盖塑料（或其他材料）盖以防雨水和泥污进入。

（七）调高垫板

调高垫板分轨下微调垫板（图 3.57）和铁垫板下调高垫板（图 3.58）两种，分别放置于轨下垫板与铁垫板之间和铁垫板下弹性垫板与轨枕/轨道板承轨面之间。

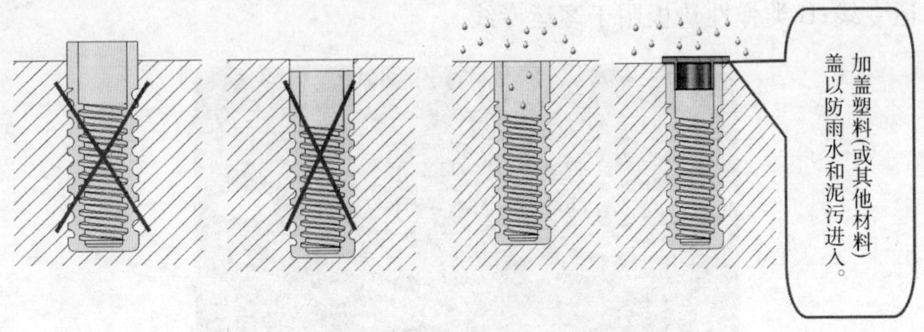

图 3.56 预埋套管理设

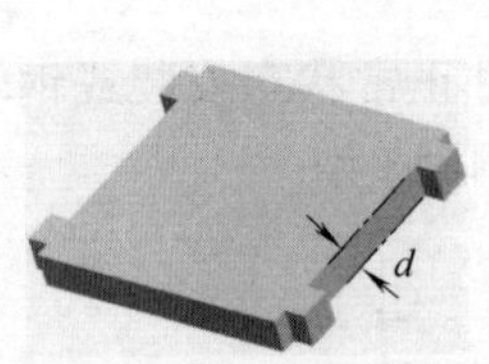

图 3.57 轨下微调垫板

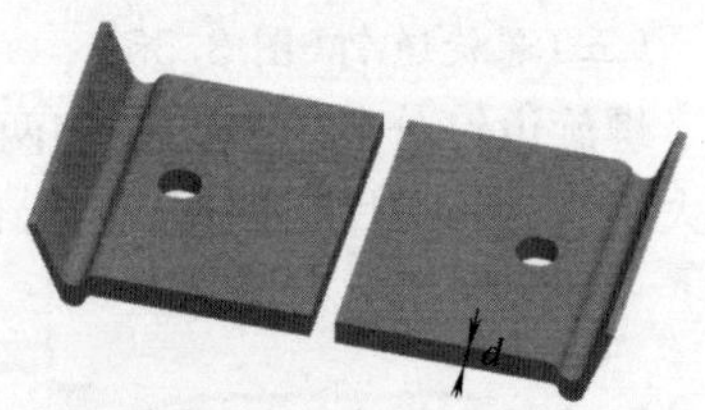

图 3.58 铁垫板下调高垫板

轨下微调垫板按厚度分为 1 mm、2 mm、5 mm 和 8 mm 四种规格。

铁垫板下调高垫板按厚度分为 10 mm 和 20 mm 两种规格，铁垫板下调高垫板由两片组成，应成副使用。

二、WJ-8 型扣件部件铺设顺序及要求

(一)安装前的准备工作

1. 选择并准备合适类型的弹条(W1 型或 X2 型)和合适类型的轨下垫板(橡胶垫板或复合垫板)。同时，适当准备厚度 1 mm、2 mm 的轨下微调垫板。

2. 准备Ⅰ型绝缘块，并适当准备Ⅱ型绝缘块以备用于钢轨接头处。

3. 选择并准备 7 号轨距挡板，并适当准备 6 号、8 号轨距挡板和相同型号的接头轨距挡板。

4. 选择并准备铁垫板下弹性垫板(A 类或 B 类)。

5. 选择并准备 S2 型螺旋道钉。

6. 检查轨枕/轨道板承轨槽，不应有裂纹。清除轨枕/轨道板承轨槽的泥渣。

7. 摘除预埋套管上的塑料(或其他材料)盖。

(二)安装顺序

步骤 1 安放铁垫板下弹性垫板

在承轨台中间位置铺设铁垫板下弹性垫板，使垫板孔与预埋套管孔对中。

步骤 2 安放铁垫板(图 3.59)

铁垫板的螺栓孔中心应与预埋套管中心对正。

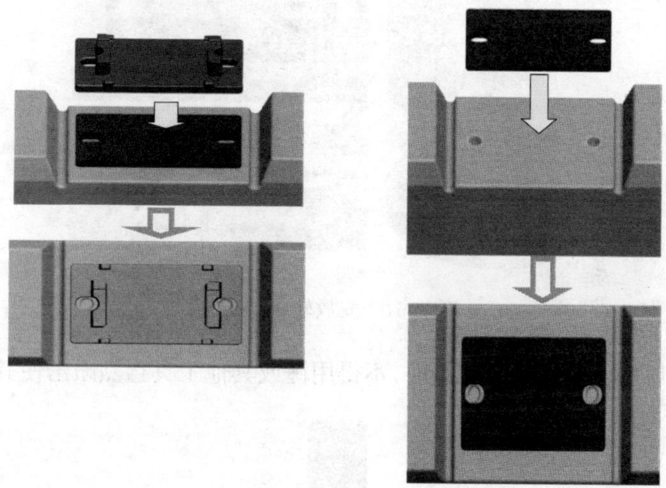

图 3.59　安放铁垫板

步骤 3 安放轨下垫板(图 3.60)

在铁垫板中间位置安放轨下垫板，轨下垫板的凸缘应扣住铁垫板。

步骤 4 安放轨距挡板(图 3.61)

安设 7 号轨距挡板，轨距挡板的圆弧凸台应安放在轨枕/轨道板承轨槽底脚的凹槽内，其斜面和前端两支点应分别与轨枕/轨道板的挡肩和承轨面密贴。

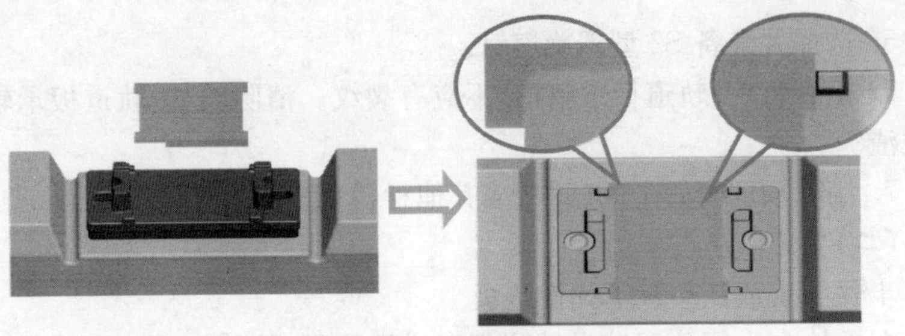

图 3.60　安放轨下垫板

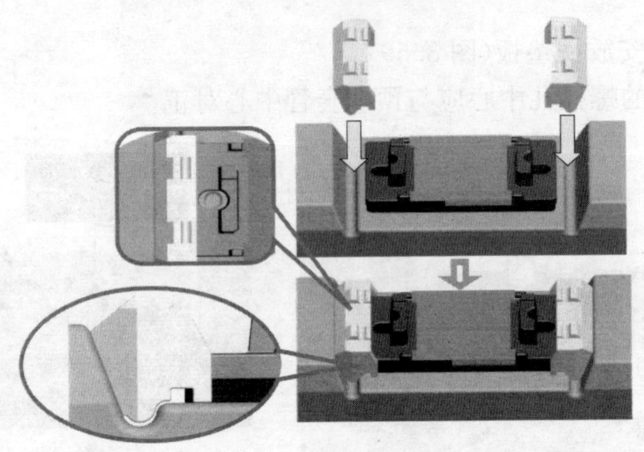

图 3.61　安放轨距挡板

特别提示:安装轨距挡板时,不得用锤或其他工具猛烈敲击使其入位。

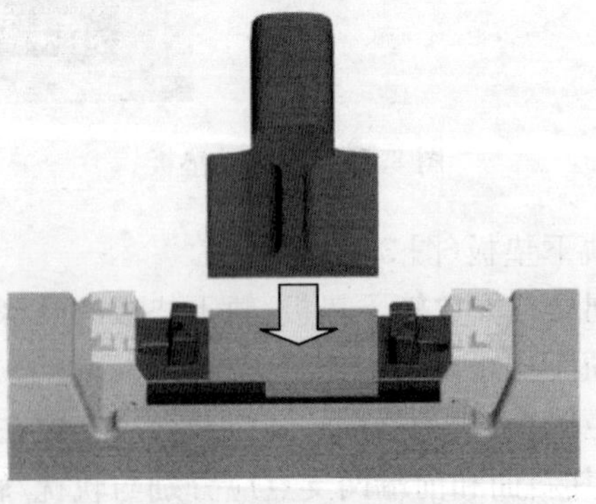

图 3.62　铺设钢轨

步骤 5 铺设钢轨(图 3.62)

步骤 6 安放绝缘块(图 3.63)

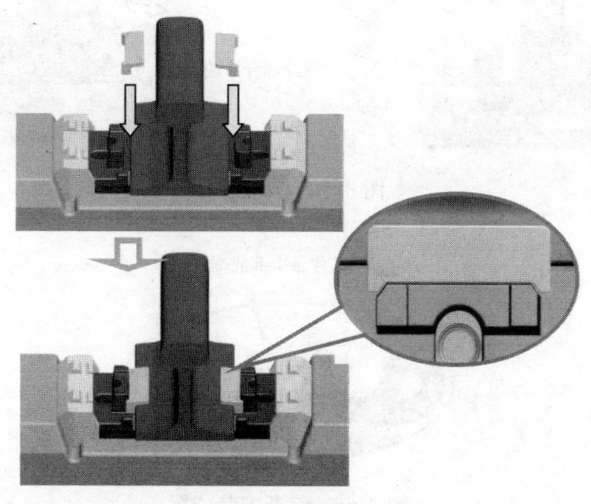

图 3.63　安放绝缘块

特别提示:安装绝缘块时,不得用锤或其他工具猛烈敲击使其入位(图 3.64)。

图 3.64　安装绝缘块

步骤 7 安装弹条(图 3.65)

将弹条摆放到位,螺旋道钉套上平垫圈且在螺纹部分涂满铁路专用防护油脂,然后拧入套管,紧固弹条。

特别提示:判断弹条是否安装到位的标准:以弹条中部前端下颚(图 3.66)与绝缘块刚好接触为准,两者的间隙不大于 0.5 mm。

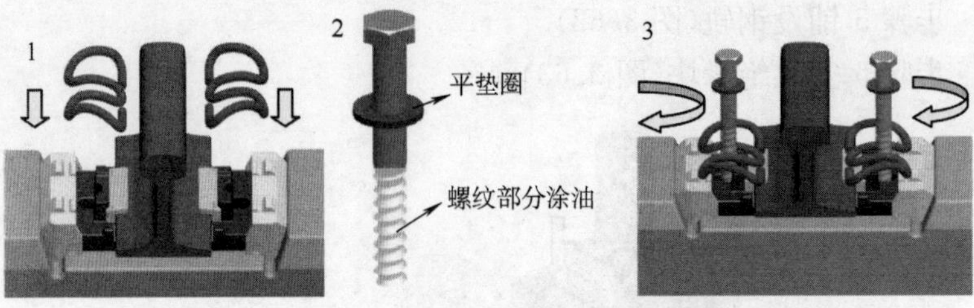

图 3.65　安装弹条

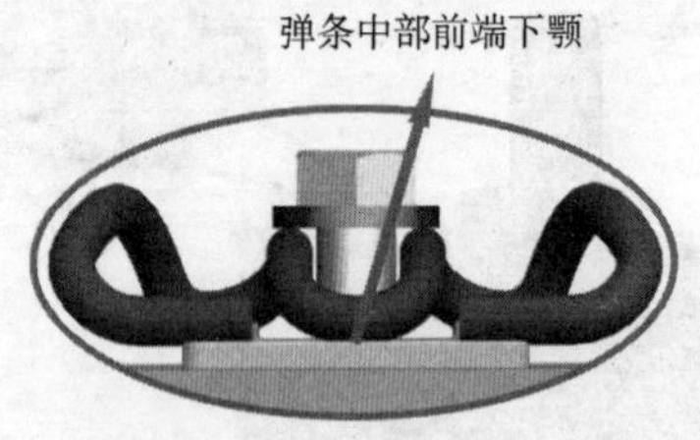

图 3.66　弹条安装位置

安装建议:通常情况下,W1 型弹条的理论安装扭矩在 160 N·m 左右,X2 型弹条的理论安装扭矩在 110 N·m 左右。

在现场大规模安装前,建议先取 5～10 个节点进行安装,以测出使弹条能按照以上“安装到位标准”达到正确安装位置的实际安装扭矩。

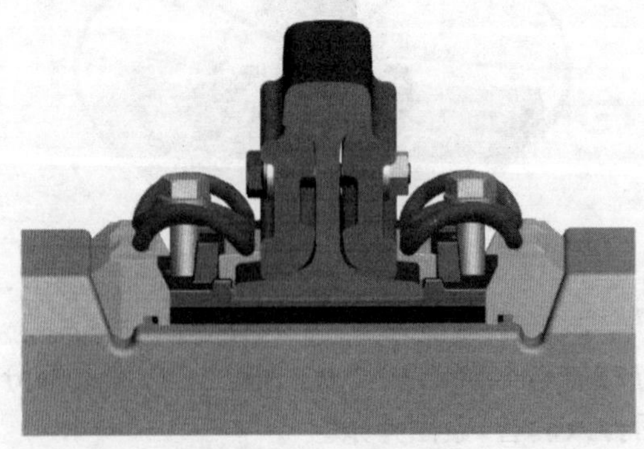

图 3.67　安装标准位置

特别提示:(1)钢轨接头处要用 WJ8 接头轨距挡板和Ⅱ型绝缘块。

(2)在浇筑混凝土过程中,应对所有外露的扣件部件采用适当的防护措施进行包封,以保持清洁。

三、WJ-8 型扣件部件安装调整

(一)调整轨距和轨向(图 3.68)

检查轨距和轨向,如有不适,对照表 3.3 根据所检查的轨距调整量更换不同号码的轨距挡板。

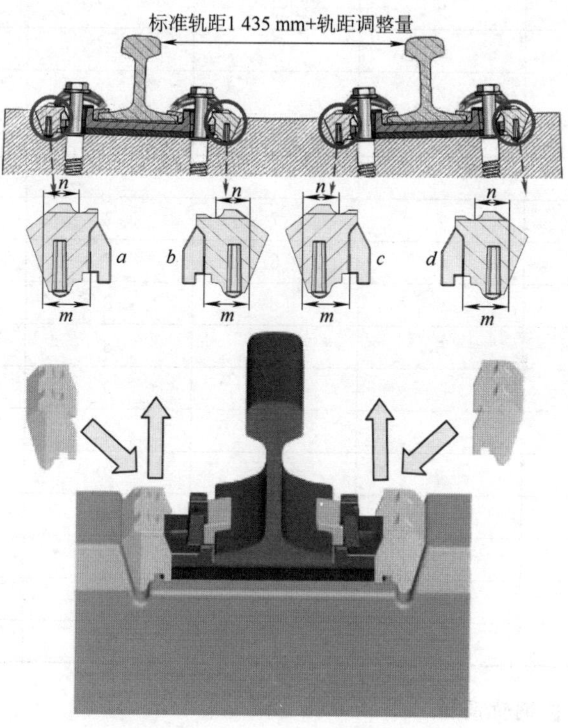

图 3.68　调整轨距和轨向

表 3.3 轨距调整量对应不同号码的轨距挡板

轨距调整量 (mm)	左股钢轨		右股钢轨	
	外侧轨距挡板 a	内侧轨距挡板 b	内侧轨距挡板 c	外侧轨距挡板 d
−10	12	2	2	12
−9	11	3	2	12
−8	11	3	3	11
−7	10	4	3	11
−6	10	4	4	10
−5	9	5	4	10
−4	9	5	5	9
−3	8	6	5	9
−2	8	6	6	8
−1	7	7	6	8
0	7	7	7	7
+1	6	8	7	7
+2	6	8	8	6
+3	5	9	8	6
+4	5	9	9	5
+5	4	10	9	5
+6	4	10	10	4
+7	3	11	10	4
+8	3	11	11	3
+9	2	12	11	3
+10	2	12	12	2

(二)调整钢轨高低

如遇有钢轨高低和水平有少量不平顺时,可考虑放入调高垫板。此时应提升钢轨,垫入调高垫板。当调高量小于 10 mm 时,在轨下放入调高垫板,当调高量超过 10 mm 时,可同时在铁垫板下放入调高垫板。具体垫入厚度可按表 3.4 执行。

表 3.4　轨下微调垫板

钢轨高低调整量(mm)	轨下微调垫板总厚度(mm)	铁垫板下调高垫板厚度(mm)
0	0	0
1～10	1～10	0
11～20	1～10	10
21～30	1～10	20

1. 钢轨下调高(图 3.69)

轨下微调垫板必须放在轨下垫板与铁垫板之间,且放入的总厚度不得大于 10 mm,总数不得超过两块,并把最薄的轨下微调垫板放在下面,以防轨下微调垫板窜出。

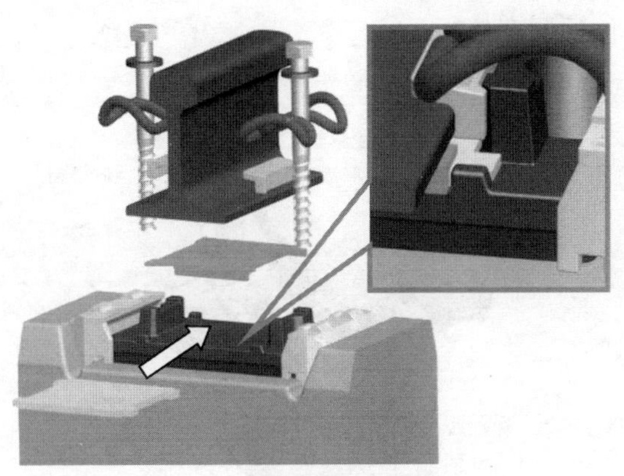

图 3.69　钢轨下调高

2. 铁垫板下调高

垫入的铁垫板下调高垫板放在铁垫板下弹性垫板与轨枕之间。

特别提示:铁垫板下调高垫板每副由两片组成,分别从侧面插入。铁垫板下调高垫板只能单副使用,不能摞叠使用。钢轨相对正常状态的调高量大于 15 mm 时,应采用 S3 型螺旋道钉。

四、WJ-8型扣件部件养护维修要求

（一）运营初期应注意观察扣件的使用情况，如扣件松弛，应及时复拧。当发现钢轨空吊、高低和水平不平顺时，应及时按要求垫入调高垫板。

（二）使用中如发现扣件部件损坏应及时更换。

（三）如遇有需要卸下螺旋道钉的情况时，应避免泥污进入预埋套管。

第五节　300型扣件系统

一、300型扣件部件组成及说明

300型扣件由弹条、绝缘垫片、轨距挡板、轨枕螺栓、绝缘套管、轨垫、铁垫板和弹性垫板组成，如图3.70所示。此外，为了保证钢轨的高低调节的需要，还包括调高垫板。

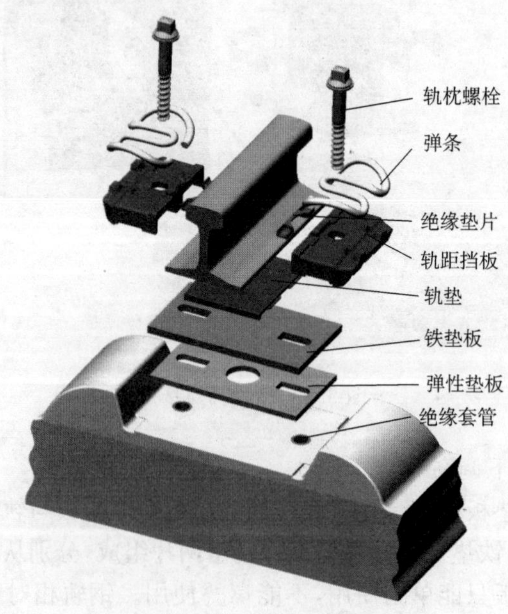

图3.70　300型扣件部件组成

（一）弹　　条

弹条分两种，一种为一般地段使用的 SKL15 型弹条（图 3.71）和桥上可能使用的小阻力弹条 SKL B15 型弹条（图 3.72）。SKL15 型弹条（黑色）的直径为 15 mm，SKL B15 型弹条（蓝色）的直径为 13 mm。

图 3.71　SKL15 型弹条

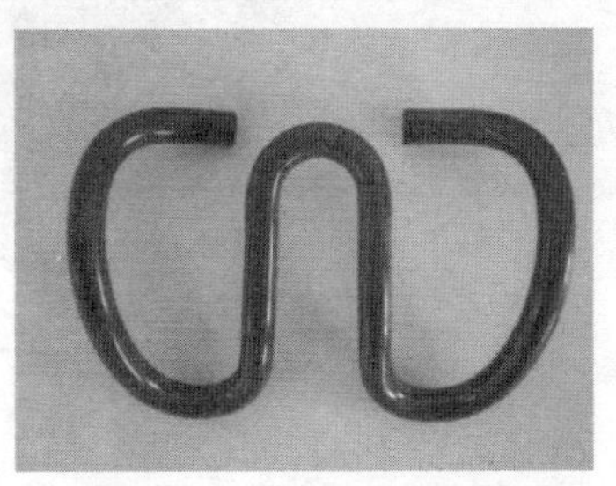

图 3.72　SKLB15 型弹条

（二）轨枕螺栓（图 3.73）

标准规格轨枕螺栓（Ss36-230）总长为 230 mm，为了保证钢轨调高的需要，还配有 Ss36-240，Ss36-250，Ss36-260，Ss36-270 和 Ss36-280 轨枕螺栓。

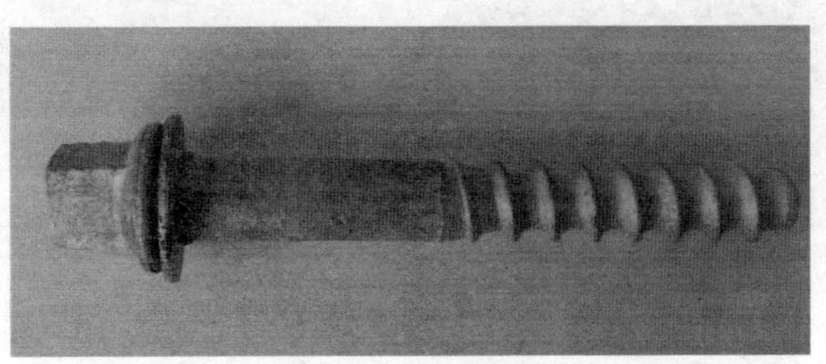

图 3.73　轨枕螺栓

（三）轨下垫板（图 3.74）

标准规格轨下垫板（Zw692-6）厚度为 6 mm。为了钢轨调高的需要，还配有 Zw692-2、Zw692-3、Zw692-4、Zw692-5、Zw692-7 和 Zw692-8 不同厚度轨下垫板。

图 3.74 轨下垫板

(四)轨距挡板

标准规格轨距挡板分为 Wfp15a 型挡板(图 3.75,适用于 300-1a 型扣件)和 Wfp15u 型挡板(图 3.76 适用于 300-1u 型扣件)。为了钢轨左右位置调整的需要,还配有 Wfp15a ± 1(Wfp15u ± 1)~ Wfp15a ± 8(Wfp15u±8)各十六种规格。

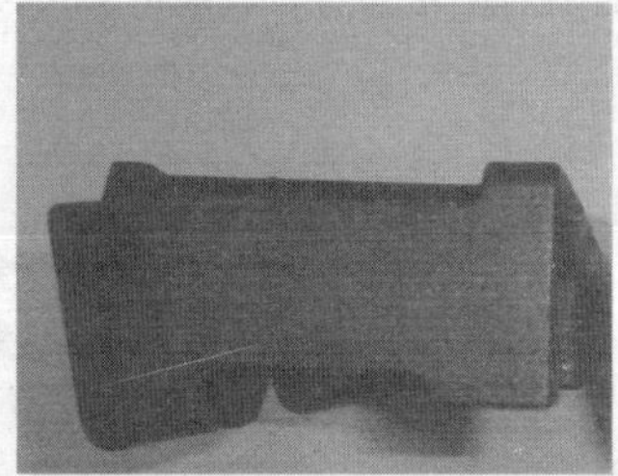

图 3.75 Wfp 15a 型轨距挡板

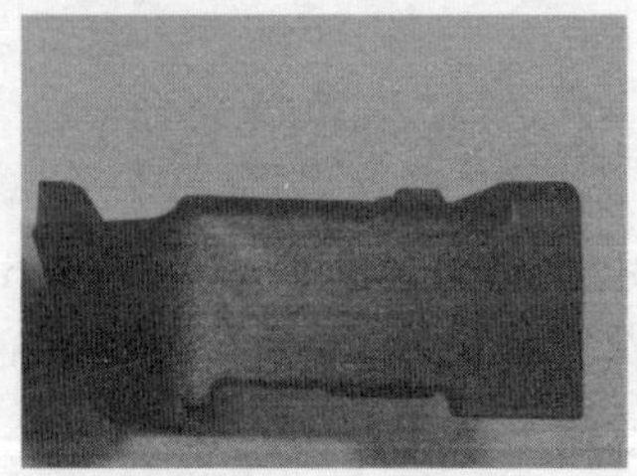

图 3.76 Wfp 15u 型轨距挡板

（五）弹性垫板（图 3.77）

弹性垫板放置于铁垫板下。两种不同颜色的弹性垫板，性能相同。

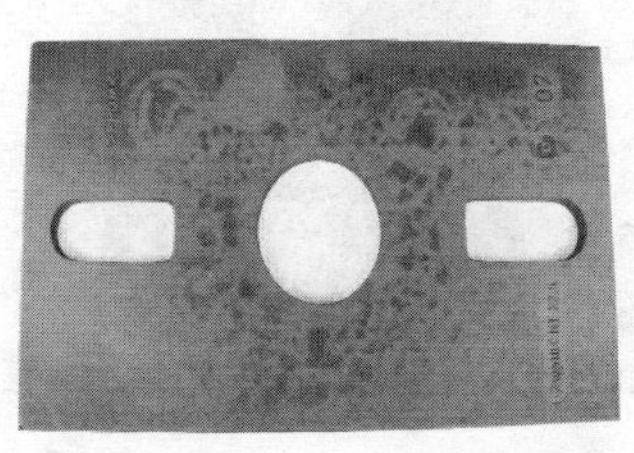
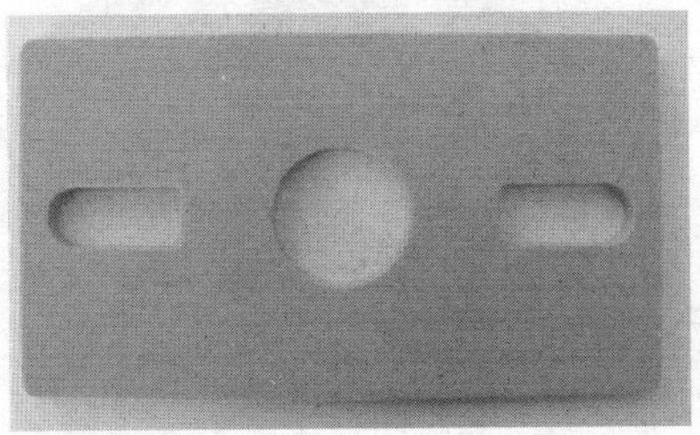

图 3.77　弹性垫板

（六）预埋套管

预埋套管预先埋设于轨枕/轨道板中，埋设精度应满足要求，且预埋套管顶面应低于轨枕/轨道板承轨面 0～2 mm。预埋套管埋设后，如果不是在轨枕厂进行预先安装，则应盖上塑料盖（或其他材料）以防雨水和泥污进入。

（七）绝缘垫片 Is15（图 3.78）

绝缘垫片 Is15，如果露天存储，现场必须加盖顶棚或苫布。在现场铺轨时，安装到弹条弹臂下正确位置。

图 3.78　绝缘垫片

（八）调高垫板

调高垫板分塑料调高垫板和钢制调高垫板。其中塑料调高垫板按厚度分为 6 mm 和 10 mm 两种，标号分别为 Ap20-6（Ap20u-6）和 Ap20-10（Ap20u-10）。钢制调高垫板为厚度 20 mm 的 Ap20S（Ap20u-S）。（如图 3.79～图 3.82 所示，各适用于 300-1a 型系统或 300-1u 型系统的调高垫板）。

图 3.79　塑料调高垫板 Ap20-10(适用于 300-1a 系统的塑料调高垫板)

图 3.80　塑料调高垫板 Ap20u-10(适用于 300-1u 系统的塑料调高垫板)

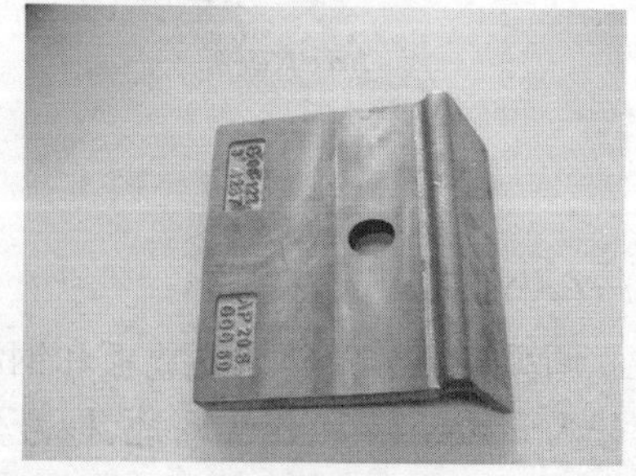

图 3.81　钢制调高垫板 Ap20S(适用于 300-1a 型系统)

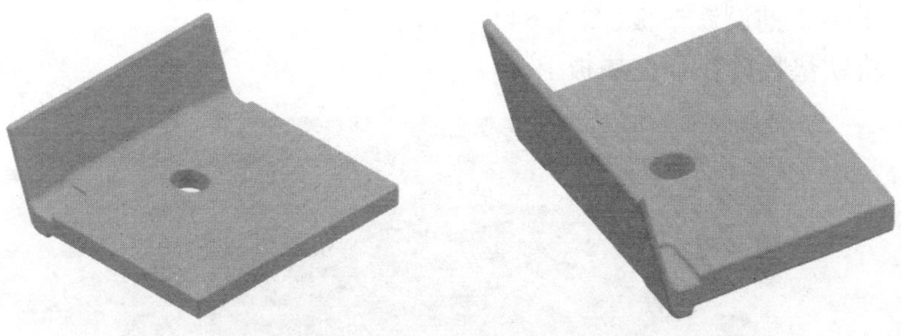

图 3.82　钢制调高垫板 Ap20S-u(适用于 300-1u 型系统)

二、300 型扣件铺设顺序及要求

(一)安装前的准备工作

1. 清除套管中的杂质和积水。

2. 在套管中添加 10～15 g(Ferrocoat 673FS 或 Elascon KGF)油脂。

3. 检查轨枕/轨道板承轨槽,不应有裂纹。清除轨枕/轨道板承轨槽的泥渣。

(二)预 安 装

步骤 1 铺设弹性垫板(图 3.83)

将弹性垫板放在承轨面的中间位置。

图 3.83　铺设弹性垫板

步骤 2 铺设铁垫板(图 3.84)

将铁垫板放在弹性垫板上。

图 3.84 铺设铁垫板

步骤 3 铺设轨垫(图 3.85)

将轨垫放在铁垫板上。

图 3.85 铺设轨垫

步骤 4 安放轨距挡板(图 3.86)

将轨距挡板放入承轨槽中,使轨距挡板压住轨垫边缘并与承轨槽密贴。

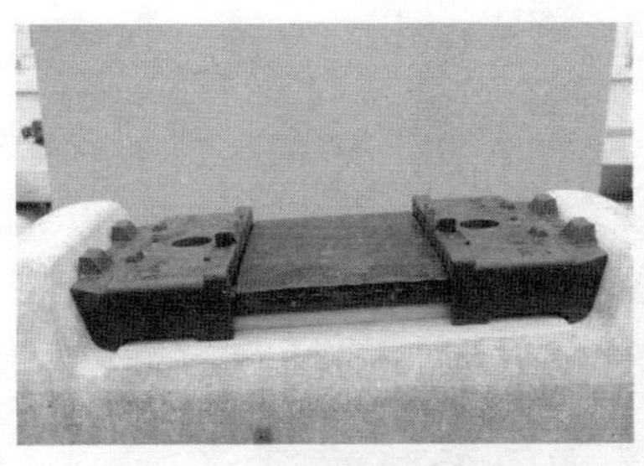

图 3.86　安放轨距挡板和弹条

步骤 5 安放弹条(图 3.86)

将弹条放在轨距挡板预安装位置。

步骤 6 安装轨枕螺栓(图 3.87)

将轨枕螺栓拧入预埋套管,使用配套的套筒扳手拧紧,扭矩为 30～50 N·m。

特别提示:不得使用锤子击打轨枕螺栓。

图 3.87　安装轨枕螺栓

(三)现场最终安装

步骤 1 铺设钢轨

将钢轨安放在正确位置,即两个轨距挡板之间,轨垫之上,如图 3.88 所示。

步骤 2 安放绝缘垫片

将绝缘垫片放于轨底上表面的弹条扣压待安装位置,注意方向,半圆开口朝外,如图 3.89 所示。

图 3.88 铺设钢轨

图 3.89 安放绝缘垫片

步骤 3 安放弹条

将弹条从预安装位置移到安装位置，如图 3.90 所示。

步骤 4 安装轨枕螺栓

拧紧螺栓直至弹条的中肢前端与轨距挡板前端突起部分接触，扭矩约 250 N·m(采用 SKL B15 弹条时扭矩约 180 N·m)。

特别提示：弹条安装到位的判定方法，如图 3.91 所示。

建议：在现场大规模安装前，建议先取 5～10 个扣件节点进行安装，以测出弹条安装到位的实际扭矩。再按照该实际扭矩进行大规模安装。

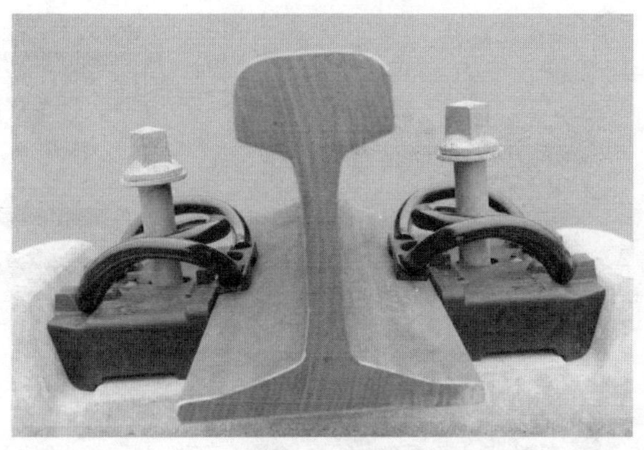

图 3.90　安放弹条

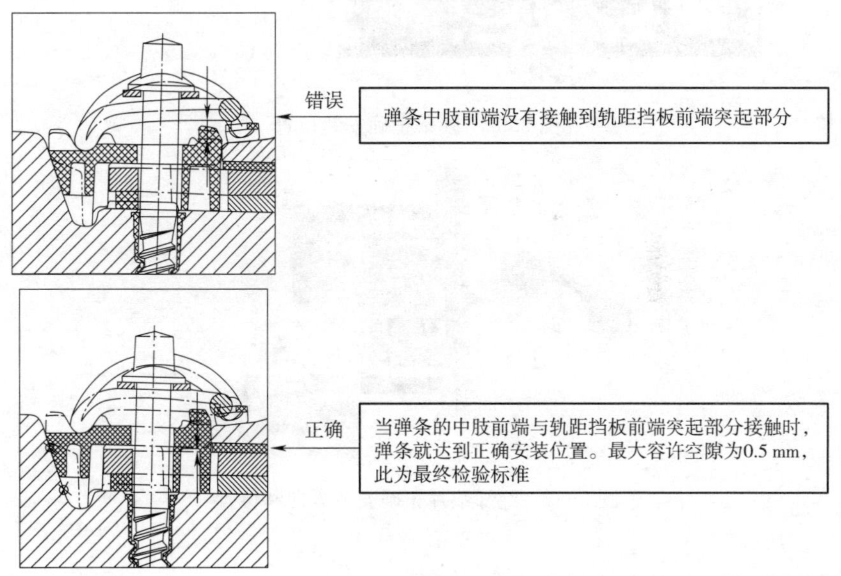

图 3.91　弹条安装位置

正确安装位置示意，如图 3.92 所示。

特别提示：安装时，请注意绝缘垫片方向和位置，圆弧段朝外，下图所示为正确安装方向和位置，如图 3.93 所示。

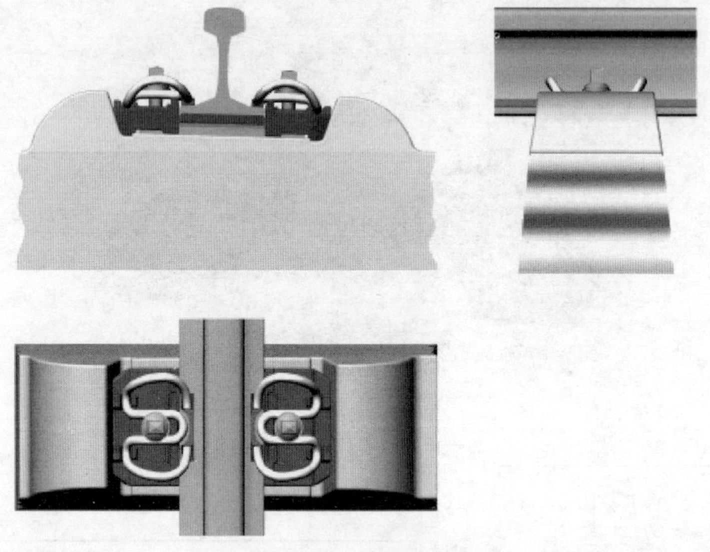

图 3.92　弹条正确安装位置

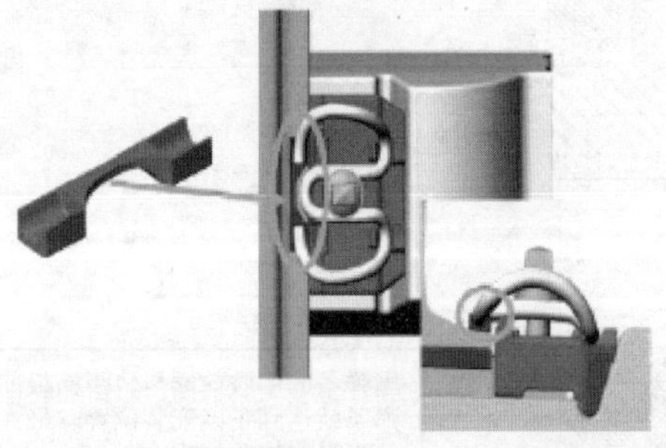

图 3.93　绝缘垫片正确安装方向和位置

三、300 型扣件安装调整

(一)轨距和轨向调整

1. 根据设计要求，轨距调整范围为±16 mm。

2. 通过更换不同规格的轨距挡板，实现±8 mm 范围内的单轨横向调整，调整级别为 1 mm。调整时轨距挡板配置见表 3.5(以 300-1u 扣件为例，300-1a 扣件调整原理与之相同)。

表 3.5　轨距和轨向调整时轨距挡板配置

轨距调整量(mm)	左股钢轨		右股钢轨	
	外侧轨距挡板	内侧轨距挡板	内侧轨距挡板	外侧轨距挡板
−16	Wfp15u+8	Wfp15u−8	Wfp15u−8	Wfp15u+8
−15	Wfp15u+8	Wfp15u−8	Wfp15u−7	Wfp15u+7
−14	Wfp15u+7	Wfp15u−7	Wfp15u−7	Wfp15u+7
−13	Wfp15u+7	Wfp15u−7	Wfp15u−6	Wfp15u+6
−12	Wfp15u+6	Wfp15u−6	Wfp15u−6	Wfp15u+6
−11	Wfp15u+6	Wfp15u−6	Wfp15u−5	Wfp15u+5
−10	Wfp15u+5	Wfp15u−5	Wfp15u−5	Wfp15u+5
−9	Wfp15u+5	Wfp15u−5	Wfp15u−4	Wfp15u+4
−8	Wfp15u+4	Wfp15u−4	Wfp15u−4	Wfp15u+4
−7	Wfp15u+4	Wfp15u−4	Wfp15u−3	Wfp15u+3
−6	Wfp15u+3	Wfp15u−3	Wfp15u−3	Wfp15u+3
−5	Wfp15u+3	Wfp15u−3	Wfp15u−2	Wfp15u+2
−4	Wfp15u+2	Wfp15u−2	Wfp15u−2	Wfp15u+2
−3	Wfp15u+2	Wfp15u−2	Wfp15u−1	Wfp15u+1
−2	Wfp15u+1	Wfp15u−1	Wfp15u−1	Wfp15u+1
−1	Wfp15u+1	Wfp15u−1	Wfp15u	Wfp15u
0	Wfp15u	Wfp15u	Wfp15u	Wfp15u
+1	Wfp15u−1	Wfp15u+1	Wfp15u	Wfp15u
+2	Wfp15u−1	Wfp15u+1	Wfp15u+1	Wfp15u−1
+3	Wfp15u−2	Wfp15u+2	Wfp15u+1	Wfp15u−1
+4	Wfp15u−2	Wfp15u+2	Wfp15u+2	Wfp15u−2
+5	Wfp15u−3	Wfp15u+3	Wfp15u+2	Wfp15u−2
+6	Wfp15u−3	Wfp15u+3	Wfp15u+3	Wfp15u−3
+7	Wfp15u−4	Wfp15u+4	Wfp15u+3	Wfp15u−3
+8	Wfp15u−4	Wfp15u+4	Wfp15u+4	Wfp15u−4

续上表

轨距调整量(mm)	左股钢轨		右股钢轨	
	外侧轨距挡板	内侧轨距挡板	内侧轨距挡板	外侧轨距挡板
+9	Wfp15u－5	Wfp15u＋5	Wfp15u＋4	Wfp15u－4
+10	Wfp15u－5	Wfp15u＋5	Wfp15u＋5	Wfp15u－5
+11	Wfp15u－6	Wfp15u＋6	Wfp15u＋5	Wfp15u－5
+12	Wfp15u－6	Wfp15u＋6	Wfp15u＋6	Wfp15u－6
+13	Wfp15u－7	Wfp15u＋7	Wfp15u＋6	Wfp15u－6
+14	Wfp15u－7	Wfp15u＋7	Wfp15u＋7	Wfp15u－7
+15	Wfp15u－8	Wfp15u＋8	Wfp15u＋7	Wfp15u－7
+16	Wfp15u－8	Wfp15u＋8	Wfp15u＋8	Wfp15u－8

(二)钢轨高低位置调整

1. 根据设计要求,高低位置调整范围为－4 mm～＋56 mm。

2. 三种高度调整方式,分别通过嵌入塑料调高垫板 Ap20-6、Ap20-10、Zw 692 轨垫和 Ap 20S 钢制调高垫板实现。

(1)通过更换不同规格的轨垫实现－4 mm～＋2 mm 调整,配置见表 3.6。

表 3.6 钢轨高低位置调整更换不同规格的轨垫

高低调整量	塑料调高垫板	钢制调高垫板	轨垫	轨枕螺栓
	型号:AP20-x	型号:AP20S	型号:Zw 692-x	型号:Ss36
	厚度	厚度	厚度	长度
单位:mm	6 或 10 mm	20 mm	2～8 mm	230～280 mm
+2			1×8 mm	2×230
+1			1×7 mm	2×230
0—标准设计			1×6 mm	2×230
－1			1×5 mm	2×230
－2			1×4 mm	2×230
－3			1×3 mm	2×230
－4			1×2 mm	2×230

(2)通过嵌入塑料调高垫板和更换轨垫实现＋3～＋22 mm 调整，配置见表 3.7，并根据高度调节量选择正确的轨枕螺栓。

表 3.7　＋3～＋22 mm 嵌入塑料调高垫板和更换轨垫

高低调整量	塑料调高垫板	钢制调高垫板	轨垫	轨枕螺栓
	型号：AP20-x	型号：AP20S	型号：Zw 692-x	型号：Ss36
	厚度	厚度	厚度	长度
单位：mm	6 或 10 mm	20 mm	2～8 mm	230～280 mm
＋22	2×10 mm		1×8 mm	2×250
＋21	2×10 mm		1×7 mm	2×250
＋20	2×10 mm		1×6 mm	2×250
＋19	2×10 mm		1×5 mm	2×250
＋18	1×10 mm＋1×6 mm		1×8 mm	2×240
＋17	1×10 mm＋1×6 mm		1×7 mm	2×240
＋16	1×10 mm＋1×6 mm		1×6 mm	2×240
＋15	1×10 mm＋1×6 mm		1×5 mm	2×240
＋14	2×6 mm		1×8 mm	2×240
＋13	2×6 mm		1×7 mm	2×240
＋12	1×10 mm		1×8 mm	2×240
＋11	1×10 mm		1×7 mm	2×240
＋10	1×10 mm		1×6 mm	2×240
＋9	1×10 mm		1×5 mm	2×240
＋8	1×6 mm		1×8 mm	2×230
＋7	1×6 mm		1×7 mm	2×230
＋6	1×6 mm		1×6 mm	2×230
＋5	1×6 mm		1×5 mm	2×230
＋4	1×6 mm		1×4 mm	2×230
＋3	1×6 mm		1×3 mm	2×230

(3)通过嵌入塑料调高垫板、钢制调高垫板和更换轨垫实现＋23～＋56 mm 调整，配置见表 3.8，并根据高度调节量选择正确的轨枕螺栓。

（三）300 型扣件养护维修要求

本系统在养护维修时应注意如下情况：

1. 运营初期应注意观察扣件的使用情况，如通过目测发现弹条未达到最终安装位置，应及时按照如前所述进行调整。

特别提示："弹条安装到位判断方法"将其拧紧到位。当发现钢轨空吊、高低和水平不平顺时，应及时进行调整。

2. 如遇有需要卸下轨枕螺栓的情况时，应避免泥渣进入预埋套管。

表 3.8　＋23～＋56 mm 调整嵌入塑料调高垫板、钢制调高垫板和更换轨垫

高度调程 单位：mm	塑料调整垫	钢制调节板	Zw 轨垫	轨枕螺栓
	组合型号：AP20-x(1＋r) 厚度 6 或 10 mm	组合型号：AP20S 厚度 20 mm	组合型号：Zw 692-x 厚度 2～8 mm	组合型号：Ss36 厚度 230～280 mm
＋56	1×10 mm＋1×6 mm	2×20 mm	1×6 mm	2×280
＋55	1×10 mm＋1×6 mm	2×20 mm	1 ×5 mm	2×280
＋54	2×6 mm	2×20 mm	1×8 mm	2×280
＋53	2×6 mm	2×20 mm	1×7 mm	2×280
＋52	3×10 mm	1×20 mm	1×8 mm	2×280
＋51	3×10 mm	1×20 mm	1×7 mm	2×280
＋50	3×10 mm	1×20 mm	1×6 mm	2×280
＋49	3×10 mm	1×20 mm	1×5 mm	2×280
＋48	2×10 mm＋1×6 mm	1×20 mm	1×8 mm	2×270
＋47	2×10 mm＋1×6 mm	1×20 mm	1×7 mm	2×270
＋46	2×10 mm＋1×6 mm	1×20 mm	1×6 mm	2×270
＋45	2×10 mm＋1×6 mm	1×20 mm	1×5 mm	2×270
＋44	2×10 mm＋1×6 mm	1×20 mm	1×4 mm	2×270
＋43	2×10 mm＋1×6 mm	1×20 mm	1×3 mm	2×270
＋42	2×10 mm	1×20 mm	1×8 mm	2×270
＋41	2×10 mm	1×20 mm	1×7 mm	2×270
＋40	2×10 mm	1×20 mm	1×6 mm	2×270
＋39	2×10 mm	1×20 mm	1×5 mm	2×270

续上表

高度调程 单位:mm	塑料调整垫	钢制调节板	Zw 轨垫	轨枕螺栓
	组合型号:AP20-x(1+r) 厚度 6 或 10 mm	组合型号:AP20S 厚度 20 mm	组合型号:Zw 692-x 厚度 2～8 mm	组合型号:Ss36 厚度 230～280 mm
+38	1×10 mm+1×6 mm	1×20 mm	1×8 mm	2×260
+37	1×10 mm+1×6 mm	1×20 mm	1×7 mm	2×260
+36	1×10 mm+1×6 mm	1×20 mm	1×6 mm	2×260
+35	1×10 mm+1×6 mm	1×20 mm	1×5 mm	2×260
+34	1×10 mm+1×6 mm	1×20 mm	1×4 mm	2×260
+33	1×10 mm+1×6 mm	1×20 mm	1×3 mm	2×260
+32	1×10 mm	1×20 mm	1×8 mm	2×260
+31	1×10 mm	1×20 mm	1×7 mm	2×260
+30	1×10 mm	1×20 mm	1×6 mm	2×260
+29	1×10 mm	1×20 mm	1×5 mm	2×260
+28	1×6 mm	1×20 mm	1×8 mm	2×250
+27	1×6 mm	1×20 mm	1×7 mm	2×250
+26	1×6 mm	1×20 mm	1×6 mm	2×250
+25	1×6 mm	1×20 mm	1×5 mm	2×250
+24	1×6 mm	1×20 mm	1×4 mm	2×250
+23	1×6 mm	1×20 mm	1×3 mm	2×250

复习思考题

1. 简述弹条 V 型扣件养护维修要求。
2. WJ-7 型扣件部件安装顺序是什么?
3. WJ-7 型扣件如何进行钢轨高低调整?
4. WJ-8 型扣件如何进行轨距和轨向调整?
5. 300 型扣件由哪些部件组成?
6. 300-1u 扣件如何进行钢轨高低位置调整?

第四章　无砟轨道施工技术

第一节　CRTSⅠ型板式无砟轨道施工

一、CRTSⅠ型板式无砟轨道施工作业流程(图 4.1)

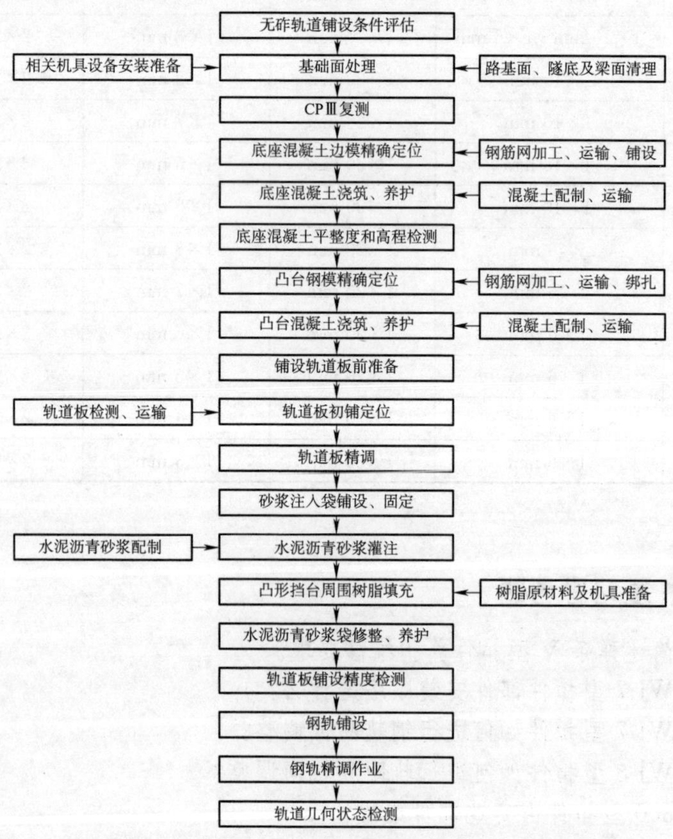

图 4.1　CRTSⅠ型板式无砟轨道施工工艺流程

二、轨道板预制钢模检测

(一)轨道板预制前,必须对轨道板钢模进行检测(钢模检测流程如图4.2所示)

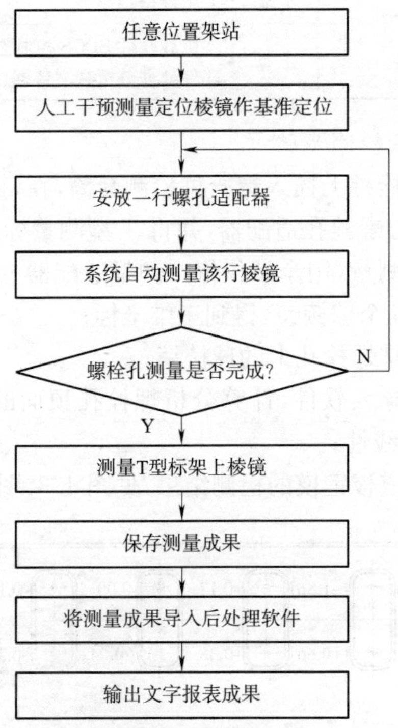

图 4.2　钢模检测流程

(二)钢模检测所需设备及软件(表 4.1)

表 4.1　钢模检测设备及软件表

序号	设备名称	数量	用　途
1	全站仪	1 台	进行坐标测量
2	T 型测量标架	2 套	与轨道板的空间位置和姿态保持一致
3	螺栓桩检测套筒	4 个	套在螺栓桩上并与该处的钢模底面密贴
4	球 棱 镜	10 个	反射目标

续上表

序号	设备名称	数量	用途
5	自定心螺栓孔适配器	4个	能插入不同直径的螺栓孔导管中，与螺栓孔处混凝土顶面密贴
6	三脚架	1副	架设全站仪
7	软件	1套	机载软件 SDCS 控制全站仪自动观测，后处理软件处理分析观测数据、获得结果

（三）轨道板钢模检测步骤

1. 在钢模的螺栓桩上插入螺栓桩检测套筒，在每排螺栓孔中插入安放了球棱镜的自定心螺栓孔适配器，并将T型测量标架放置到位；

2. 采用坐标法测量，用全站仪依次测量适配器上的球棱镜以及两个T型测量标架上的6个球棱镜，得到三维坐标；

3. 依次观测每排螺栓孔上的球棱镜；

4. 将检测数据导入软件，计算分析螺栓孔顶面的共面性、螺栓孔的对称性、平行性和直线性；

5. 出具每块轨道板钢模的检测结果，见图4.3、图4.4、图4.5。

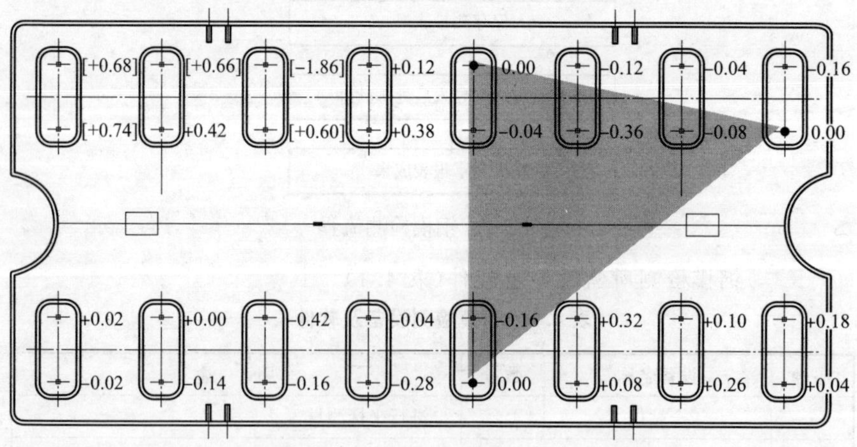

图4.3 共面性分析结果（单位：mm）

注：阴影三角形表示所有螺栓孔顶面最佳拟合平面。其余各螺栓孔旁的数字表示其顶面距离上述平面的垂直距离；方括号内的数字表示超限值。

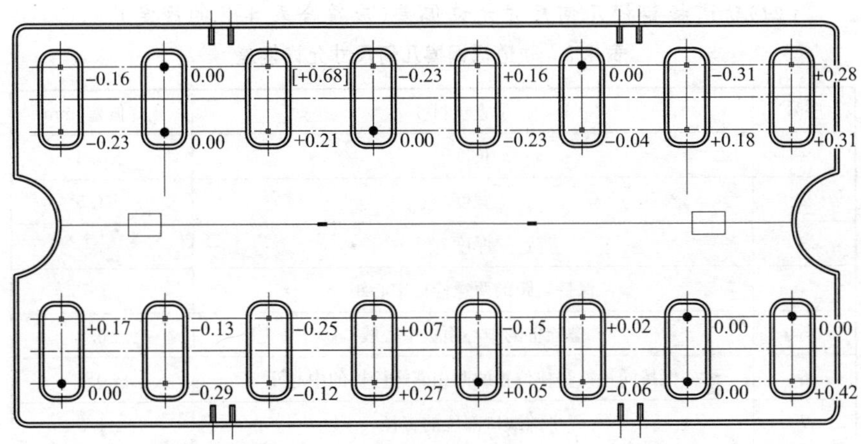

图 4.4　共线性分析结果(单位:mm)

注:两粗点表示最佳拟合直线所代表的方向点。其余各点旁的数字表示该点偏离直线的垂距,从仪器放置点方向面对轨道板左负右正。方括号内的数字表示超限值。

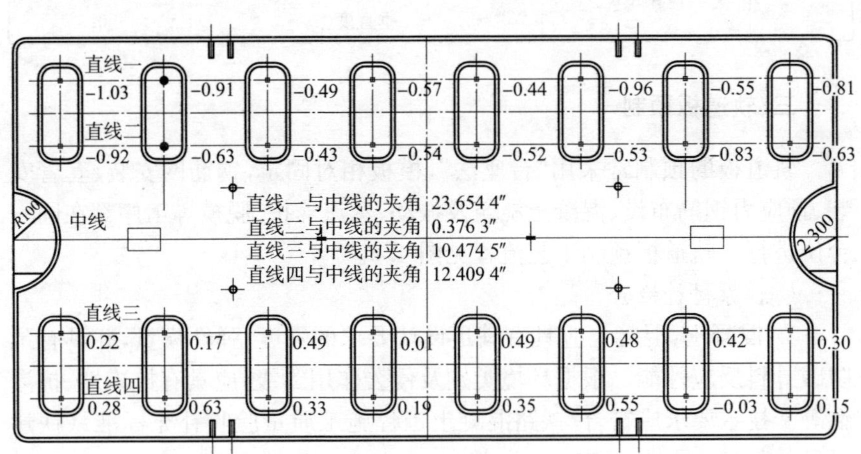

图 4.5　孔对称性分析结果(单位:mm)

注:图中方括号外数字表示相应螺栓孔中心与轨中线的距离与标准距离的差值。大于标准值为正小于为负。方括号内的数字表示超限值。中间文字说明是四列螺栓孔形成的直线与轨中线的夹角。

（四）轨道板钢模几何尺寸允许偏差（应符合表 4.2 的规定）

表 4.2　轨道板钢模几何尺寸允许偏差

序号	检查项目		允许偏差(mm)
1	长度		±1.5
2	宽度		±1.5
3	厚度		$^{+1.5}_{0}$
4	保持轨距的两螺栓桩中心距		±0.75
5	螺栓桩的中心距板中心线		±0.5
6	保持同一铁垫板位置的两相邻螺栓桩的中心距		±0.5
7	半圆缺口部位的直径		±1.5
8	平整度	四角承轨面水平	±0.5
		单侧中央翘曲量	≤1.5
9	预埋套管	位置	±0.5
		垂直度	≤0.5°

三、轨道板预制

轨道板的预制常采用“台座法”，模板相对固定，钢筋网安装、套管安装、预应力钢筋布设、混凝土浇筑及振动、蒸汽养护、脱模等工序都在同一台位进行。轨道板预制工艺流程见图 4.6。

（一）原材料检验

1. 混凝土：混凝土应具有满足设计要求的强度、弹性模量，并具有预防碱骨料反应性能。根据环境类别及侵袭作用等级，应具有抗冻性、抗渗性等。技术要求应符合《铁路混凝土工程施工质量验收补充标准》（铁建设〔2005〕160 号）的规定。

2. 钢材：每批钢筋进场，应附生产厂家提供的质量合格证和材质单，每捆钢筋均应有标牌。钢筋在使用前，使用班组应对其外观质量进行检查，当发现表面有裂纹、弯折、损伤、颗粒状或片状老锈等缺陷，必须及时反馈并进行处理。

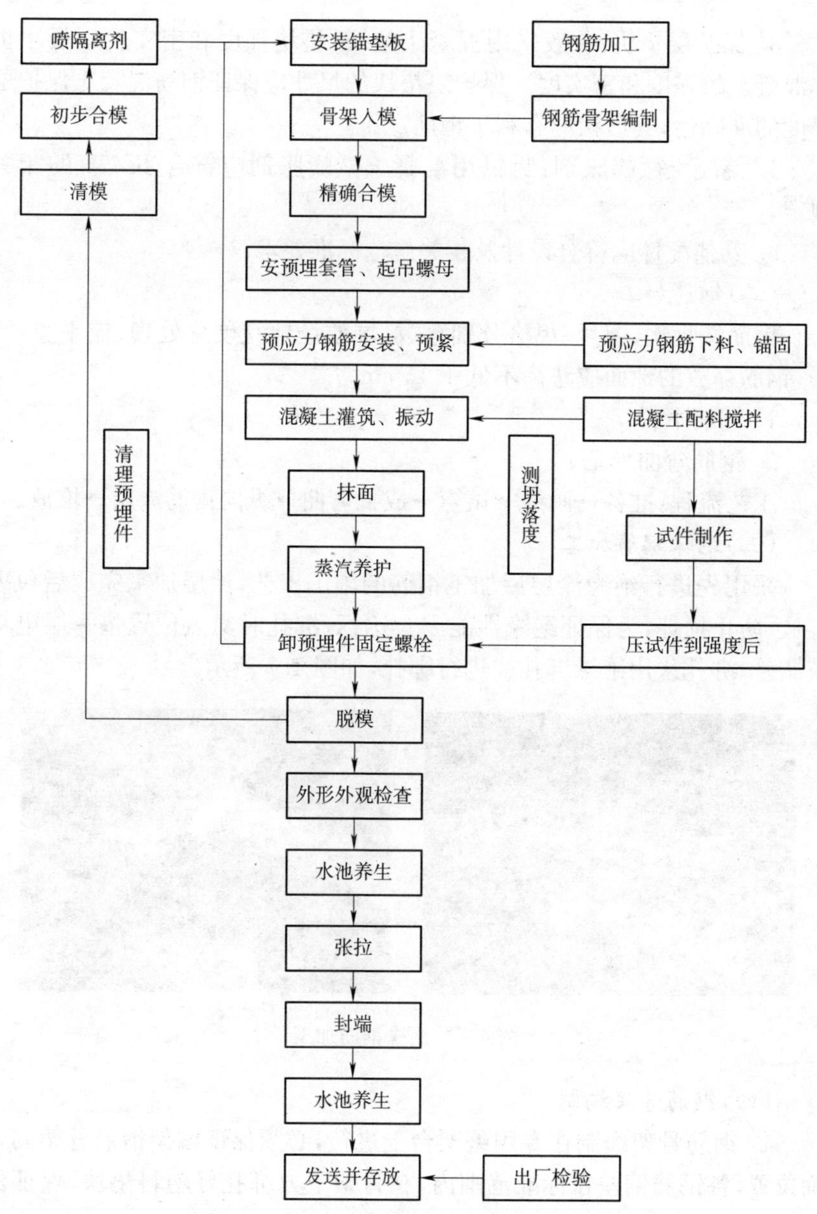

图 4.6　轨道板预制流程图

3. 保护层垫块：一般采用混凝土垫块，垫块强度和密实度不低于板体混凝土的强度和密实度。保护层垫块的尺寸应保证钢筋混凝土保护层厚度的准确性，其形状应有利于钢筋定位。

4. 混凝土微膨胀剂：封锚用混凝土微膨胀剂应符合 JC476 的相关规定。

5. 其他配件应符合设计及相关规范标准要求。

(二)钢筋加工

钢筋按批次、牌号、规格分别存放，堆放场地宜硬化处理、应平整、干燥，钢筋存放的地面应垫高不低于 15 cm。

1. 钢筋下料。

2. 钢筋弯曲加工。

工艺流程：准备→画线→试弯→成批弯曲→纵向钢筋涂层→堆放。

(三)绝缘钢筋加工

采用先进行绝缘涂层后加工钢筋的施工工艺，涂层加工完成后包裹存放，防止损坏，为保证绝缘性能完全达标，绑扎时交点位置垫一层电工黄腊管，绑扎采用绝缘绑扎线进行绑扎，如图 4.7 所示。

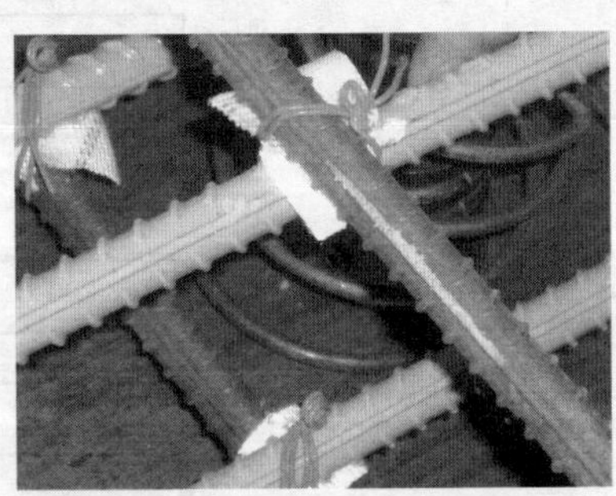

图 4.7　绝缘钢筋加工

(四)钢筋骨架编制

1. 钢筋骨架编制在专用编架台上进行，必须保证编架钢筋骨架的正确位置，各钢筋偏差在标准范围内，在骨架下方绑扎好塑料垫块，保证保护层厚度，专人对骨架进行绝缘性能检测，如图 4.8 所示。

2. 摆、绑钢筋顺序：底面横向钢筋→纵向钢筋→ 圆弧钢筋→纵向端头箍筋→顶面横向钢筋→箍筋的架立筋（由外向里绑）→绑箍筋接头→垫块。

图 4.8　钢筋骨架编制

（五）安锚垫板

钢模涂刷好隔离剂后，开始安装纵横向锚垫板，锚垫板位置准确，安装牢固。安装采用专用电动扳手进行，提高安装速度。

（六）骨架入模

1. 将编制好的钢筋骨架用门吊吊入钢模底模上，注意避开绝缘预埋套管和砂浆灌注孔抽拔芯棒位置。若钢筋骨架影响预埋件位置和预应力钢筋位置，可适当移动普通钢筋位置，但移动后必须重新绑扎牢靠，如图 4.9 所示。

2. 骨架如有偏斜、扭曲，应进行调整。

3. 现场采用平板靠尺，担置在两边侧模上，用钢尺检查靠尺边缘至钢筋边缘距离，对钢筋骨架在轨道板厚度方向的位置进行调整。

4. 对环氧涂层钢筋不得损坏表面涂层。

（七）精确合模

待钢筋骨架位置完全摆放好后，开始安装侧模和端模。侧模、端模安装应对称进行，先安装侧模，再安装端模。侧模和端模吊运过程中应注意保护模板面，严禁硬物碰撞。安装时，由一人指挥，两人找正模型，使侧模

图 4.9 骨架入模

缓慢就位。模板就位后，钢模长、宽尺寸偏差在±1.5 mm 范围内。侧模、端模与底模的连接螺栓全部上紧，用塞尺检查板缝位置处空隙，保证合缝紧密。框架板还需在骨架入模前合好内模，如图 4.10 所示。

图 4.10 合模

(八)安装预应力钢棒、螺旋筋、起吊螺母、CA 砂浆灌注孔芯棒

待模型就位后，开始安装各种配件，如图 4.11 所示。

1. 安放预应力钢棒：预应力钢棒安装前必须检查其包裹层是否完好，对于包裹层微小损坏的地方，可采用塑料胶带封裹。严禁采用包裹层损坏严重的预应力钢棒。将预应力钢棒张拉端从锚穴成孔器(固定端)中的预应力钢筋孔道穿入，从另一侧锚穴成孔器(张拉端)中的预应力钢筋孔道穿出。预应力钢棒安放亦可在端、侧模安装前完成。

2. 安装起吊螺母在模型侧面进行，用相应的起吊螺栓将其固定。绑扎螺母外螺旋筋，塑料套管外螺旋筋，保证各螺旋筋的位置正确。

3. 安装CA砂浆灌注孔芯棒时必须有一人在上扶住配件，一人在工作坑内拧紧螺栓，并保证每件均拧紧，无松动现象。

4. 安装张拉端予紧装置。保证预应力钢筋的平直，以钢棒张紧为准。

图4.11　配件安装

（九）预应力钢筋下料及锚固

根据规定尺寸用切割机对预应力钢筋进行下料，然后用挤压器对固定端进行挤压锚固，如图4.12所示。

图4.12　挤压锚固

（十）预应力钢绞线安装

将挤压好的钢绞线从锚穴固定端穿入，张拉端穿出，在张拉端安装预紧装置，用扳手将紧固装置拧紧，保证钢绞线在钢模内平直，并检查固定端锚具位置是否改变。

（十一）混凝土配料搅拌、运输

混凝土应根据设计强度等级、耐久性等要求和原材料品质以及施工工艺等进行配合比设计。混凝土配合比应通过计算、试配、试件检测后经调整确定。配制成的混凝土应能满足设计强度等级、耐久性指标和施工工艺等要求。

（十二）混凝土灌筑、振动

1. 灌筑前要检查配件等是否全部安放齐全牢固和准确，检查箍筋、螺旋筋安放是否正确。检查底部振动器及平板振动器是否完好。并做好记录，检查人员签字认可后方可进入下道工序。

2. 混凝土灌筑时每套钢模配置底振振动器和平板振动器，灌筑采取一端向另一端延伸的办法。混凝土浇筑分两层连续进行，每一层100 mm厚。严禁浇筑间隔时间超过混凝土初凝时间。

3. 浇筑温度必须进行严格控制。在夏季的浇筑温度必须控制在35 ℃以内，骨料、水泥及拌和水应进行遮盖，避免长时间日照。冬季浇筑温度应控制在10 ℃～20 ℃，应做好骨料、水泥和水的保温工作，并用蒸汽对模板进行预热。

4. 混凝土灌注时，下料斗距模型高度以1 m左右为宜。下料应均匀、适度，并注意施工安全。

5. 布料过程中，随混凝土的灌注，依次开动底面振动器，当底振力不足时上部再采用插入式振动棒进行振动，每个振动棒隔0.2 m左右插入一次，深度应至模型底部，每次振动30 s左右。振动棒操作应浅插轻捣、快插慢拔，倾斜插入混凝土内，不能与钢模垂直接触，避免直接接触钢筋和预埋件。以混凝土表面不再冒气泡、表面泛浆且无显著下沉为准。震动时不要撞动各种配件。

6. 最后用平板振动器沿模型长度方向振动，以确保模型边角和预埋件周边的混凝土密实。并将混凝土表面赶压密实和整平，至表面泛浆和无石子裸露为准，如图4.13所示。

（十三）抹　面

振动完后，用抹子进行抹面，抹面时以侧模内腹板顶面为基准，将超高及多余混凝土铲去，抹面应光滑，表面不可出现波浪现象。夏季抹完面

图 4.13　混凝土灌注、振动

后应及时将混凝土表面进行覆盖，避免使混凝土快速失水造成干裂。并在初凝前进行二次抹面。混凝土表面抹光后，在混凝土终凝前严禁踩踏，如图 4.14 所示。

图 4.14　抹面

（十四）蒸汽养护（图 4.15）

混凝土灌注完毕后静置 3 h，开始送蒸汽养护（冬季可在静停期微送蒸汽保温，但不得超过 30 ℃）。蒸汽养护升温/降温速度不应大于 15 ℃/h，最高恒温温度应不超过 55 ℃，其持续时间不超过 6 h。养护结束后，轨道板表面温度与环境温度差应在 15 ℃以下方可揭开篷布。夏季可采用自然养护，并控制混凝土芯部温度不超过 50 ℃～55 ℃。

图 4.15　蒸汽养护

（十五）试件制作

1. 每班轨道板生产制作 5 组 10×10×10 cm^3 试件，用于检查混凝土脱模强度、张拉强度和 28 d 强度。

2. 每班轨道板按要求制作 10×10×30 cm 试件 2 组(12 条)，测量混凝土弹性模量。1 组用于测量张拉弹性模量，1 组用于测量 28 d 弹性模量。当连续生产 15 d 以上，且取得不少于 10 组弹性模量数据，同时原材料及工艺无显著变化时，可只作 1 组(6 条)用于控制张拉时的弹性模量，同时每 10 班次制作 1 组用于检验 28 d 混凝土的弹性模量试件，如图 4.16 所示。

图 4.16　试件

（十六）成品脱模

混凝土达到要求的脱模强度后，方可脱模。拆除所有预埋件固定螺栓、预应力钢筋张紧装置，然后利用钢模水平丝杆将侧模和端模拆除，拆除内模定位螺栓，用专用起吊装置将轨道板缓慢吊离模型，如图 4.17 所示。

图 4.17　脱模

（十七）外形外观检查

产品脱模后，按照标准要求进行外形外观检查，并记录在检查卡片上。

（十八）水池养生

经检查合格的轨道板在水池中进行浸水养护，水养时间为 10 d，养护结束后用高压水枪清洗轨道板表面。

（十九）张　　拉

混凝土强度和弹性模量达到设计规定和养护时间 10 d 以上时，将轨道板吊出水养池，在张拉场地将轨道板平放进行张拉，先横向，后纵向两端同时进行，如图 4.18 所示。

张拉程序：锚穴清理→安装张拉杆→安装千斤顶（旋转套对准螺母锚具）并摇晃千斤顶对中→旋紧张拉杆工具螺母→千斤顶进油至 10%σ_k（记录油缸伸长值）→张拉控制应力 100%σ_k（持荷 2 min 记录油缸的伸长值）→用旋转手柄锁紧锚固螺母→千斤顶回油至零→旋松退出张拉杆工具螺母→退出千斤顶→旋松并退出张拉杆。

图 4.18 张拉

(二十)封　　端

张拉完后的轨道板在 24 h 后预应力钢绞线无回缩,即可进行封锚。

用切割机将预应力钢筋切割至规定长度,凿毛锚穴混凝土,采用无收缩细石混凝土进行封锚。封锚混凝土可分层填塞,并捣固密实,不能有空洞、不密实现象,其表面用抹子抹平、抹光,与原混凝土之间无错台,表面应与原混凝土颜色一致,无收缩裂纹,如图 4.19 所示。

封锚混凝土的养护采用草帘覆盖,且初凝后的 12 h 需加强洒水养护。封锚混凝土施工不宜在温度较高的阳光直射下施工。

图 4.19 封端

(二十一)绝缘测试

完成封锚的轨道板按照技术条件要求进行绝缘测试的抽检，如图4.20所示。

图4.20　绝缘测试

(二十二)水池养生

完成封锚的轨道板1 d后吊运到存放场地进行立放方式浸水存放30 d，存放时下部设置2个支点，上部用钢板和螺栓连接起吊螺母处，使其连成一体防止倾倒。养护结束后用高压水枪清洗轨道板表面。

(二十三)产品存放

完成水养的轨道板吊运到存放场地进行存放，平放时采用草支垫或胶管进行，设置2个支点，立放时必须有防止轨道板倾倒的装置，两板之间用钢板和螺栓连接起吊螺母处，使其连成一体，如图4.21所示。

图4.21　轨道板存放

（二十四）减振型轨道板板下垫层的粘贴

按照减振型轨道板板底橡胶垫板、泡沫聚乙烯的设计位置准确粘贴；橡胶垫层的粘贴应在养生和预应力施加完成后进行，粘贴前应将轨道板粘贴面的浮浆、尘埃、油污等清除，使表面光滑平整和干燥。避免在阳光直射以及雨、雪天气下作业；板下橡胶垫层的粘贴应牢固可靠。黏结剂应涂布均匀，粘贴后用木槌、滚筒等压实密贴，在轨道板存放、运输和施工过程中不得脱离，如图 4.22 所示。

图 4.22　减振型轨道板

（二十五）混凝土轨道板存放

轨道板存放可采用立放（长度方向着地）或平放（100％张拉前）的方式。

1. 轨道板短期（20 d）存放可按水平层次放置，重叠层数不得超过四层。轨道板垫木设置在起吊螺用两螺栓孔之间，且上下处于同一位置。堆放轨道板的基础要求坚固、平整，无沉陷，严禁出现三点支撑现象。

2. 轨道板长期存放时应立式存放，两板间用薄垫木隔开；轨道板采用立放时应用连接螺栓板和连接螺栓将紧邻两块轨道板连接，使轨道板堆放成一整体，轨道板堆放端头应有良好的防倾倒支撑架，第一块轨道板应连接在支撑架上。

3. 轨道板储存时，用胶带或塑料塞对预埋件孔眼进行封堵，防止雨水或杂物进入。

4. 露天存放时，要用篷布遮盖，避免阳光直射，造成混凝土表面龟裂和变形，如图 4.23 所示。

图 4.23　轨道板存放

四、轨道板运输、装卸及临时存放

轨道板可采用铁路和公路运输。对于公路运输，施工前应对行驶路线进行调查，确保最不利的限界可以满足运输需要，并尽量选择较平顺的道路。

图 4.24　轨道板运输

轨道板按产品装车图纸装车。装车前，应在车辆底板上画出纵横中心线，对称装载；每层之间采用垫木在起吊螺母处支垫，垫木尺寸为 80 mm×80 mm×2 400 mm，也可采用其他方式进行支垫。装载高度不得超过 4 层，如图 4.24 所示。

现场轨道板可采用平放的方式临时存放，基础需坚固，不得产生不均匀沉降，存放层数不超过 4 层，且平放时间不得超过 7 d，若超过 7 d 则应采用垂直立放的方式。轨道板应分类存放，方便装车。

五、混凝土底座施工

(一)施工流程

混凝土底座施工流程如图 4.25 所示。

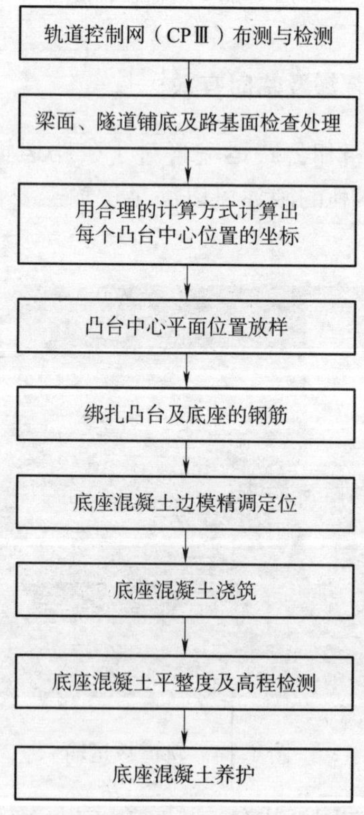

图 4.25 混凝土底座施工流程

（二）下部基础清理

底座施工前应清理下部基础表面，并按设计要求对基础面进行处理。

1. 路基上混凝土底座直接构筑在路基基床表面，基床表面应清洁无杂物。

2. 桥梁在梁场预制时轨道中心线 2.6 m 范围应进行拉毛处理，梁体预埋套筒植筋与底座钢筋连接。预埋套筒及钢筋材质、位置应符合设计要求。

3. 在Ⅲ、Ⅳ级围岩有仰拱的隧道内底座宽度范围内的仰拱回填层表面应进行拉毛或凿毛处理。

4. 在Ⅰ、Ⅱ级围岩无仰拱的隧道内底座与隧道钢筋混凝土底板合并设置，并连续铺设施工。

（三）中心点平面位置

凸台中心点平面位置放样坐标由计算得到，中心点放样平面偏差不应大于±5 mm。凸台中心平面位置如图 4.26 所示。

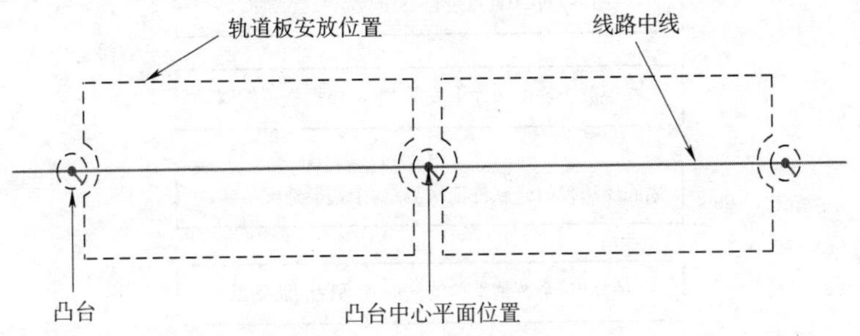

图 4.26　凸台中心平面位置示意

（四）钢筋绑扎

钢筋应在加工厂集中加工，底座钢筋网根据现场情况可采用现场绑扎成形，也可采用在加工厂分段绑扎钢筋网片，运输到工地现场组装连接成整体的方案，如图 4.27 所示。

（五）底座施工

底座应采用钢模施工，模板的材质和结构设计等应符合相关规范的要求。底座混凝土边模精确定位可采用以下方法：

图 4.27　底座钢筋网

利用 CPⅢ控制点、底座混凝土钢模板适配器和棱镜进行立模放样，作业流程见图 4.28；

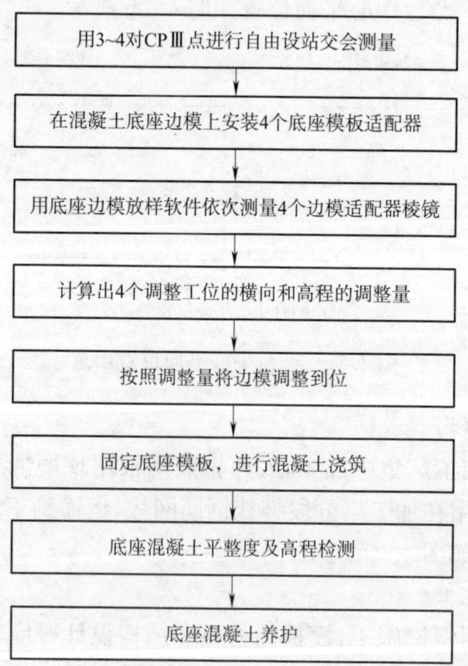

图 4.28　采用底座混凝土钢模板适配器进行立模放样的作业流程

1. 根据线路设计参数自动计算出底座钢模上四个固定位置的空间坐标；

2. 通过后方交会获得全站仪设站精确坐标方位；

3. 对钢模上的四个固定位置上的棱镜进行测量，计算出相应调整量，从而精确确定钢模的空间位置，使轨道板底座的位置达到设计要求，如图 4.29 所示。

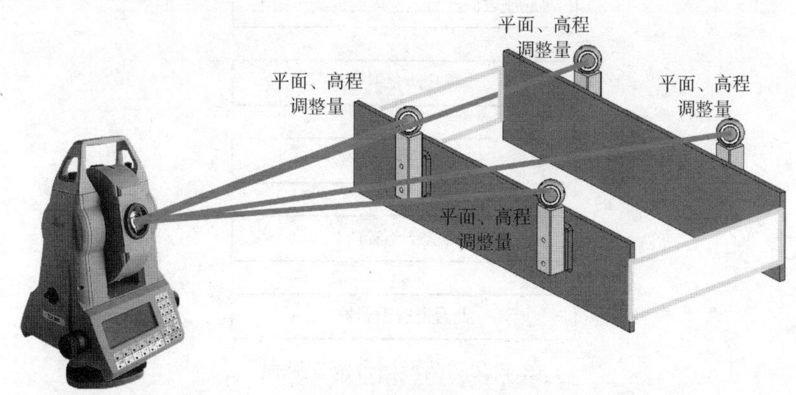

图 4.29　底座模放样

（六）模板安装

模板安装必须稳固牢靠，接缝应严密不漏浆。模板安装时，应按设计要求埋设好过轨管线等预埋件，预埋件位置、尺寸应符合设计要求。模板与混凝土接触面应涂刷脱模剂。按设计要求设置伸缩缝。

（七）底座混凝土施工

底座混凝土施工应符合下列规定：

1. 底座混凝土浇筑前再次检查确认模板、钢筋状态，符合要求后方可进行混凝土施工。

2. 彻底清理模板范围内的杂物。混凝土入模前应对基床面喷水雾湿润。

3. 混凝土宜采用插入式捣固棒振捣，应注意避免漏捣、过振，振捣过程中应加强检查模板支撑的稳定性和接缝的密合情况，防止漏浆。混凝土浇筑完成后，应仔细将混凝土暴露面压实抹平，抹面时严禁洒水，混凝土终凝前按设计要求对表面进行拉毛。

底座混凝土浇筑后，应采用专用的检测工具对底座混凝土进行平整度及高程检测。

六、凸形挡台施工

(一)施工流程

凸形挡台施工流程见图 4.30。

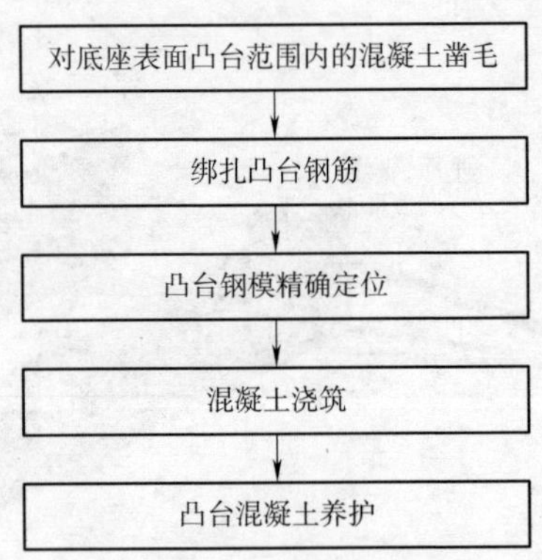

图 4.30　凸形挡台施工流程

底座混凝土拆模 24 h 后,方可施工凸形挡台。施工前应对底座表面凸台范围内混凝土进行凿毛处理。对凸台与底座的连接钢筋进行修正,绑扎凸台钢筋。凸台钢筋的加工和绑扎可按底座钢筋的相关条款执行。

(二)定位流程

凸形挡台钢模精确定位流程见图 4.31。

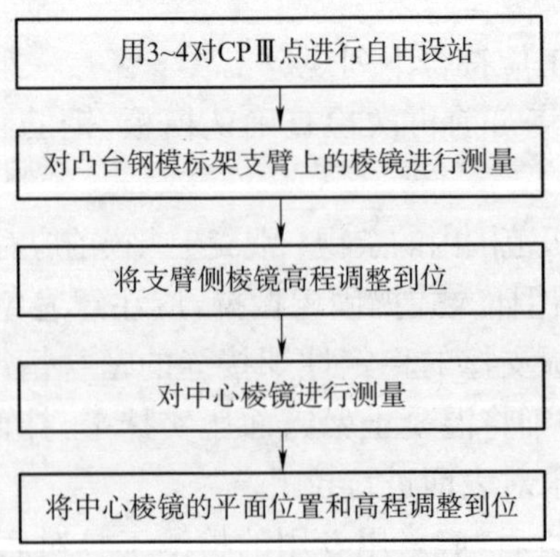

图 4.31　凸形挡台钢模精确定位流程

(三)定位步骤

凸形挡台钢模板精确定位应按下列步骤：

1. 全站仪在线路一侧设站，安放凸形挡台钢模标架和球棱镜，如图4.32所示；

2. 测量钢模标架支臂上的棱镜获取凸台超高调整量，调整凸台钢模超高；

3. 测量标架中心棱镜获取凸台中心的平面和高程调整量，调整凸台钢模；

4. 重复2、3步骤直至凸台钢模允许偏差符合要求。

图4.32　凸台模板放样

(四)凸形挡台钢模精确放样的允许限差(应符合表4.3的规定)

表4.3　凸形挡台钢模板精确放样的允许限差

序号	检验项目	允许偏差(mm)
1	中线位置	2
2	中心间距	±2
3	顶面高程	$^{+2}_{0}$

凸形挡台的混凝土浇筑和养护可参照底座混凝土的相关条款执行。

七、轨道板铺设

(一)作业流程

轨道板精调作业流程见图4.33。

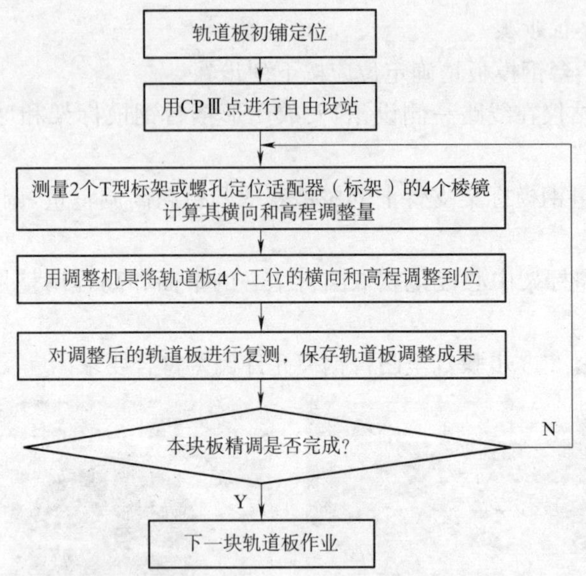

图 4.33　CRTS Ⅰ型轨道板精调作业流程

（二）轨道板初铺主要设备（表 4.4）

表 4.4　轨道板初铺定位的主要设备表

序号	设备	数量	用　途
1	轨道板铺设门吊	1 台	吊装轨道板
2	轨道板初铺定位架	2 副	保护凸形挡台，保证轨道板与凸形挡台之间的安放间距
3	支承垫木	4 块	尺寸宜为 50 mm×50 mm×300 mm，置于混凝土底座上，轨道板初铺时支撑在轨道板下，便于安装轨道板调整机具

（三）轨道板初铺作业

1. 在两挡台上放置轨道板初铺定位架，保证轨道板与两凸形挡台之间的间距相同。轨道板与凸形挡台的间隙不得小于 30 mm；

2. 轨道板吊放作业时，轨道板与凸形挡台前后的调整间距应满足 $|A-B|\leqslant 5$ mm。见图 4.34。

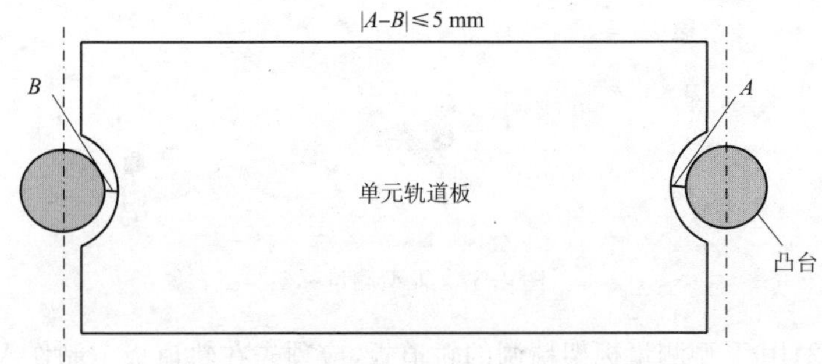

图 4.34　轨道板与凸形挡台位置关系

（四）轨道板精调

轨道板精调作业以轨道控制网的 CPⅢ控制点为依据，宜采用以下方法：

1. 自定心螺栓孔适配器测量法

（1）自定心螺栓孔适配器能够在一定范围内自动适应不同型号轨道板上不同孔径的螺栓孔，并保持球棱镜中心与螺栓孔中心一致，球棱镜中心至轨道板承轨面的高度固定，见图 4.35。

（2）自定心螺栓孔适配器在轨道板精调作业时安放位置见图 4.36。

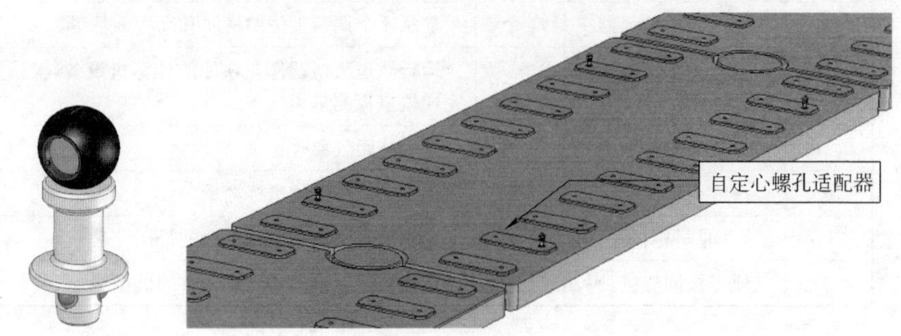

图 4.35　自定心螺栓孔适配器

图 4.36　自定心螺栓孔适配器在轨道板上的安放示意图

2. T 型测量标架测量法（图 4.37）

（1）放置在轨道板的固定位置，其上安置棱镜，用于测量轨道板空间位置和姿态的测量装置。

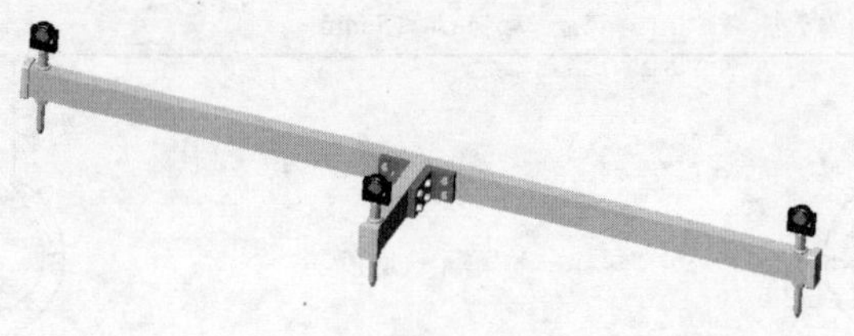

图 4.37 T 型测量标架

(2)用 T 型测量标架精调的轨道板,应预先在轨道板上制作 V 形槽标记。

(五)轨道板精调作业设备

轨道板精调作业的主要设备见表 4.5。

表 4.5 轨道板精调作业的主要设备表

序号	设 备	数量	用 途
1	自定心螺栓孔适配器	4 只	放置位置能够代表整个轨道板的空间状态,并可安放反射棱镜,用作全站仪的测量目标。前述三种机械测量装置可任选其一
	T 型测量标架	2 副	
	螺栓孔速测标架	2 副	
2	棱镜	4 只	安放在测量机械装置上,用于全站仪测量
3	无线信息显示器	4 个	显示 4 个调整工位的横向和高程调整量
4	测控计算机设备	1 台	运行轨道板精调作业软件的计算机设备,操控并完成轨道板测量
5	气象传感器	1 只	用于测距气象改正
6	全站仪	1 台	用于 4 个棱镜的坐标测量
7	CPⅢ目标棱镜	8 个	全站仪自由设站边角交会的目标
8	轨道板调整机具	4 套	用于轨道板横向和高程调整的机械装置

(六)轨道板精调作业步骤

轨道板精调作业应按下列步骤:

1. 将表 4.5 中第一项的测量装置放置于轨道板的固定位置上;

2. 用已设程序控制的全站仪测量放置在适配器或标架上的四个棱镜,获取四个工位的调整量;

3. 按照四个显示器上的调整量用轨道板调整机具作相应调整;

4. 重复精调作业步骤 2 和 3，直至满足轨道板铺设允许偏差的要求。

（七）轨道板铺设精度检测

1. 轨道板的平面位置检测应采用 CPⅢ自由设站坐标测量，高程宜采用精密水准测量；

2. 对轨道板平面的检测位置为 4 个调整工位的螺栓孔或中线上的 V 形槽，用全站仪测量棱镜的坐标，计算板中心与设计中线的平面横向位置偏差；

3. 对轨道板高程的检测位置为 4 个调整工位的螺栓孔或 V 形槽所在的承轨面，用水准仪测量承轨面的高程，计算设计高程与实际高程的高差。

（八）轨道板铺设的允许偏差应符合表 4.6 的规定

表 4.6　轨道板铺设的允许偏差

序号	项　　目	允许偏差(mm)	检验数量
1	中线位置	2	每板检查 2 处(两端)
2	支撑点处承轨面高程	±1	全部检查
3	与两端凸形挡台间隙之差	±5	全部检查
4	相邻轨道板接缝处承轨台相对横向偏差	±2	5 块板检查 1 处
5	相邻轨道板接缝处承轨台相对高差	±2	5 块板检查 1 处

八、水泥乳化沥青砂浆配制、灌注

水泥乳化沥青砂浆原材料、技术性能应符合《客运专线铁路 CRTSⅠ型板式无砟轨道水泥乳化沥青砂浆暂行技术条件》的规定。进场应按相关规定检验合格后方可使用。

无砟轨道施工前，应建立具有相应资质的试验室，在试验室根据水泥乳化沥青砂浆原材料特性、气候条件、施工组织及工艺要求等影响因素，反复进行配合比试验，直至砂浆性能指标满足技术条件要求，确定砂浆基本配合比。

在进行水泥乳化沥青砂浆灌注前，还应在基本配合比的基础上，根据砂浆拌制设备性能、现场施工气温条件、原材料含水率等指标，进行配合比放大试验，对基本配合比进行修正，确定施工配合比。

（一）砂浆灌注袋铺设

1. 水泥沥青砂浆灌注宜采用灌注袋。砂浆灌注袋铺放前，人工配合高压风枪清理底座混凝土表面，底座表面无杂物、积水。

2. 铺设前应按照CRTSⅠ型板式无砟轨道结构设计文件，根据现场测量结果和线路资料复核铺板类型、砂浆灌注厚度；选择对应尺寸灌注袋，并尺量检查。灌注袋应符合《客运专线铁路CRTSⅠ型板式无砟轨道水泥乳化沥青砂浆和凸台树脂用灌注袋暂行技术条件》规定。

3. 将水泥沥青砂浆灌注袋折叠好后铺设在底座上，灌注袋铺设时灌注口朝轨道外侧，曲线地段灌注口均朝曲线内侧。拉伸灌注袋使其平展无褶皱，外侧缝合线与轨道板边缘对齐，采用木楔将灌注袋的四个角固定在轨道板下方。

（二）砂浆现场拌制

1. 水泥沥青砂浆宜采用移动搅拌灌注法施工，特殊情况下可根据现场情况和施工方案选择固定搅拌站法和压送法。

2. 检查砂浆搅拌作业车计量、投料、搅拌、电器等系统工况，进行砂浆搅拌作业准备。施工中应每周对计量器具进行校核。

3. 确定各项原材料经进场检验合格，满足相关要求。

4. 称量最大允许偏差（按质量计算）：乳化沥青、聚合物乳液±1%，水泥、细骨料、膨胀剂或干料±1%，引气剂±0.5%，拌和用水±1%，消泡剂为±0.5%。

5. 水泥沥青砂浆搅拌时的材料投入顺序、搅拌时间及搅拌速度等指标应根据工业化放大试验所确定的参数进行设定。

6. 现场检验砂浆的温度、流动度、含气量等指标，合格后转入成品中转仓或直接进行砂浆灌注，如图4.38所示。

（三）砂浆灌注

1. 灌注水泥沥青砂浆前，应针对现场实际事先设计初步灌注方案，在现场进行实尺寸灌注试验，然后进行揭板检查，以此确定水泥沥青砂浆灌注工艺，如图4.39所示。

2. 轨道板状态调整好后，需及时灌注水泥乳化沥青砂浆。砂浆灌注

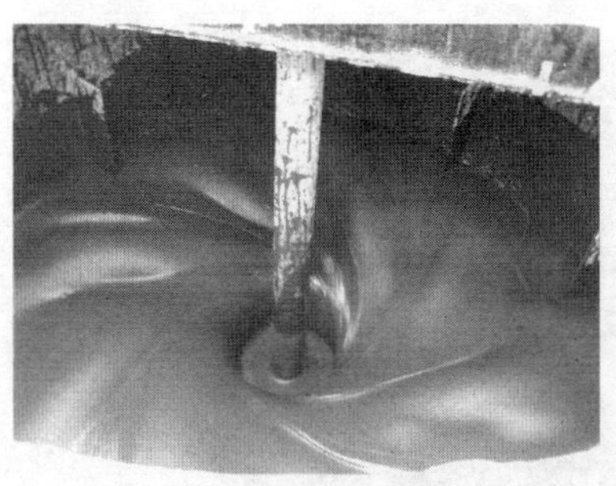
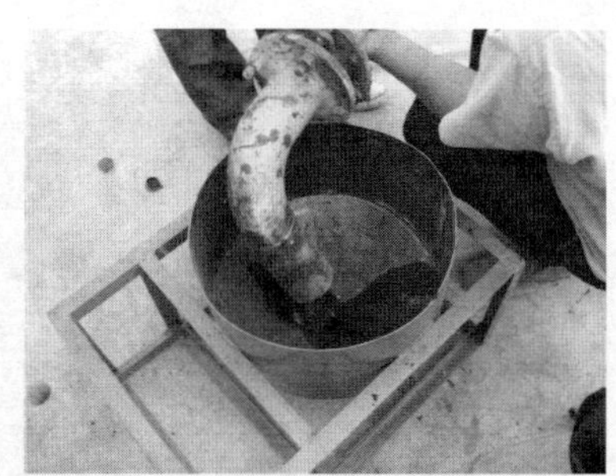

图 4.38　砂浆拌制

图 4.39　揭板检查

采用砂浆搅拌车直接灌注或采用小型运输车配合中转进行灌注。

3. 施工中按《客运专线铁路 CRTSⅠ型板式无砟轨道水泥乳化沥青砂浆暂行技术条件》规定检验项目、频次和方法进行砂浆性能指标检验。

4. 灌注前，再次确认轨道板状态是否符合要求，检查灌注袋的位置，并在轨道板表面铺设塑料薄膜，防止轨道板受到污染。

5. 采用灌注漏斗与搅拌机连接，将搅拌好的水泥沥青砂浆经过灌注软管等流进灌注漏斗内，采用带阀门的软管将灌注漏斗与灌注袋连接，打开阀门，使水泥沥青砂浆流入灌注袋内。

6. 每块轨道板下面的砂浆应一次灌注完成，曲线地段，砂浆由低向高的方向进行灌注。

7. 砂浆宜匀速、连续注入，防止产生气泡；当板边砂浆灌注厚度达到施工控制值、且完全覆盖轨道板底面后，结束灌注。水泥沥青砂浆的灌注应充分饱满，如图 4.40 所示。

图 4.40　砂浆灌注

8. 曲线地段超高过大时，采取压板措施后灌注砂浆，防止轨道板受浮力漂移。

9. 灌注过程中，严禁踩踏轨道板，并由专人在轨道板四角进行监控，防止轨道板受力偏斜，并监测轨道板顶面标高，如图 4.41 所示。

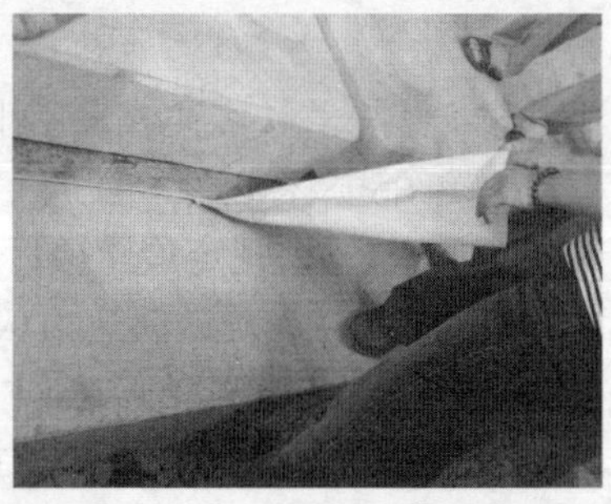

图 4.41　砂浆灌注

10. 施工环境温度应在 5℃～35℃范围之内。当天最低气温低于－5℃时，全天不得进行砂浆灌注。

11. 尽量避免在雨天灌注，施工过程中若遇降雨，应采取遮雨措施。暂停灌注时，应及时清洗搅拌机。

12. 灌注完成后，绑扎砂浆袋口，并将袋口抬高，保持袋中压力。

（四）砂浆养护

1. 水泥沥青砂浆灌注完成后，一般采用自然养护。当气温低于5℃或高于30℃时，或雨雪天气情况下，用蓬布或彩条布遮盖防护，必要时采取加温和降温措施。

2. 灌注结束24 h，并且强度达到0.1 MPa以上时，及时拆除轨道板支撑螺栓，切除灌注口，并进行必要的遮盖防护。

3. 砂浆灌注完成后7 d以上或抗压强度达到0.7 MPa以上后，轨道板上方可承重。

水泥沥青砂浆灌注后应与轨道板密贴，不应有空隙。普通轨道板下砂浆厚度应不小于40 mm，减振型轨道板下砂浆厚度应不小于35 mm，轨道板边角悬空应小于30 mm。

九、凸形挡台树脂灌注

凸形挡台树脂原材料、技术要求、技术性能应符合《客运专线铁路CRTSⅠ型板式无砟轨道凸形挡台填充聚氨脂树脂（CPU）暂行技术条件》规定。填充树脂在现场配制，采用灌注袋灌注。

凸形挡台树脂施工温度应在5℃～40℃之间，雨雪天禁止作业。按技术条件规定的频率随机取样制作100 mm×100 mm×25 mm的试件留样进行相关试验。

（一）树脂灌注

1. 灌注树脂应在轨道板下水泥沥青砂浆灌注24 h并清洁、整理完毕后进行。

2. 树脂材料灌注前，将凸形挡台周围高出轨道板底面的CA砂浆凿除，并将凸形挡台周边填充间隙的垃圾、尘土、浮浆等异物处理干净，同时清除水、油类物质，保证施工面干燥、清洁。

3. 灌注前应在凸形挡台及其周围铺设塑料防护垫，防止轨道板和凸形挡台受到污染。

4. 在凸形挡台周围安放树脂灌注袋，并采用专用胶黏结剂固定，以确保树脂灌注后的位置正确。

5. 采用专用搅拌设备在料桶内一次性连续完成两种组分的搅拌，搅拌后的树脂材料必须在有效工作时间内注入树脂袋。

6. 一个凸形挡台周围填充树脂必须一次性灌注完成，曲线地段，在每一凸台内侧支模，也必须一次性灌注完成，24h 后进行凸台树脂斜面修整。

7. 树脂应缓慢连续注入，尽量保持低位进行灌注作业、防止带入空气，保证灌注密实。

(二)凸形挡台树脂填充

灌注后，凸形挡台填充树脂宜低于轨道板顶面 5～10 mm。

十、钢轨精调作业

(一)钢轨精调作业流程(图 4.42)

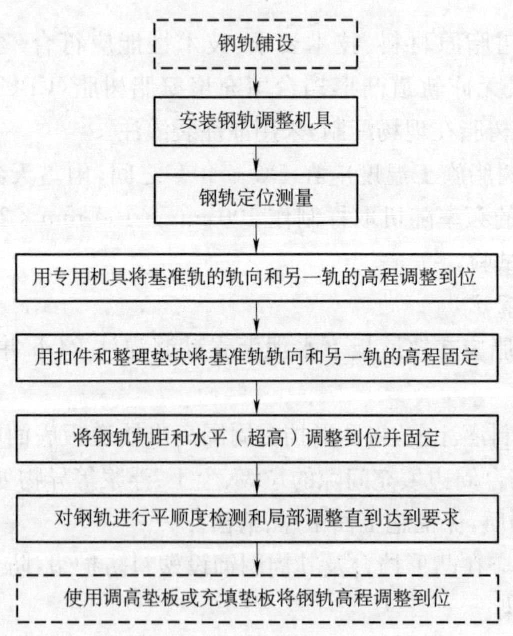

图 4.42 钢轨精调作业流程

(二)钢轨精调作业的主要设备(表 4.7)

表 4.7　钢轨精调作业的主要设备表

序号	设　备	数量	用　途
1	轨道几何状态测量仪	1 套	对钢轨进行轨距、水平(超高)、绝对坐标的测量
2	气象传感器	1 只	用于测距气象改正
3	全站仪	1 台	对轨道几何状态测量仪上的棱镜进行坐标测量
4	CPⅢ目标棱镜	8 个	全站仪自由设站边角交会的目标
5	钢轨调整支架	1 套	调整左右钢轨的横向和高程位置
6	钢轨整理垫块	若干	垫于钢轨下面,用于固定钢轨高程和横向位置及轨底坡

(三)基 准 轨

钢轨精调作业的基准轨,曲线地段以外轨为准,直线地段同前方曲线的基准轨。

(四)精调作业步骤

1. 将轨道几何状态测量仪组装或放置在待调轨道上,启动测量程序;

2. 用已设程序控制的全站仪测量轨道几何状态测量仪上的棱镜,计算和显示轨道调整量;

3. 应在每隔两个扣件支点位置进行调整,调整时宜先调基准轨的轨向和另一轨的高程,再调两轨的轨距和水平;

4. 重复精调作业步骤 2 和 3,直至满足轨道几何状态静态检测精度及允许偏差的要求。

(五)精调作业基本规定

1. 全站仪设站应符合设站的一般规定,全站仪与轨道几何状态测量仪的观测距离宜为 5 m～60 m;

2. 轨道几何状态测量应采用静态测量方式;

3. 钢轨精调作业的测量方向为单向后退测量;

4. 钢轨调整宜采用专用的调整机具,并用专用的装置固定钢轨;

5. 换站后,应首先对上站调整到位的最后1～3个调整点位置进行复测,同一点位的横向和高程的相对偏差均应不大于±2 mm。如果复测超限,应重新设站后再次复测。如果依然超限,须对换站前的所有钢轨调整点重新进行调整,直至满足要求后方能进行换站后的钢轨调整。对于小于±2 mm的偏差,应使用线性或余弦函数方式进行换站搭接平顺修正,搭接长度应不小于10 m。

十一、轨道几何状态检测

轨道几何状态静态检测精度及允许偏差应符合下列规定。

(一)轨道几何状态静态平顺度允许偏差(表4.8)

表4.8 轨道几何状态静态平顺度允许偏差及检验方法

<table>
<tr><th>序号</th><th colspan="2">项 目</th><th>平顺度允许偏差(mm)</th><th>检测方法</th></tr>
<tr><td>1</td><td colspan="2">轨距</td><td>±2</td><td rowspan="9">轨道几何状态测量仪</td></tr>
<tr><td rowspan="3">2</td><td rowspan="3">高低</td><td>弦长10 m</td><td>2/10 m</td></tr>
<tr><td>弦长30 m</td><td>2/5 m</td></tr>
<tr><td>弦长300 m</td><td>10/150 m</td></tr>
<tr><td rowspan="3">3</td><td rowspan="3">轨向</td><td>弦长10 m</td><td>2/10 m</td></tr>
<tr><td>弦长30 m</td><td>2/5 m</td></tr>
<tr><td>弦长300 m</td><td>10/150 m</td></tr>
<tr><td>4</td><td>扭曲</td><td>基长3 m</td><td>3</td></tr>
<tr><td>5</td><td colspan="2">水平</td><td>2</td></tr>
</table>

检验数量:施工单位连续检测;监理单位全部见证检验。

(二)轨面高程允许偏差

在满足轨道平顺度标准的情况下,轨面高程允许偏差为+4/−6 mm,紧靠站台为+4/0 mm;

检验数量:施工单位每1 km抽查2处,每处各抽查10个测点。

检验方法:水准仪测量。

(三)轨道中线与设计中线允许偏差

轨道中线与设计中线允许偏差为10 mm;线间距允许偏差为+10/0 mm。

检验数量:施工单位每 1 km 抽查 2 处,每处各抽查 10 个测点。

检验方法:轨道中线与设计中线允许偏差检验采用轨道几何状态测量仪;线间距检验采用尺量。

第二节　CRTS Ⅱ型板式无砟轨道施工

一、路基上 CRTS Ⅱ型板式无砟轨道施工

(一)施工工序流程(图 4.43)

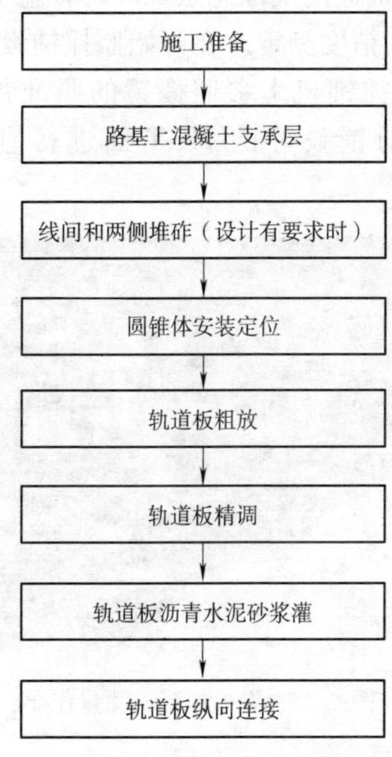

图 4.43　施工工艺流程

(二)路基混凝土支承层施工

1. 混凝土支承层铺设

(1)采用滑模摊铺机铺设

断面控制原理:采用滑模摊铺机铺设混凝土承载层时,铺设方向和高度由连续视距测量来控制和校正。在摊铺机上装有一个倾角传感器,并

标设有两个参照点,分别配有棱镜。在摊铺机上的数据接口处连有一台计算机,不断地与摊铺机的控制装置(液压)以及两台速测仪和倾角传感器进行交流。两参照点棱镜的位置通过两台速测仪的视距测量来连续测定。测量值通过数据专频通信传给计算机。使用一套相应的软件,便可计算出铺面压板的现实位置以及相对 HGT 面理论几何参数的偏差。

测量作业:所需铺设的混凝土承载层顶面数据是事先计算好的,通过测量检查员抽样式的按约每 100 m 的断面加以检测。进行摊铺机控制的速测仪测站可由轨道定线标志点(GVP)任意导出。测站应以平面 3 mm 和高程 1 mm 的精度测定。在开始监控铺设过程前,先对参照棱镜进行初始照准。至摊铺机上参照棱镜的照准距离不应超过 80 m。并用第三台速测仪对铺设好的 HGT 面进行直接验收,如图 4.44 所示。

图 4.44　滑模摊铺机测量作业

混凝土的运输及填筑:混凝土承载层的材料用自卸车或翻斗车从搅拌站运到工地。卡车将材料直接倾倒在防冻层上。用轮式挖掘机或类似机械将材料摊铺在滑模摊机前方。然后用滑模摊铺机一次摊铺压实成形,如图 4.45 所示。上述施工过程应注意:承载层混合料的自由下落高度不能大于 1.0 m,承载层施工时的环境温度不低于+5℃。承载层完成后的前 7 d 内如果有霜冻,承载层必须采取防护措施。混凝土承载层侧面伸出的边缘应在铺设时用滑模摊铺机整出至少 2%的流水坡。

图 4.45　混凝土运输及填筑

(2)模筑铺设

采用模筑法铺设混凝土支承层时，测量控制站点由轨道定线标志点(GVP)任意导出。对模板以平面 10 mm 和高程 2 mm 的精度进行放样。模板安装要平顺，相邻模板错台不超过 1 mm，接缝严密，模板稳固，然后铺设支承层混合料。

2. 表面拉毛

混凝土承载层的表面应有适当的粗糙度，因此承载层的表面要用黄麻布或其他材料做拉毛处理，如图 4.46 所示。

3. 养护

施工过的承载层必须进行覆盖养护，养护时间不少 7 d。养护期间应确保覆盖层严密不移位，如图 4.47 所示。

4. 混凝土承载层切缝

混凝土承载层浇筑后要进行横向切缝分段，切缝间距不大于 5 m。切缝的位置应与板块接缝位置相一致，每个工班结束时的接缝均应安排在切缝处或距离切缝 2.50 m 处。此外还须保证承载层的切缝深度为铺设厚度的 35%，切缝可在支承层摊铺的过程中由摊铺机实施，也可在支承层硬化后人工切割，但必须在混凝土支承层铺设后 12 h 内完成。

图 4.46 拉毛

图 4.47 养护

5. 混凝土承载层检验

检验数量:施工单位采用滑模摊铺机施工时,每 50 m 各检查一处,采用立模现浇施工时,每 20 m 各检查一处,允许偏差应符合表 4.9 的规定。

表 4.9 混凝土支承层外形尺寸允许偏差

序号	检查项目	允许偏差(mm)
1	厚度	±20
2	中线位置	10
3	宽度	+15、0
4	顶面高程	±5
5	平整度	10 mm/(3 m 直尺)

(三)线间和两侧堆砟

1. 中间和边缘的充填

在混凝土承载层达到足够强度以后,在左边混凝土支承层和右边混凝土支承层之间的中间范围,直到 HGT 的上棱角堆填 0～45 mm 的碎石混合物。此外,在路堑范围混凝土支承层侧面的充填要有向外 4%的坡度。堆填利用铺筑修整机进行断面成形。振动板或人行道压路机压实。其压实度为 98%。

第一条线路的轨道板铺设:

修中间雨水井:根据设计图将线间雨水井入口修筑至设计标高并盖上铁篦子,然后对雨水井周围分层回填夯实(分层厚度约 20～30 cm)。

根据设计标高在线间和边缘范围按断面要求铺设 0～45 mm 的碎石混合物并分层压实,压实度为 98%。

线间浇筑混凝土:为了能够在第二条轨道上行驶载重汽车,将线间混凝土分 2 段施工。第Ⅰ段的施工在直接铺设轨道板和填满第一铺设侧的宽接缝后进行。第Ⅱ段紧接着第 2 铺设侧施工,如图 4.48 所示。

图 4.48　线间混凝土浇筑

第二条线路的轨道板铺设:

在第Ⅰ段混凝土带纵向边缘上固定一个由聚苯乙烯泡沫塑料做成的接缝填料,并在第 2 条线路轨道板的侧面边缘和混凝土承载层还露着的表面铺设分离层(薄膜);用手工铺设混凝土;并安装纵向分格条;同时每隔 2.5 m 做横向分格缝；然后喷洒养护剂对混凝土养护。对所有纵向分格缝热灌沥青，如图 4.49～图 4.50 所示。

图 4.49　横向分布

图 4.50　纵向分部

2. 检验

无砟轨道线间及两侧堆码石砟材质及粒径级配应符合设计要求。

线间和两侧的石砟应碾压密实，线间部分密实度不应小于 98%。

无砟轨道两侧堆码石砟应整齐、平直、圆顺。偏差应符合表 4.10 的规定。

表 4.10　无砟轨道两侧堆码石砟允许偏差

序号	项　目	允许偏差(mm)
1	厚度	±50
2	上宽度	±50
3	下宽度	±100

（四）圆锥体安装定位

1. 圆锥体的定位

圆锥体定位前首先测出轨道基准点 GRP 和安装位置，轨道基准点 GRP 和安装点位于Ⅱ型板横接缝的中央，且接近轴线。圆锥体的轴线与安置点重合，如图 4.51 所示。

图 4.51　圆锥体的定位

2. 圆锥体的安装

应按下列要求钻锚杆孔，然后用合成树脂胶泥或类似的胶泥来胶粘锚杆。

锚杆的胶粘应符合质量要求 。

用一台钻孔机钻孔，孔径为 20 mm。

钻孔深度为：

直线上（$\ddot{U}\leqslant 45$ mm）	15 cm
有超高的线路上（$\ddot{U}>45$ mm）	20 cm

3. 圆锥体的锚固及拆除

填充砂浆（合成树脂胶泥）约 1～2 h 后达到强度，锚杆就牢固的胶结在混凝土承载层内，同时将圆锥体套上锚杆并用翼形螺帽固定。

轨道板垫层灌浆后，拆除压紧装置的同时将锚杆拆除。

4. 检验

轨道板粗铺时圆锥体平面定位精度应不大于 10 mm。

(五)轨道板粗放

1. 铺设前对轨道板的检查

轨道板、承轨台是否有裂纹,轨道板进场时应对外观进行验收,轨道板必须有标志(编号),四周和边角无破损和掉块,板体及承轨台无裂纹,承轨台完整,精调装置的预埋件应与板边缘齐平,螺纹钢筋无弯曲。轨道板外观质量允许偏差应符合表 4.11 的规定:

表 4.11 轨道板外观质量允许偏差

损坏或缺陷名称及部位	允许偏差情况
表面边缘损坏,混凝土掉块	深度<5 mm,面积<50 cm^2
底面边缘损坏,混凝土掉块	宽度、深度<15 mm 长度<100 mm

轨道板铺设必须按布板图给定编号、位置对号入座进行铺设。

2. 轨道板安装

轨道板安装前要在精调装置的安设部位先放上发泡材料制成的模制件。用硅胶固定。垫层灌浆时作密封用,以防垫层砂浆溢出。

在混凝土支承层上放置 2.8 cm 厚的垫木,垫木紧靠吊具夹爪突出点并放在混凝土承载层上。在精确装置螺杆抬高时,再撤出垫木并运到下一个铺设地点。

起吊横梁上装有距离定位器,直接对准轨道板。接下来用液压锁闭起吊横梁,锁闭时侧面的抓钩依垂直方向旋入。锁闭机构由门架式或悬臂式起重机驾驶员操作。用肉眼检查锁闭机构的 4 个抓夹点的锁栓是否都已完全锁闭。然后用一个附加的绞盘在起吊横梁上调整横向倾斜度。以便能以相应的超高将轨道板放置在混凝土承载层上。从而可以避免轨道板受到损坏。

轨道板按规定挂上吊钩以后,由门架式起重机司机操作起吊。转到要铺设地点的正上方并降下。放在已安放好的木条上,接近混凝土承载层时必须缓慢下降,以便放置时不损伤轨道板。在放下时将轨道板准确定位(准确度约为 10 mm)。此时应特别注意侧向位置,与上次铺设的轨道板的相对位置以及空端的位置。事先安装在混凝土承载层上的塑料圆锥体用于准确定位。轨道板端面上的两个圆柱形凹槽直接定位在圆锥体上方，接着放下轨道板，如图 4.52 所示。

图 4.52　轨道板粗放

（六）轨道板精调

轨道板精调前，要旋开中部轴杆，使之大约有 10 mm 的余量。

使用专用三角架将速测仪安置在轨道定位标志点 GRP 点上（对中精度 0.5 mm）。

开启无线电装置，建立设备间的通信。将带有棱镜的测量滑架架置在所需精调轨道板的第一、最后和中间支点以及已精调好的轨道板的最后支点上。滑架卡尺架在支点（打磨了的混凝土面）上，并通过固紧调节装置单面与支点面相触。由此而建立起了与支点几何间的参考关系。在板过渡处，为快速精调轨道板还额外装配有一个光学或机械的精调辅助装置。

在已知的轨道定位标志点 GRP 点上对速测仪进行程控设站，并通过已精调好轨道板上的卡尺进行定向，再使用其他已知 GRP 点进行定向检查。出现较大偏差时(如高程差了 0.5 mm 或平面差了 1 mm),则应对轨道基准网以及前一块铺好的轨道板的精度进行进一步的检查。

1. 通过已精调好的轨道板尾端处的滑架卡尺对速测仪进行定向。

2. 电控自动行至新需精调板上的 6 个调控点、设置卡尺并量测。

3. 程控计算轨道板的实际位置,并通过速测仪测站和调控点进行理论位置比较。此处,软件不仅考虑了现有支点的水平和垂直位置,也考虑了支点的超高。

4. 程控显示精调值,并由测量工程师通过精调器发出自动调整位置指令。借助精调器上的螺丝调节装置,便可对轨道板进行水平和垂直方向上的精调。

5. 重复上述的过程,直到平面精度达到 0.5 mm 为止。

6. 检测需对所有棱镜进行观测和记录。

根据测量结果,需对轨道板进行纵向和横向移动。为此必须根据测量员的口令同步操作所有 4 个位置的调节装置。然后根据测量人员的要求调整高度。同时,须同步调整有关的定位装置。当经过多次调整后各角均达到最终位置后,就需要对轨道板中间的高度进行补调。

轨道板铺设高程及中线偏差不得超过以下指标:

高程±0.5 mm,中线 0.5 mm。

(七)轨道板沥青水泥砂浆灌注

1. 轨道板边缝密封

在轨道板精调工作完成并满足精度要求以后,轨道板和混凝土承载层之间有 2~4 cm 厚的缝隙,要用垫层砂浆对轨道板逐块填充。每一个轨道板的侧面必须密封,而且每次只进行一块轨道板的底层灌浆。侧缝采用一种特殊的、稳固的水泥砂浆。为了防止在垫层灌浆时砂浆不从轨道板侧面溢出,必须将混凝土承载层和轨道板之间的缝隙进行密封。

在密封工作开始时混凝土底座板的表面,包括轨道板以外的部分应清扫干净。此外,在气候很干燥时还必须浇湿这一范围。

在对轨道板的定位完成以后,就需在定位装置的外缘放置支承板的模板。在这一工作流程中不允许触动定位装置以及铺设的轨道板,否则就会再次破坏已调好的精确度。在模板安置好后,必须对调节装置四周作封闭处理，以便使这些装置在浇筑垫层砂浆时保持清洁。

轨道板的边缝密封必须考虑其耐久性及混凝土的不脱落。

(1)轨道板纵向的密封

轨道板纵向密封以涂上密封砂浆来完成。作为密封砂浆使用商业上通用的改进型的耐侯性室外用灰浆，按照生产厂的说明应配制成稠度较大的砂浆。密封砂浆用商业通用的灰浆搅拌机在施工现场配制。搅拌机和材料储存罐安装在载重卡车上。密封砂浆的干组分和所需的水量一起放入搅拌机充分搅拌。砂浆要求的稠度可以通过调节进水阀调到最佳状态。密封砂浆配制以后经过灰浆搅拌机的螺旋输送器和相应的软管输送到施工地点。在软管的末端有一个楔型的带一个拖板的铺设装置。以此在纵向形成一条沿着混凝土底座板和轨道板之间的缝隙的楔型密封。拖板用来防止密封砂浆进入轨道板下面。应注意不要使砂浆进到轨道板的下面。

喷枪应设计成相应的三角形出口。

校正装置(夹爪)范围内，在轨道板下面放置梯形不吸水的乙醚泡沫材料的模制件。以防止在垫层灌浆时砂浆溢出和污染校正夹爪。轨道板下面的模制件可以保留。下次修理时可以再装上校正装置使用。

为了能使轨道板下面全部面积上都填满垫层砂浆，必须在密封层中有相应的排气孔。这些排气孔布置在边角附近或轨道板中间，紧靠轨道板的下面，在密封砂浆没有硬化前设置。

向正在硬化中的砂浆简单地插入一个圆管形的样板形成排气孔。垫层灌浆时垫层砂浆一旦从各排气孔溢出时，则用专用的塑料盖或软木塞将排气孔封闭。排气孔同时用作灌浆的检查孔。

(2)横向接缝的密封

轨道板对接处横向接缝的密封使用可刮抹的稠度较大的垫层砂浆。用垫层砂浆来密封可以排除以后垫层灌注后产生应力不平衡。

垫层砂浆的注入量应超出轨道板底边至少 2 cm。

首先在横向接缝中装入一纵向形漏斗，砂浆经过漏斗灌入横缝中。所用砂浆取自搅拌车。

灌浆时各标志点不要被垫层砂浆掩盖，为此可使用一段短管。用手工操作灌入垫层砂浆，砂浆至少高出稠度后进行压实并抹平。

2. 轨道板(GTP)固定

为了保证在垫层灌浆时轨道板不浮起，要安装压紧装置。钢构件的具体摆放位置如下：

在轨道板的中间两侧设固定装置。利用预埋在混凝土底座板中的锚杆向下压住。

两块板的接缝处中间部位设置固定装置。利用在轨道板粗放时固定圆锥体的锚杆向下压住，如图 4.53 所示。

两种情况下都要用翼形螺母拧紧，以防轨道板移动。

轨道板垫层灌浆和垫层砂浆硬化后再拆除锚杆。

图 4.53 轨道板固定

3. 轨道板(GTP)垫层灌浆

(1)垫层灌浆期间轨道板的位置固定

在垫层灌浆进行时为了保证轨道板位置不变，原则上要在轨道板上安装压紧装置。

(2)混凝土承载层和轨道板底面预先浇湿

灌浆时混凝土承载层和轨道板底面必须是潮湿的。为此在灌注垫层砂浆之前先将两者预先浇湿。足够湿润的标志是表面稍微潮湿。根据不同的气候条件来变更预先浇湿的时间如下：

天气越热越干燥则预浇湿时间越晚(必要时可多次预浇湿)

天气越潮湿越冷则预浇湿时间越早，或完全放弃预浇湿。

准确的时间取决于表面的吸水性，并由垫层灌浆人员决定。空气温度大于 20℃时从预浇湿到垫层砂浆灌注之间时间内所有的灌浆孔都要盖上(轨道板灌浆孔用塑料盖或类似物件盖上)。这样可以将喷雾造成的潮湿空气封闭在轨道板下面。一般用专用的旋转喷嘴来预浇湿，喷嘴用一条软管装在移动式搅拌设备的高压清洗设备上，用手枪式手柄控制输送时间或输送量。

(3)垫层砂浆的拌制

用移动式搅拌设备在灌浆地点生产垫层砂浆。以分批方式且最大批量为 300 L 制造垫层砂浆。垫层砂浆从搅拌设备注入中间储存罐。中间储存罐的容积最大为 650 L。在灌浆罐中每次注入浇筑一块轨道板所需的量，即约 600 L 。这样做是为了避免在中间储存罐中有太多的剩余量，这些会与下一次灌浆的新材料混合在一起。

(4)轨道板的垫层灌浆

轨道板灌浆时已装满料的中间储存罐从搅拌设备下方向后面旋转伸出，并同时被提高。垫层砂浆经过一条软管注入轨道板的灌浆孔。软管的两端各装有截断装置。一般情况下灌浆过程通过三个灌浆孔的中间孔进行。灌浆孔中有聚氯乙烯管，垫层砂浆从管中注入。通过其他两个灌浆孔和排气孔观察灌浆过程。只要所有的排气孔处冒出垫层砂浆，则用木塞塞住排气孔，灌浆孔内垫层砂浆表面高度至少应达到轨道板的底边，而不能回落到底边以下。灌浆过程即告结束。储存罐可重新转回到搅拌设备下面并改换到下一块轨道板。

中间储存罐中有搅拌器，使垫层砂浆保持在搅动状态。不断测量搅拌器的传动电动机的耗用电流并显示。砂浆的稠度越大电机耗用电流也越大。当耗用电流超出某一固定值时，中间储存罐内的砂浆必须倒入配备的废物容器中。接着用新材料继续灌浆。

(5)插入铁条

为保证与垫层砂浆的胶结，在垫层砂浆轻度凝固时将一根铁条从灌浆孔插入新灌注的垫层砂浆中。

4. 轨道板(GTP)垫层灌浆检验

水泥沥青砂浆原材料的配合比应在室内试验的基础上，根据现场施工时的具体条件，对其配合比作相应调整。水泥沥青砂浆的性能指标应符合表 4.12 规定：

表 4.12　水泥沥青砂浆的性能指标要求

项　目	指　标	备　注
水灰比 W/C-数值	＜0.58	
水泥含量	≥400 kg/m³	
沥青水泥比例	≥0.35	
流动性	流体静压力下坡高 25 cm，流动 3.5 cm	
温度	5～35℃	
扩散量	a5≥300 mm 和 t300≤18 s a30≥280 mm 和 t300≤22 s 且无沉淀现象	
含气量	＜10%	
新拌砂浆密度	＞1.80 g/cm³	
膨胀量	＜2%	
抗折强度	1 d 后：≥1.0 MPa 7 d 后：≥2.0 MPa 28 d 后：≥3.0 Mpa	
抗压强度	1 d 后：≥2.0 MPa 7 d 后：≥10.0 MPa 28 d 后：≥15.0 MPa	
弹性模量	7 000～10 000 MPa	
抗冻性	经过 56 次冻融循环之后，只允许出现极微小内部损伤，质量损失量应该低于 2 000 g/m²	

每工作班灌注水泥沥青砂浆前，必须进行水泥沥青砂浆流动性、扩散度、含气量的测定。

水泥沥青砂浆灌注施工前，应对轨道板安置情况进行复查，相邻轨道板接缝处承轨台顶面相对高差不大于 1 mm。

水泥沥青砂浆灌注时表面高度至少应达到轨道板的底边，不得回落到底边以下。

水泥沥青砂浆的厚度不得小于 2 cm，最大不宜超过 4 cm。

横向密封水泥沥青砂浆应超出轨道板底边至少 2 cm 并压实、均匀抹平。

(八)轨道板纵向连接

1. 填充窄接缝

(1)垫层砂浆灌注后填充窄接缝

灌注窄接缝首先需要安装模板。在轨道板的外侧固定在窄接缝的侧面,用螺杆张紧。此模板也用于宽接缝的填充。从内侧同样将模板张紧。

然后,向窄接缝灌注砂浆,高度到轨道板上缘以下约 6 cm。最大颗粒规定为 0～10 mm。窄接缝填充时的环境温度不允许高于约 25℃。

(2)张拉装置的安装和张拉

垫层砂浆的强度达到 9 MPa 和灌注窄接缝砂浆强度达到 20 MPa 时可以对轨道板实施张拉。强度达到以后再将内模板拆除。

2. 填充宽接缝

填充宽接缝时的环境温度不允许高于 25℃。

(1)安装配筋

根据配筋图配置钢筋。每个宽接缝安放两个钢筋骨架并附加一根直径 $\phi_8 L=2.45$ m 的钢筋,装在横向接缝的上方。配筋用钢丝绑扎防止移位。以上钢筋需要绝缘处理。

(2)灌注宽接缝

规定使用加抑制剂和膨胀剂的灌注砂浆材料。该材料 28 d 以后达到的抗压强度至少为 45 MPa。最大颗粒规定为 0～10 mm。

填充时应灌注稠度较大的砂浆,以避免有超高的区域内出现“自动找平”现象。灌入的材料用插入式振动器捣实。表面应抹到与轨道板表面找平。

(3)填充灌浆孔

宽接缝填充时也要将灌浆孔填充封闭。

灌浆孔的填充与连接接缝填充使用同样的灌注混凝土和同样的操作方法。

3. 养护

新填充的混凝土表面应养护。用薄膜覆盖并要防止滑脱,如图 4.54 所示。

图 4.54　接缝混凝土养护

二、桥上 CRTS Ⅱ 型板式无砟轨道施工

(一)施工工艺流程(图 4.55)

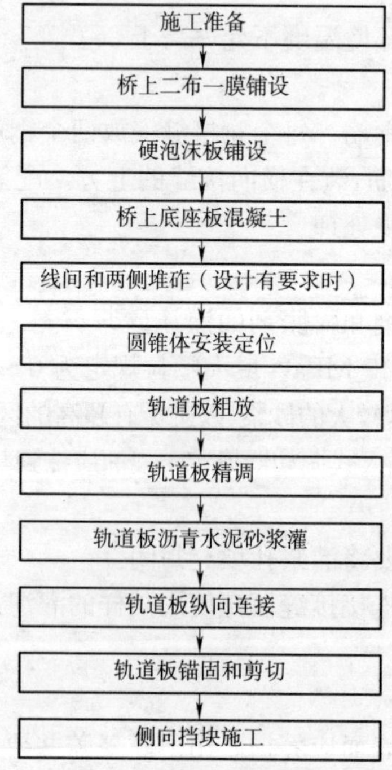

图 4.55　施工工艺流程

（二）二布一膜铺设（图 4.56）

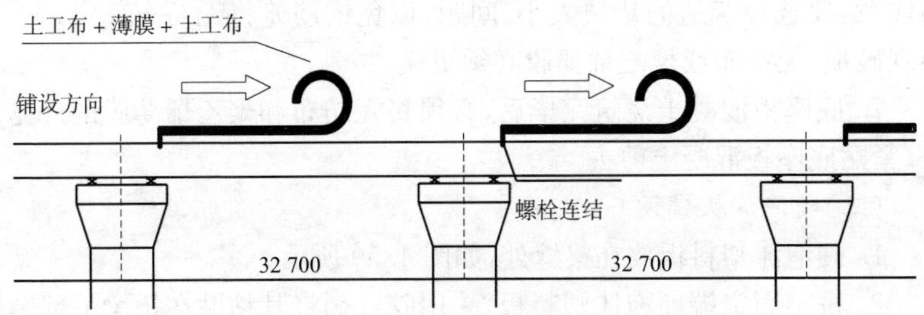

图 4.56　铺放土工布加薄膜加土工布（单位：mm）

1. 在清洗过的桥梁上铺设无纺布，首先从桥梁支座活动端开始，到固定支座上部结构梁端连接的锚固螺栓为止。

2. 第一层无纺布铺设时，采用胶合剂将其粘贴在桥梁防水层上。（必须保证胶合剂与无纺布材料之间的相容性）。胶合剂的层厚必须合理选择，使无纺布将其完全吸收。第一层无纺布可以连续整块铺设，也可以将无纺布对接。

3. 在已铺好的第一层无纺布上，铺设聚乙烯薄膜。此处必须注意薄膜不得起皱。在接缝处必须将聚乙烯薄膜熔接。

4. 在聚乙烯薄膜上再铺设第二层无纺布。第二层无纺布必须连续整块铺设，不得对接。

5. 铺设时，用水湿润无纺布以利于将无纺布吸附在聚乙烯薄膜上。二布一膜任何一层都不能出现破损，一旦出现破损必须更换，如图 4.57 所示。

图 4.57　铺设两布一膜

6. 铺设后的无纺布和聚乙烯薄膜,其上不得行车。安装钢筋笼时必须注意:要选择合适的垫块大小、间距,以免钢筋笼将无纺布刺穿。一旦出现破损,无纺布或聚乙烯薄膜必须更换。

7. 底座板混凝土浇筑完毕后,必须将无纺布和聚乙烯薄膜的外露部分,紧贴底座板混凝土剪去。

(三)硬泡沫板铺设

1. 硬泡沫塑料板放在梁缝处,如图 4.59 所示。

2. 桥梁固定端硬泡沫塑料板,采用胶合剂将其粘贴在桥梁上部结构上。必须保证所用的胶合剂与硬泡沫塑料板之间的相容性。

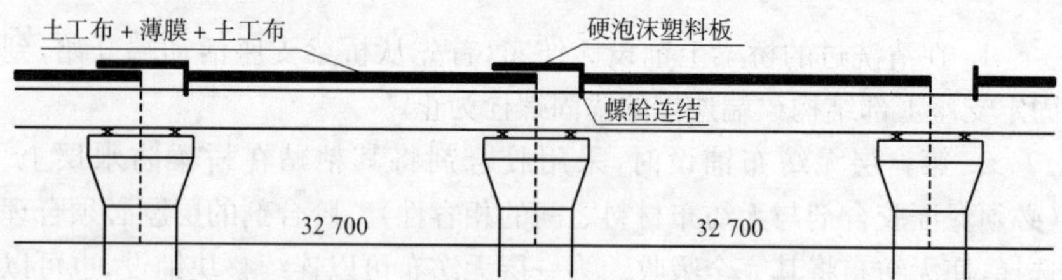

图 4.58 铺设硬泡沫塑料板(单位:mm)

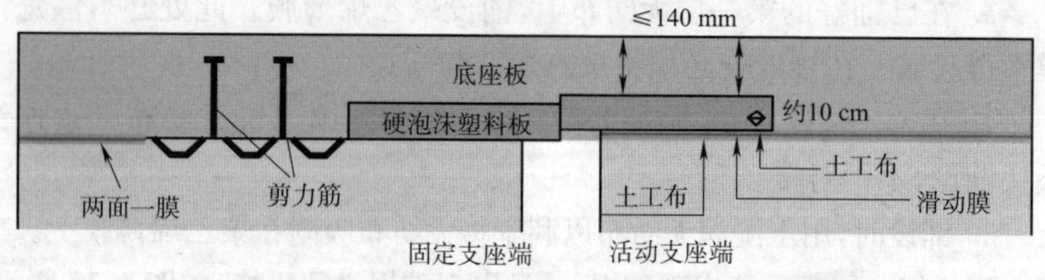

图 4.59 两布一膜和硬泡沫塑料板的结构示意图

3. 桥梁活动端硬泡沫塑料板放置在滑动层上(不用胶合剂黏结)。

4. 硬泡沫塑料板可以榫接或阶梯接合,边部多余部分切直。

5. 硬泡沫塑料板的接缝应严密不得有通缝。为避免混凝土的渗入,在硬泡沫塑料板上覆盖一层薄膜。

6. 铺设的硬泡沫塑料板不能破损,安装钢筋笼时要选择合适的垫块大小、间距,以免钢筋将硬泡沫塑料板刺穿。一旦出现破损,硬泡沫塑料板必须更换。

(四)底座板混凝土施工

1. 模板安装

根据设计要求制作模板。模板安装时,测量控制站点由轨道定线标志点(GVP)任意导出,以平面 10 mm 和高程 2 mm 的精度进行放样。模板安设要平顺,相邻模板错台不超过 1 mm,确保接缝严密,模板稳固,如图 4.60 所示。

图 4.60　底座模板安装

模板安装完成后,在浇筑混凝土前以及浇筑过程中,应设专人对模板加以观察、检查,并作记录。

2. 钢筋制作、运输、安装

(1)钢筋的制作及运输

钢筋的加工在钢筋加工厂完成。钢筋弯曲时的最低温度不得低于 0℃;钢筋在运输、储存过程中,应防止锈蚀、污染和避免压弯变形;钢筋应分类标记。

(2)钢筋安装

钢筋安装时,钢筋的位置和混凝土保护层的厚度,应符合设计要求;钢筋骨架应按照混凝土保护层和设计图进行施工。

钢筋安装时,应确保垫块的间距和稳定。垫块的强度不得低于本体混凝土的设计强度。安装垫块及钢筋绑扎时要防止刺穿土工布,垫块使用大支撑面的垫块。

为了满足火车定位系统的要求，在铺设底板座钢筋时须考虑到必要的电气绝缘。同时在每个底板座浇筑段安装温差电偶，用于结构的温度测量。钢筋绝缘都应满足轨道电路绝缘电阻 $10^{10} \sim 10^{12}\ \Omega$ 要求。

钢筋绝缘采用硬质绝缘有机合成材料制成的绝缘卡，分为同向和异向两种形式，绝缘夹设圆形卡口，弹性较小，硬度较大，将钢筋压入卡口内，能将钢筋牢靠固定，起到隔离作用。

在纵横向钢筋交叉点处，安装异向绝缘夹，绝缘夹上下两个方向的卡口（互相垂直）分别卡住纵、横向钢筋；通长钢筋则采用同向绝缘夹，两个卡口分别卡住主筋和连接筋。上下两层钢筋网之间的构造钢筋，则采取涂层钢筋，以保证两层钢筋网之间不形成回路。钢筋交叉点采用强度高、耐久性好的有机合成材料绑扎，严禁铁丝绑扎或焊接。

(3)连接器的安装

底板座后浇带的钢筋连接器在钢筋铺设前布置。由一块钢板组成，钢板的一边用防松螺母与精轧螺纹钢筋焊接，另一边的精轧螺纹钢筋通过钢板的预留洞穿过钢板，用分置于钢板两边的螺母与钢板连接。在其施工完后铺设底板座钢筋。

为了避免底板座混凝土因温度变化和收缩引起变形而产生的强制力传入下部结构，特别是传入桥梁支座和桥墩，在底板座浇灌混凝土前，人工拧紧底板座后浇带中与精轧螺纹钢筋连接的螺母，同时用钢楔在桥梁之间将梁相互固定，在后浇带接缝处用不导电的金属网格遮挡，如图 4.61 所示。

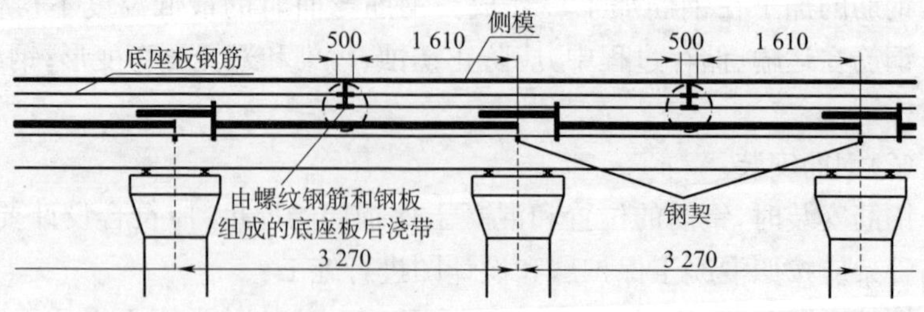

图 4.61　钢楔布置示意(单位:mm)

混凝土浇筑完后开始硬化,待到浇筑后的 48～72 h 之间(以底板座温度重新达到当天气温时的时间为基准),初步硬化的混凝土已经在其表面产生了微小的裂缝,此时松开后浇带中连接器螺母并拆掉桥梁间的钢楔,混凝土的硬化过程中和温度变化产生的应力就不会继续下传。

等到全桥底板施工完成后,在 24 h 内将所有的后浇带螺母再次拧紧,并同时浇筑后浇带混凝土。

3. 桥梁混凝土底座板浇筑

(1)混凝土灌注过程的要求

混凝土采用集中搅拌站生产。采用混凝土罐车运送,由混凝土输送泵车直接泵入桥面底板座模型中。混凝土的坍落度控制在 12～14 cm 之间,方能确保混凝土在模型中定形。

混凝土从装车运输到结束灌注,一般不超过 90 min。

运输和灌注时应防止混凝土发生离析。混凝土灌注要选用合适的设备,例如混凝土输送泵或门式起重机(悬臂)加吊斗。为避免离析,混凝土的自由落度不大于 1 m。

(2)混凝土振捣

混凝土灌注和振捣时,应派专人检查模板的稳定性和模板的接缝有无变化。混凝土的振捣采用平板振动器和振动梁配合的方式进行。

(3)表面处理

混凝土灌注时必须稍微突出一点。之后用落在模板上的滚杆整平混凝土表面,再用平板摸平器模平混凝土,待混凝土稍硬后用拉毛器进行拉毛。

4. 混凝土底座板钢筋的切断、连接及混凝土填筑

在底座板浇灌混凝土前,须人工拧紧底座板后浇带中与精轧螺纹钢筋连接的螺母,同时用钢楔在桥梁之间将梁相互固定,根据设计按跨进行分段灌注,使混凝土灌注段可以是任意长度,因为通过这样的方案以及在梁端缝隙中按设计要求插入钢楔块,纵向力不会传给支座。

底座板混凝土硬化后(初期裂缝形成后),混凝土接缝处的贯通钢筋必须断开或放松连接器,梁端缝隙中的楔块必须立即去掉,以阻断因温度变化和底座板混凝土的收缩而对板下结构,尤其是对支座和桥墩所作用的强制力。钢筋中的拉应力将得以释放。

钢筋断开、连接的要求：

各混凝土灌注段的纵向钢筋断开，将在混凝土灌注后 48～72 h 内进行。

全桥各分段底座板混凝土灌注完毕后，所有混凝土后浇带处的纵向钢筋将通过连接器重新连接，必须在 24 h 内完成各分段后浇带的钢筋连接，如图 4.62 所示。

接着在混凝土后浇带处浇灌混凝土。当底座板中温差很小时，后浇带混凝土的浇灌可以超过 24 h，但最长不得超过 48 h。

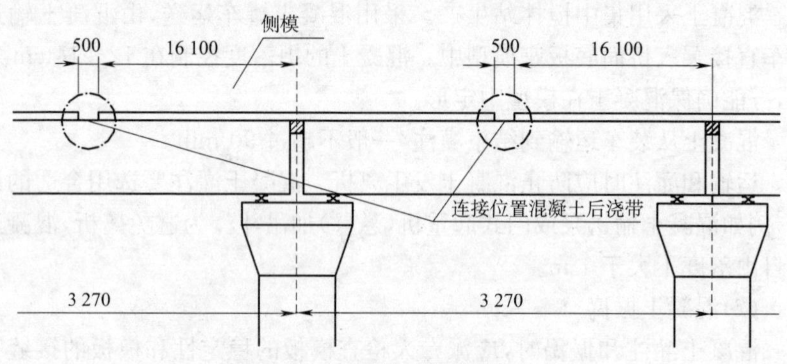

图 4.62 后浇带示意(单位：mm)

5. 底座板混凝土养护

将薄膜直接铺在混凝土表面或在混凝土表面和薄膜之间留出空隙，时间至少 7 d。养护期间薄膜必须严密包住混凝土表面，防止混凝土中的水分蒸发。

养护期间混凝土表面温度不允许在 0℃以下，但前 3 d 混凝土温度不低于＋10℃或混凝土的抗压强度已经达到 5 MPa 时，混凝土表面允许结冰。

以下情况应延长养护持续时间：

混凝土表面温度在 0℃以下时；加入缓凝剂的混凝土应延长养护时间；掺有粉煤灰的混凝土，同时又减少了水泥最低用量或提高了水灰比最大值时，根据检验通知书应延长 2 d。

6. 底座板混凝土验收

1)混凝土底座产生裂缝的宽度不得大于 0.3 mm。

2)混凝土底座外形尺寸允许偏差和检验方法应符合表 4.13 的规定。

表 4.13　混凝土底座外形尺寸允许偏差及检验方法

序号	检查项目	允许偏差(mm)	检验数量及方法
1	中线位置	10	全站仪:1 处/40 m
2	宽度	$^{+15}_{0}$	尺测:1 处/20 m
3	顶面高程	±5	水准仪:1 处/20 m
4	平整度	10	3 m 直尺:1 处/20 m

线间和两侧堆砟、圆锥体安装定位、轨道板粗放、轨道板精调、轨道板沥青水泥砂浆灌注、轨道板纵向连接与路基地段相同。

(五)轨道板锚固和剪切连接

1. 轨道板锚固

(1)螺杆的预施应力

锚固前螺栓表面稍加润滑油。然后按照施工图安装锚定板、盘形弹簧和螺母;

用扭矩扳手以 60 N · m 扭矩施加预应力(拧紧螺母);在轨道板的钻孔中应考虑容许的螺栓偏心度,如图 4.63 所示。

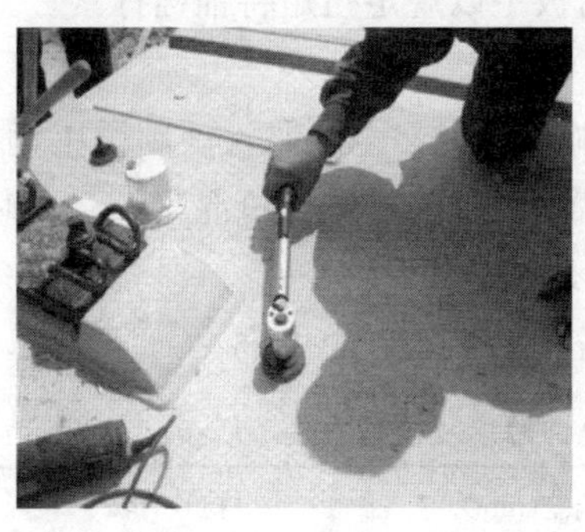

图 4.63　轨道板锚固

(2)防腐蚀

首先用防腐蚀材料涂在露天放置的钢部件表面上,接着安放橡胶密封垫并防腐。然后安装保护盖罩并用螺栓拧紧，最后清除多余的防腐蚀材料，如图 4.64 所示。

图 4.64　防腐处理

2. 轨道板剪切连接

(1)按照规定的深度钻剪切连接的孔。

(2)清洁钻孔。

(3)清除钻屑，例如吹气。

(4)填充钻孔和放入暗销。

(5)达到所要求的强度以后用扭力扳手以规定扭矩将锚栓拧紧。

(六)侧向挡块施工

在灌浆层浇筑完毕之后，再制作侧向挡块。连接埋入预制梁里钢筋套筒。按传统施工方法给侧向挡块设置模板，配筋和浇筑混凝土。同时，依据侧向挡块的类型嵌入相应的橡胶支座。

侧向挡块允许偏差和检验方法应符合表 4.14 的规定。

表 4.14　侧向挡块的允许偏差及检验方法

序号	检查项目	允许偏差(mm)	检验方法
1	位置	10	尺量
2	截面尺寸	$^{+15}_{0}$	尺量

第三节　CRTS Ⅰ型双块式无砟轨道施工

一、不同基础形式的 CRTS Ⅰ型双块式无砟轨道施工方法

(一)路基上施工方法

路基上 CRTS Ⅰ型双块式无砟轨道施工工艺方法:路基沉降评估→摊铺机支承层施工→双块式轨枕、道床板钢筋进场→道床工作面清理、施工放线→底层钢筋布设→轨枕布设→工具轨、模板、螺杆调节器运输→铺工具轨、组装轨排、安装螺杆调节器钢轨托盘→轨道粗调、安装调节器螺杆→钢筋绑扎、接地焊接→模板、工具轨拆卸及倒运→安装横向、纵向模板→轨道精调→混凝土浇筑→混凝土养护→拆除纵向、横向模板→拆除螺杆调节器→拆工具轨→封堵螺杆孔、修整混凝土。

(二)桥梁上施工方法

桥梁上 CRTS Ⅰ型双块式无砟轨道施工工艺方法:桥梁沉降评估→保护层、抗剪凸台(凹槽)施工→双块式轨枕、道床板钢筋进场→道床工作面清理、施工放线→底层钢筋布设→轨枕布设→工具轨、模板、螺杆调节器运输→铺工具轨、组装轨排、安装螺杆调节器钢轨托盘→轨道粗调、安装调节器螺杆→钢筋绑扎、接地焊接→模板、工具轨拆卸及倒运→安装横向、纵向模板→轨道精调→混凝土浇筑→混凝土养护→拆除纵向、横向模板→拆除螺杆调节器→拆工具轨→封堵螺杆孔、修整混凝土。

二、CRTS Ⅰ型双块式无砟轨道各工序施工工艺与方法

(一)路基水硬性材料支承层摊铺施工工艺

路基水硬性材料支承层摊铺工艺与工艺方法见图 4.65。

1. 测量放线

通过 CPⅢ控制网测设支承层两侧引导线的位置,位于摊铺机两侧(图 4.66)。引导线到线路中线的距离 2.9 m,高度距设计路基面 50 cm。引导线拉杆纵向间距 10 m,曲线地段 5 m。引导线两端用紧线器张紧固定,每侧施加不小于 1 000 N 的拉力。引导线先张紧,再扣进夹线臂槽口。引导线的最大长度不宜大于 500 m,以利质量控制及方便卸料。

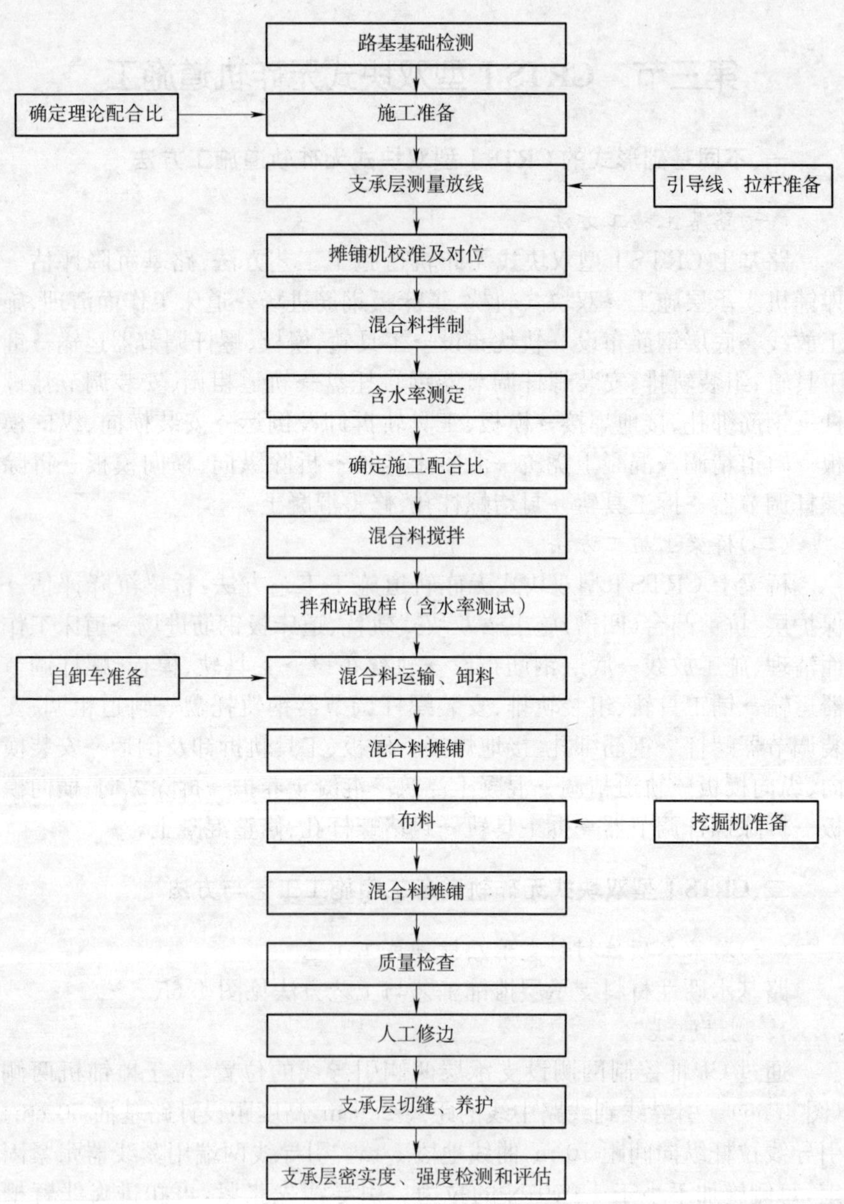

图 4.65　支承层摊铺工艺施工工艺流程

图 4.66　布设基准线

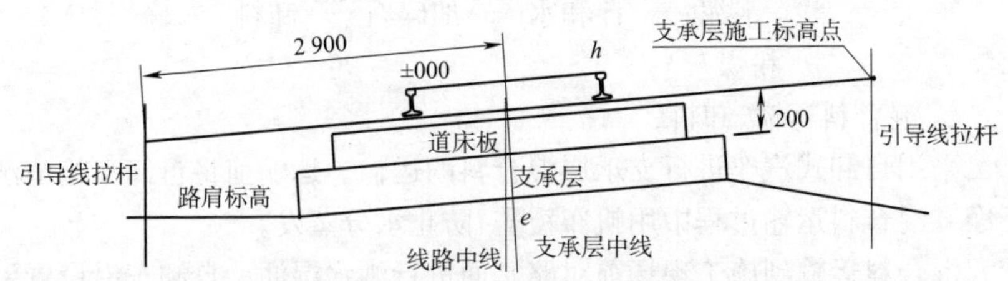

图 4.67　曲线段引导线测设图(单位:mm)

从图 4.67 可以看出,在曲线地段线路中线与支承层中线存在一个偏移值 e,先计算出支承层中线位置的偏移值,确定支承层的中线位置,再计算出在距离路基设计标高 50 cm 位置处,引导线拉杆距离支承层中线的距离和引导线的标高。

2. 摊铺机校正就位

首次摊铺前,采用钉桩或引导线法校准滑模摊铺机挤压底板 4 角点高程和侧模前进方向。4 个水平传感器控制挤压底板 4 角高程;2 个方向传感器进行导向控制。将 6 个传感器全挂上两侧引导线,开动摊铺机进入设好的线位,调整水平传感器立柱高度,使摊铺机挤压板恰好落在精确测量设置好的基准线上。同时调整好摊铺机机架前后左右的水平度。令摊铺机自动行走,再返回校核 1~2 遍,正确无误后,方可摊铺。

3. 混合料拌制

在现场对材料取样，进行骨料筛分试验，检查骨料级配情况。在拌和站对砂、石料含水率进行测定。根据含水率修定理论配合比，确定施工配合比。拌和料拌制完成后，取样测定含水率。原材料按重量计的允许偏差，应符合下列规定：水泥、矿物掺和料：1%；粗、细骨料：2%；拌和水：1%。

支承层混合料应充分搅拌，应使各种材料混合均匀，颜色一致。投料顺序：原材料计量后，先向搅拌机投入细骨料、水泥和粉煤灰，搅拌均匀后加水，再向搅拌机投入粗骨料，充分搅拌至均匀为止；支承层混合料搅拌流程如下：

$$\left.\begin{array}{r}\text{砂}\\ \text{水泥}\\ \text{粉煤灰}\end{array}\right\}+\text{拌和水}\xrightarrow[30\ \mathrm{s}]{\text{搅拌}}\text{加碎石}\xrightarrow[60\ \mathrm{s}]{\text{搅拌}}\text{卸料}$$

4. 混合料运输、卸料

采用自卸式汽车进行支承层混合料的运输。运输前将自卸车箱清洗干净。混合料运输过程中用帆布覆盖，防止水分蒸发。

混合料运输到施工现场前对路基面进行洒水湿润。自卸车沿设置引导线的中部倒退至摊铺机进料端前，开始卸料，卸料长度不宜超过 10 m。以免混合料水分损失，影响摊铺。

5. 摊铺

(1)布料

挖掘机在自卸车卸料前，先停放在摊铺机进料端位置处，待卸料完毕，自卸车退出后，启动挖掘机开始布料作业。

在摊铺宽度范围内要布料均匀，最高料位不得高于摊铺机前松方控制板顶面的正常高度，应在螺旋布料器叶片最高点以下，亦不得缺料。机前缺料或料位过高时，采用挖掘机适当送料或布料，布料应与摊铺速度相协调。

(2)摊铺

纵向布料长度超过 5 m 后，启动摊铺机开始摊铺。起初摊铺，要求摊铺走行速度控制在 1 m/min 内，捣固棒振动频率启用最大 11 000 Hz，在 5～10 m 的摊铺距离内完成最佳振捣频率、最佳摊铺走行速度及捣固棒最佳插入深度等参数的确定，如图 4.68 所示。

图 4.68　摊铺

6. 人工修边

路基支承层为干硬性混凝土，摊铺过后需要表面有一定的粗糙度，以便能和道床板很好的连接。但两侧边缘 35 cm 部分将暴露在外界，如果孔洞过多，雨天会吸收水分，冬季时可能会受霜冻破坏。故要求安排人工，将边缘 35 cm 位置，人工进行收面抹光，如图 4.69 所示。

图 4.69　修边

7. 质量检查

摊铺完成后，对支承层的质量进行检查(图 4.70)。检查的主要内容包括：观察支承层是否发生离析，如果有马上进行修补处理；同时检查支承层表面标高位置，在两基准线间拉弦线，用钢尺量测弦线到支承层表面的距离。如果标高超过误差允许要求，必须立刻处理。

图 4.70 尺寸检查

8. 支承层切缝、养护

支承层摊铺完成 12 h 内，按纵向 5 m 间距切割出一道横向缝。缝深为支承层混凝土厚度的 1/3。在切缝工作完成后，在支承层表面洒水并覆盖塑料薄膜养生 5 d，如图 4.71 所示。

图 4.71 养护

9. 检测、评估

(1)施工完成后,每隔 500 m 用灌砂法测定支承层混合料的密实度,如图 4.72 所示。

(2)每隔 250 m 钻芯取样(芯样直径 150 mm),进行抗压强度测试,确定 28 天的支承层混合料的强度,如图 4.73 所示。

(3)检测资料完成后,对支承层施工质量进行评估。

图 4.72　密实度检测

图 4.73　钻芯取样

(二)桥梁底座混凝土浇筑

桥梁底座混凝土浇筑工艺与方法见图 4.74。

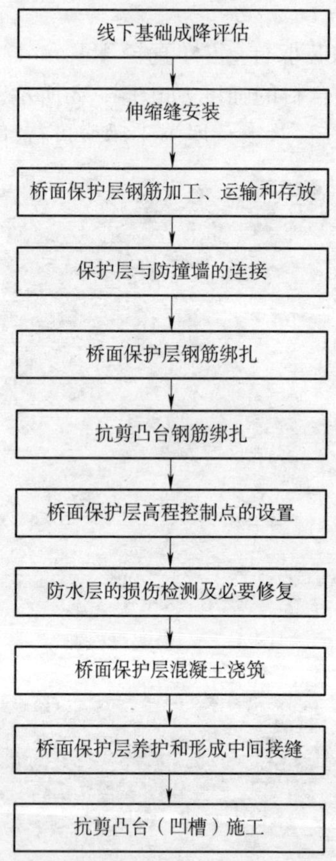

图 4.74 桥梁底座(保护层)施工工艺流程框图

1. 线下基础评估检测

桥梁基础评估检测工作主要包括两部分:一是桥梁基础的沉降评估,只有在沉降评估合格后才能开始无砟轨道的施工。二是桥梁面的竣工测量。竣工测量的点位布置见图 4.75。比较点位实测值与设计值的偏差,允许偏差±10 mm。

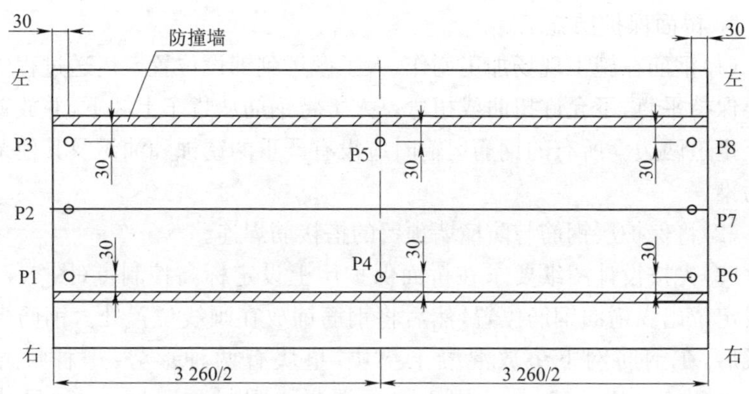

图 4.75　桥梁复测测点布置图(单位:cm)

2. 安装桥梁伸缩缝

(1)在桥面保护层钢筋绑扎完成后,安装桥梁伸缩缝。伸缩缝由耐候钢型材、橡胶密封带、锚固钢筋等组成。

(2)将锚固钢筋与混凝土保护层内的钢筋网焊接;将异形钢与锚固钢筋焊接;将伸缩缝顶面调整为距梁顶 100 mm 的位置定位;在两孔梁端桥面间隙嵌入泡沫板;浇筑保护层混凝土,锚固伸缩装置;待混凝土达到设计强度的 80%以上时嵌装密封橡胶带。

(3)耐候钢型材齐梁缝安装(图 4.76)。

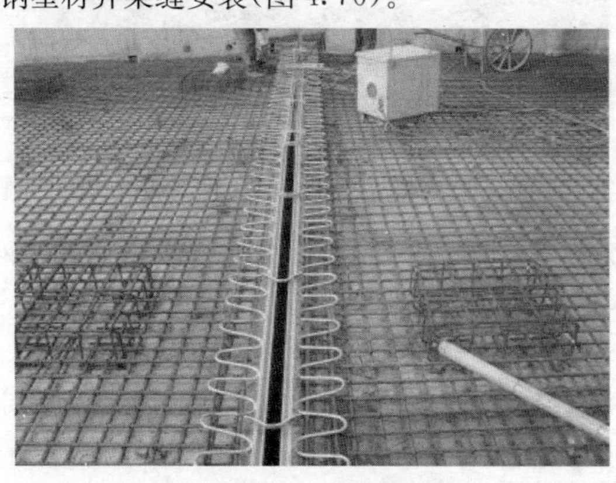

图 4.76　伸缩缝安装

3. 桥面保护层施工

(1)钢筋在施工现场加工制作,人工搬运到铺设位置。运送过程中钢筋要保持平直,不允许扭曲或扭弯。人工将钢筋从货车上卸下,并放置于桥上走道两边。所有的钢筋运输时应没有严重的锈蚀和油污及其他杂质的污染。

(2)将保护层钢筋与防撞墙预留的搭接筋焊连。

(3)先按设计图纸要求在桥面保护层上设定标高控制点(图 4.77)。画线定位出纵横向钢筋位置,然后将钢筋铺放在画线位置处。钢筋绑扎完成后,在钢筋网下垫放混凝土垫块,垫块有两种形势:一种尺寸为 30 mm×40 mm×50 mm,用于保证混凝土保护层厚度;一种尺寸为 50 mm×80 mm×100 mm,用于控制保护层厚度。钢筋的铺设顺序为:先铺设纵向钢筋,再将横向钢筋从板端向板中部铺设。

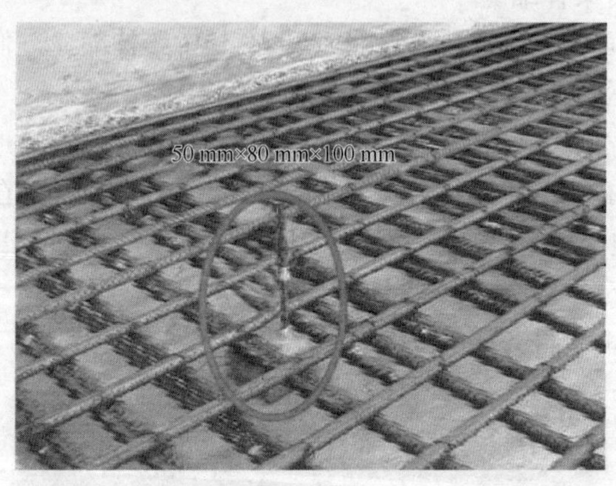

图 4.77 标高控制点

(4)铺设抗剪凸台钢筋并绑扎到桥面保护层的主钢筋网上。抗剪凸台钢筋绑扎前,应先将凸台中心位置点放样到桥面防水层上,绑扎人员根据凸台中心点位置进行凸台钢筋绑扎。

(5)设置桥面保护层高度控制点在防撞墙上挂标记线定出保护层标高,加工制作出尺寸为 50 mm×80 mm×80 mm 的混凝土垫块,在垫块中部预留 ϕ12 mm 的圆孔,垫块布置时纵向间距为 5 m,横向间距如图

图 4.78　钢筋绑扎

4.79 所示，然后在垫块圆孔中插入 ϕ10 mm 的钢筋，钢筋长度为 200 mm，根据设计图纸要求，测出摆放垫块位置处保护层的高度，并用胶带在钢筋上做出标记，通过在防撞墙标记线和钢筋标记点上挂线来控制保护层的标高。

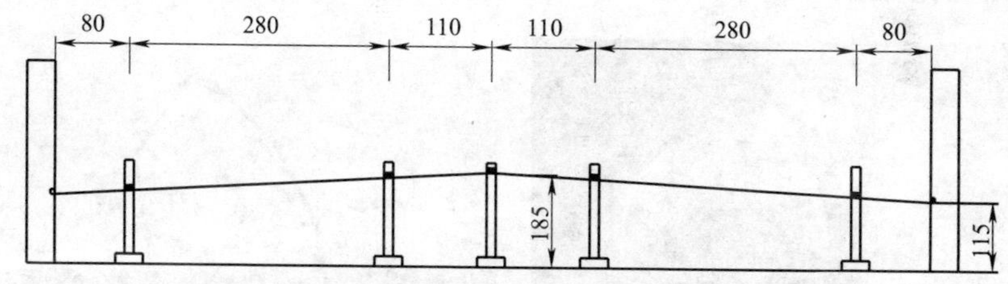

图 4.79　桥面保护层高程控制点布置图(单位:cm)

(6)在钢筋的铺设和绑扎过程中，应避免防水层受损。

(7)所有钢筋固定、抗剪凸台定位复核及混凝土厚度控制标记施工完成后，应把即将浇筑桥面保护层的区域清理干净。在浇筑桥面保护层之前，应采用木板(或泡沫聚苯乙烯材料)将抗剪凸台的侧面覆盖使其与桥面保护层分隔开来(图 4.80)。安装端模板。沿桥面保护层中心安装纵向特制钢片，以便混凝土浇筑完成后，在平行于轨道轴线方向形成一条深度不小于桥面保护层混凝土厚度 1/3 的缝隙，缝隙中间嵌填密封条。

图 4.80 安装凸台隔板

(8)在桥梁端部和伸缩缝位置处安装模板,桥梁泄水孔上接 PVC 管,泵送混凝土浇筑,用振捣棒捣实。混凝土浇筑完毕后,用铁抹子将保护层摸平压光(图 4.81～图 4.83)。

图 4.81 泄水孔接长

图 4.82 混凝土浇筑

(9)桥面保护层可采用覆盖麻布、海绵洒水进行养护,并保持其湿润 3 d以上(图 4.84)。

图 4.83　抹平

图 4.84　养护

4. 抗剪凸台浇筑

(1)测量放线

在桥面保护层上放出桥面保护层中心线，凸台两边缘线和模板安装线。

(2)为保证抗剪凸台与桥面保护层混凝土之间的良好粘结力，在桥面保护层初凝后，将抗剪凸台区域内的已产生强度的桥面保护层表面凿毛形成施工缝(图 4.85)。凿毛要求：桥面保护层骨料外露 6 mm 以上，且在浇筑抗剪凸台混凝土整个区域的平均外露深度 3 mm 以上。

图 4.85　凸台区域凿毛

(3)安装抗剪凸台模板

抗剪凸台模板用 4 个槽钢焊接而成，槽钢高度 145 mm。凸台模板对准模板安装线进行安装。在模板上表面安装木条，木条用铁丝绑扎在凸台钢筋上固定，防止模型在混凝土在浇筑过程中移动。通过安装 3～5 mm 厚的软泡沫聚苯乙烯片使钢模底部与保护层密贴，如图 4.86。

图 4.86 凸台模型安装

(4)在浇筑混凝土前，应保证模板中心的松散部件及碎片都已清除，并提前 24 h 湿润施工缝区域。混凝土浇筑后，采用插入式振动棒进行捣实(图 4.87)。为使抗剪凸台的侧壁光滑，可以采用橡胶锤在不扰动模板的情况下轻轻敲击侧模。最后人工用铁抹子将混凝土表面抹平压光。混凝土采用洒水覆盖养护。

图 4.87 凸台混凝土浇筑

5. 保护层竣工测量

桥面保护层竣工测量点位布置在线路中线两侧 1.4 m 的位置处，抗剪凸台测量点位布置在凸台的 4 个角点上。

(三)轨道组装与定位方法工艺

1. 双块式轨枕、道床板钢筋进场(图 4.88)

图 4.88　进场

2. 道床工作面清理、施工放线

(1)工作面清理

清除道床板范围内的下部结构表面浮渣、灰尘及杂物。

(2)施工放线

①路基每隔 13 m 测设并标记一个轨道中线控制点，中线应用明显颜色标记，以此为参照放样出轨枕两侧边缘线并用彩笔标出，为散枕机散枕提供参考；

②桥梁上测设出每片梁单元缝中线点，以此标出中间层土工布、轨枕边缘线；

③以中线为基准弹出道床板的纵向模板内侧边线和横向模板固定钢条位置；

④标记轨枕控制边线及每隔 20 根(约 13 m)标定一次轨枕里程控制点的具体位置(图 4.89)。

图 4.89　施工放线示意图

3. 底层钢筋布设

(1)在路基和隧道地段按测量放样位置和轨枕下纵向钢筋设计数量，将纵向钢筋依次散铺到线路上；

(2)桥梁地段将凸台间的纵向底层钢筋摆放到位后，将其余钢筋摆放在桥梁防撞墙一侧待用；

(3)在线路设计的位置安装横向模板基座条；

(4)采用龙门吊工具轨法施工时，绑扎底层钢筋，做好绝缘处理。

4. 轨枕布设

(1)铺设轨枕

①利用散枕装置沿着轨道铺设轨枕，散枕装置从轨枕垛一次抓取一组轨枕，调整到设计轨枕间距。比照标定的道床板设计边线，将轨枕均匀散布到设计位置。控制相邻两组轨枕的间距，如图 4.90 所示。

图 4.90　桥梁、路基轨枕布设

②桥梁地段间隔设计有凸台的，在每个凸台左、右两侧，各预置 1 块不低于凸台设计高度(约 15 cm×15 cm)的纵向方垫木，保证双块式轨枕两端均匀受力，桁架钢筋不弯曲变形；设计有凹槽的，直接布置底层钢筋后铺设轨枕，如图 4.91 所示。

图 4.91 桥梁凸台处轨枕布设

(2)核对轨枕间距

每散布 4 组轨枕，与现场标示的里程控制点核对一次，控制散布轨枕的累计纵向误差，做出相应的调整。

5. 工具轨、模板、螺杆调节器运输

(1)检查工具轨、模板及螺杆调节器。

(2)运输、装卸工具轨、钢模板和螺杆调节器。

6. 铺工具轨、组装轨排、安装螺杆调节器钢轨托盘

(1)铺设工具轨(图 4.92)

图 4.92 铺设工具轨

(2)组装轨排

(3)安装螺杆调节器钢轨托盘

①螺杆调节器钢轨托盘应装到轨底，在每个轨排端的第一、二、四根轨枕前(或后)需要配一对螺杆调节器，之后直线和超高小于 50 mm 地段每隔 3 根、超高大于 50 mm 但小于 120 mm 地段每隔 2 根、超高大于 120 mm 每隔 1 根轨枕安装一对螺杆调节器；

②螺杆调节器中的平移板应安装在中间位置，以保证可向两侧移动。最大平移范围约 50 mm，每一边的中心偏移量为 25 mm；

③在桥梁地段安装横向模板位置，螺杆调节器错开安装，如图 4.93 所示。

图 4.93　安装螺杆调节器托盘

7. 轨道粗调、安装调节器螺杆

(1)粗调机就位

安装好工具轨和螺杆调节器托轨板后，粗调机沿工具轨自行驶入，粗调单元均匀分布在工具轨上。

(2)准备粗调

放下两侧辅助支撑边轮，支撑在底部结构物顶面上。放下夹轨器，夹紧钢轨。

(3)全站仪设站

全站仪采用自由设站法，测量测站附近 6 个 CPⅢ基准控制点棱镜，通过配套软件，自动平差计算，确定全站仪的 x、y、z 坐标。

改变全站仪测站时，必须至少观测后方 3 个交叉控制点，同时对已完成调整的最后一组轨排进行复测量，偏差大于 2 mm 时，应重新设站。为了加快粗调速度，压缩测量仪器定位时间，每套粗调机宜配备两台全站仪。

(4)测量与轨道调整

依次遥控打开每个粗调单元顶部的棱镜，全站仪自动搜索、测量、计算得出的棱镜 x、y、z 数据，各单元倾角仪测得的倾角数据，全部无线传输到电脑上。通过计算软件，计算出每个调节单元与设计位置的偏差(调整数据)。并由无线信号发送至各个调节单元，进行水平、垂直、超高位置的自动调节。调整按照先调整中间两台、后调整端部两台的顺序进行，如图 4.94 所示。一般情况下，调整后的高度应低于设计标高 2～5 mm。

图 4.94　粗调作业

(5)确认粗调结果

重复测量，确认轨排定位。必要时再次进行调整，一般需重复调整 2～3 次。

(6)安装螺杆

完成轨道粗调后，安装调节器螺杆。根据超高的不同选择螺杆调节器托盘的倾斜插孔(用于调节与底座面的角度，确保垂直大地，受力良好)，旋入螺杆，安装波纹管或其他隔离套。采用电动扳手拧紧调节螺杆或徒手拧至螺杆接触地面，超高段需要使用扳手旋转 90°消除空隙，使螺杆底部略有受力，直线段用手拧紧即可。

在桥梁超高地段，需根据超高量选用不同高度的螺杆。在路基段上，无论超高与否，均使用短螺杆。

8. 钢筋绑扎、接地焊接

(1)钢筋绑扎

按设计要求进行钢筋绑扎。对纵向钢筋与横向钢筋及轨枕桁架上层钢筋交叉处以及上层纵向钢筋搭接范围的搭接点按设计要求设置绝缘卡，用尼龙自锁带绑扎。

(2)接地焊接

纵横向接地钢筋采用L形焊接，单面焊接长度不小于200 mm。在路基较短，没有设置接触网基础的情况下，路基段接地端子设置在靠近桥台处，通过接地钢缆与桥台处的接地端子连接，并入桥梁接地系统，但并入后形成的接地单元同样要求满足不大于100 m的要求。

接地端子的焊接应在轨道精调完成后进行，端子表面应加保护膜，焊接时应保证其与模板密贴，如图4.95所示。

图4.95 钢筋绑扎与焊接

(3)钢筋绝缘检测

道床板钢筋绑扎并焊接完成后，应进行绝缘性能测试，检测采用欧姆表。非接地钢筋中，任意两根钢筋的电阻值不小于2 MΩ。

9. 安装横向、纵向模板

(1)模板抽检。

(2)安装模板。

①横向模板安装

单元缝位置必须准确放样、画线标注。横向模板由3块拼接组成，与螺杆调节器共用1台小型轨道平板运输吊车安装。先安装中间块，最后安装两边块。使固定钢条嵌入模板底面凹槽，相邻模板间部分销接、拼接严密，顶部设钢盖板，如图4.96所示。

图4.96　模板连接

②安装纵向模板(图4.97)

当采用与安装机配套的长模板时，操作顺序为：将存放在线路中部的一组纵向模板吊装至安装机储存架上；按照每间隔5～10 m放样标示的道床板两侧尺寸控制点，铺设橡胶垫，吊运模板就位，固定上、下部钢条。个别非标跨度桥梁，设短调整节。间隔布置三角形模板垫块，保持底面支撑牢固、水平；沿轨道线路一次行走至下一对模板安装位置。依次安装完所有模板；模板内侧应标示道床板顶面。

当纵向模板采用小型组合式模板时，可由龙门吊吊装运输，人工安装。

图4.97　模板安装

10. 轨道精调

(1)轨枕编号(图 4.98)

精调工作进行前首先对轨枕进行编号。编号采用红色油漆喷于轨枕上见图 4.97。

图 4.98　轨枕编号

(2)全站仪设站

全站仪观测 4 对连续的 CPⅢ点，自动平差、计算确定设站位置(图 4.99)。如偏差大于 1 mm 时，应重新设站。改变测站位置后，必须至少交叉观测后方利用过的 4 个控制点，并复测至少已完成精调的一组轨排，如偏差大于 2 mm 时，应重新设站。为加快进度，每工作面宜配备 2 台具有自动搜索、跟踪、计算、传输数据功能的全站仪。

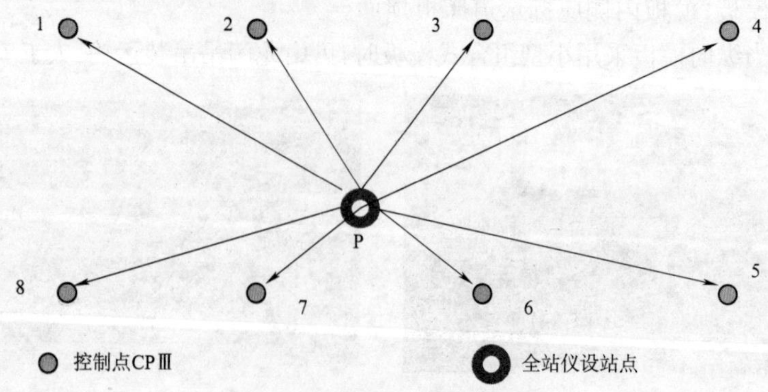

图 4.99　全站仪设站示意图

(3)测量轨道数据

轨检小车放置于轨道上，安装棱镜。使用全站仪测量轨检小车棱镜，小车自动测量轨距、超高、水平位置，接收观测数据，通过配套软件，计算轨道平面位置、水平、超高、轨距等数据，将误差值迅速反馈到轨检小车的电脑显示屏幕上，指导轨道调整，如图 4.100 所示。

图 4.100　轨道精调

(4)调整中线(图 4.101)

采用双头调节扳手，调整轨道中线。双头调节扳手联组工作，一般为 2～5 根。

(5)调整高程(图 4.102)

用普通六角螺帽扳手，旋转竖向螺杆，调整轨道水平、超高。粗调后顶面标高应略低于设计顶面标高。调整螺杆时要缓慢进行，旋转 90°高程变化 1 mm，调整后用手检查螺杆是否受力，如未受力则拧紧调整附近的螺杆。

(6)工序质量标准及验收检验方法

精调后轨道几何形位允许偏差应符合下列规定：

1)轨顶高程与设计高程允许偏差：±2 mm、紧靠站台为：0～2 mm；

2)轨道中线与设计中线允许偏差为 2 mm；

3)无砟轨道静态平顺度标准应符合表 4.15 规定。

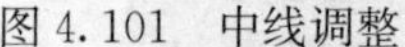

图 4.101　中线调整

图 4.102　轨道高程

表 4.15　无砟轨道静态平顺度检查表

项目 / 幅值(mm) / 设计速度	高低	轨向	水平	扭曲(基长 6.25 m)	轨距
$350 \geqslant v > 200$ km/h	2	2	1	2	±1
弦长(m)	10				

注:轨距变化率不得大于 1‰。

(四)道床板混凝土铺筑工艺及方法

1. 混凝土浇筑

(1)准备工作

清理浇筑面上的杂物,喷水湿润浇筑机螺旋输送槽、储料斗及轨道板底座。洒水润湿后的水硬性支承层上不得有积水;铺设有中间层的桥梁段表面不宜过多洒水。为确保轨枕与新浇混凝土的结合良好,需在浇筑前 6 h 内在轨枕表面洒水 3～4 次。用防护罩覆盖轨枕、扣件。检查螺杆调节器螺杆是否出现悬空,隔离套是否装好。

(2)检查和确认轨排复测结果

浇筑混凝土前,如果轨道放置时间过长(超过 12 h),或环境温度变化超过 15℃,或受到外部条件影响,必须重新检查或调整。

(3)混凝土输送

利用混凝土运输车将混凝土运至施工现场后,检测每车混凝土的坍落度、含气量及温度等指标,合格后根据不同的浇筑方案选择卸料方式。

浇筑机施工时，利用可旋转的侧向受料螺旋输送装置上料。

(4)混凝土浇筑(图 4.103)

①当轨道板混凝土采用浇筑机施工时，利用储料斗内置螺旋布料装置布料，通过调整储料斗左右倾斜角度，控制布料及四个出料槽流量，前面漏斗处 4 个插入式捣固器将混凝土捣固密实，后面有 2 个辅助振捣器用于人工局部补捣。振捣过程中，应注意避免碰撞钢筋网。混凝土浇筑间隔时间过长，应按施工接头处理。

图 4.103　混凝土浇筑

②当采用吊斗浇筑时，用吊斗将混凝土吊至待浇筑的轨排上方(下料口离轨顶不可过高)，开启阀门下料。下料过程中须注意及时振捣和防止污染，下料应均匀缓慢，不得冲击轨排。

③当采用泵送时，橡胶泵管口应在轨排上方且下料方向基本垂直轨排，通过移动下料管控制混凝土标高。

(5)移位

混凝土需 1 个轨枕间距接 1 个轨枕单向连续浇筑，让混凝土从轨枕块下漫流至前一格，不至在轨枕下形成空洞。当混凝土量略高于设计标高后，前移到下一格进行浇筑。

(6)抹面及清洗(图 4.104)

表层混凝土振捣完成后，及时修整、抹平混凝土裸露面。混凝土入模后半小时内用木抹完成粗平，一小时后再用钢抹抹平。为防止混凝土表面失水产生细小裂纹，混凝土入模 3～4 h 后进行二次抹面，抹面时严禁洒水润面，并防止过度操作影响表层混凝土的质量。抹面过程中要注意

图 4.104 混凝土抹面

加强对托盘下方、轨枕四周等部位的施工。

抹面完成后,及时清刷钢轨、轨枕和扣件,防止污染。

(7)施工缝的处理

如出现机械故障等原因浇筑过程中断,应根据设计要求,在最后的两根轨枕中间设置施工缝。施工缝的设置采用金属网,以使施工缝表面粗糙,确保新老混凝土之间有足够的黏结力。接缝处的横向钢筋位置挪向浇筑混凝土侧。如中断时间超过 72 h(或时间不到 72 h,但温度变化较大),应另外增设 4 排共 16 根销钉和 U 型钢筋加强。

2. 混凝土养护

(1)喷涂养护液养护或喷雾、覆盖和洒水养护;

(2)混凝土浇筑后 0.5～1 h(若混凝土掺加缓凝剂,螺杆松动时间延长至 2～3 h),螺杆放松 1/2 圈,螺杆调节器的放松须始终沿逆时针;

(3)混凝土浇筑后 2～4 h,提松横向模板和施工缝模板,松开全部扣件,释放轨道在施工过程中由温度和徐变引起的变形。操作时注意不要扰动轨排。

3. 拆除纵向、横向模板

利用模板拆洗机先拆纵向模板,再拆横向模板,依次推进,逐块拆除、清洗。

4. 拆除螺杆调节器

5. 拆工具轨

解开全部工具轨扣件,清洗扣件,根据现场情况决定是否拆除扣件。

6. 封堵螺杆孔、修整混凝土

遗留的螺杆孔采用高强度无收缩砂浆封堵。

(五)轨道整理工艺及工艺方法

无砟道床施工完毕并铺设长钢轨和安装扣件后，轨道几何尺寸可通过扣件来调整。

1. 确定调整范围

用轨道精调小车检查轨道几何形位，若轨道几何形位超出允许范围，应对该地段的轨道名称、里程、轨枕号、调整的要求作详细标示。

2. 拆除弹条

当需要调整的轨道区段确定以后，应先拆除弹条。如果要将无缝线路应力放散，则必须拆除整根钢轨的弹条。若不允许无缝线路应力放散与轨道调整工作同时进行，则只能拆除需要调整区段约 20 m 范围内的弹条。

3. 抬升钢轨

弹条拆除后，将钢轨抬升，准备安装调整部件。

4. 安装调整部件

将轨枕螺栓由套管转出，根据调整需要更换轨距挡板、轨下垫片和弹性垫板，并将弹条放置于轨距挡板的凹槽上。

5. 钢轨定位及安装弹条

将抬升的钢轨放置于轨枕上，按规定扭矩拧紧弹条扣件。

6. 调整后测量

轨道几何形位调整后应重新测量并提交测量报告。

7. 工序质量标准及验收检验方法

(1)安装轨枕螺栓时，必须用适当的套筒扳手，插入螺栓后先逆时针轻转 2 圈后，再以顺时针方向转紧。严禁将螺栓击入预埋在轨枕中的套管中。预组装时，轨枕螺栓最大扭矩为 50 N · m。

(2)最好将轨道调整工作与应力放散工作同时进行。若调整工作在应力放散后进行，调整后所有扣件扭矩应符合规范要求。

(3)精调后的轨道静态平顺度应满足表 4.15 规定。

第四节 CRTSⅡ型双块式无砟轨道施工

一、CRTSⅡ型无砟轨道施工特点

主要采用CRTS Ⅱ型无砟轨道施工设备连续施工，双块式轨枕事先运送至施工现场，按照轨枕的分布情况，摆放在线路两侧，在支承层施工完成后，开始无砟轨道施工，其主要施工工艺流程，如图4.105所示。

二、CRTSⅡ型双块式无砟轨道测量施工工艺

（一）施工测量准备

1. 无砟轨道施工前，应实测桥梁梁缝、隧道变形缝、路基沉降缝以及路隧、路桥过渡段结构缝的平面位置。根据实测结构缝的里程，调整支脚纵向位置，为支脚施工定位做好准备。

2. 混凝土支承层（底座）模板放样前，曲线地段应计算出距设计线路中心线的偏离值，以保证其平面位置的正确性。

（二）支承层（底座）测量作业

1. 支承层（底座）施工前的复测

（1）支承层（底座）施工前，无砟轨道施工单位首先对线下施工单位所移交的CPⅢ轨道控制网进行复测。复测方法及精度标准应满足相关最新标准要求。

（2）依据复测符合限差要求后的CPⅢ轨道控制网，复测线下施工单位移交的路基、桥梁、隧道的线路中线及高程控制桩线，同时还需认真复核移交的线路参数和相关的图表等资料。

（3）同时接收线下施工单位提交的合格的路基、桥、隧等基础工程的沉降观测评估报告。

2. 支承层（底座）测量方法及限差要求

支承层（底座）模板安装或基准线桩精调作业应满足下列要求：

（1）平面定位宜采用全站仪进行自由设站，高程定位可采用三角高程测量，也可采用精密水准测量方法进行测设。

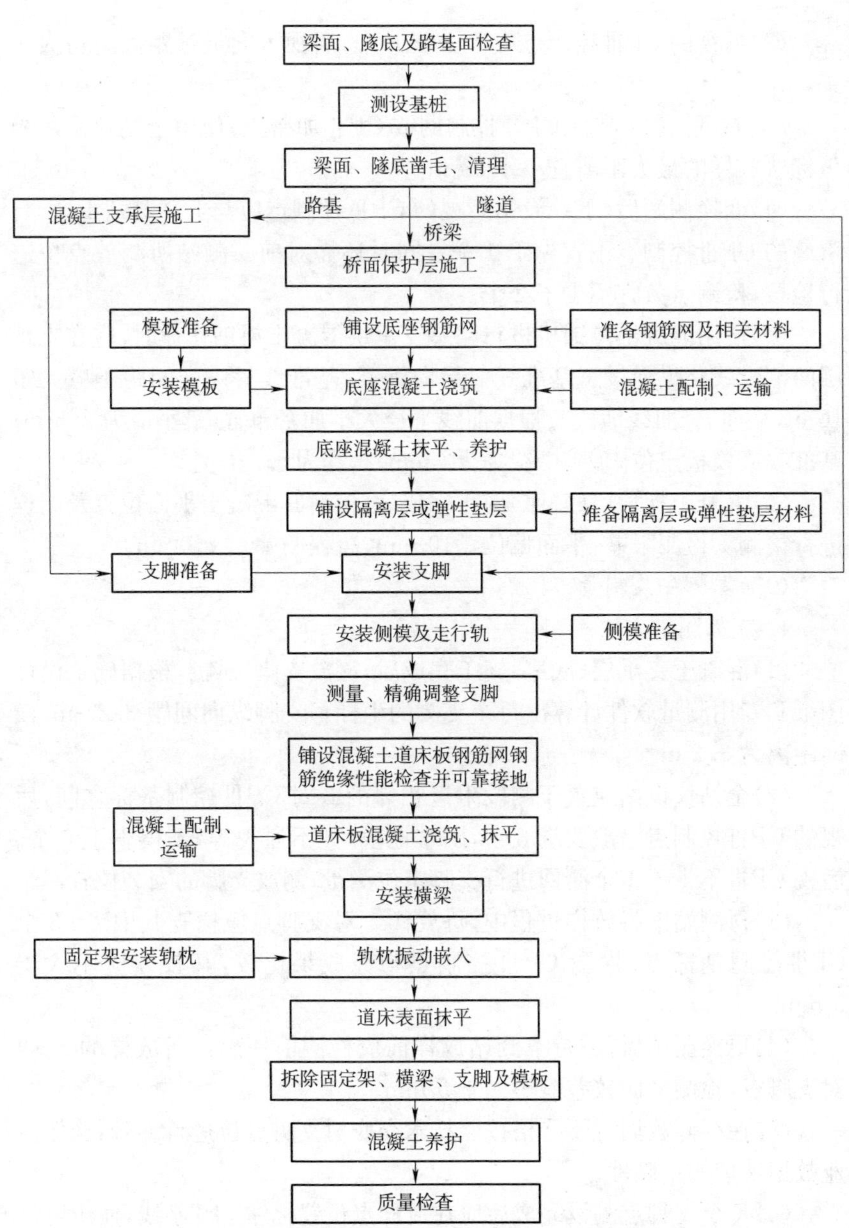

图 4.105 CRTSⅡ型双块式无砟轨道施工工艺流程

(2)后视的CPⅢ控制点应不少于6个,后视方向最远距离不得大于150 m。

(3)亦可依据CPⅠ、CPⅡ控制网或CPⅡ加密点,使用全站仪采用极坐标法放样的最大距离宜小于90 m。

(4)变换测站后,下一设站后视的CPⅢ控制点应与上一测站重叠,且重叠的CPⅢ控制点不宜少于4个。同时还需对前一测站所测放点位进行检核,检测点数宜不少于2个。

(5)使用混凝土摊铺机进行路基支承层混凝土摊铺作业时,应在支承层两侧沿线路纵向设置基准线或导向钢索,基准线桩纵向间距不应大于10 m,平面、竖曲线地段应根据曲线半径大小加密布置,最小值为2.5 m;基准线或模板定位限差,中线为±2 mm,高程为±5 mm。

(6)混凝土支承层(底座)施工完成后,应对其混凝土平面位置及高程进行检测。检测限差:平面偏位≤10 mm,高程偏差≤±5 mm。

(三)支脚安装测量

1. 支脚测量方法

(1)混凝土支承层(底座)施工完成后,测放支脚位置。根据施工设计图纸和专用测量软件计算出每个支脚的坐标。支脚纵向间距3.27 m,横向距离为3.2 m。

(2)全站仪设站应置于测段附近相邻的2对CPⅢ控制基标之间,后视的CPⅢ控制点一般要求8个,困难地段(如不通视等)不得少于6个。后视CPⅢ不少于1个测回进行支脚定位测量,测放支脚的安装位置。

(3)每测站支脚放样过程中,每放样5对支脚点应检查其中1～3个CPⅢ控制基标点,检测CPⅢ控制点与原成果比较,其较差应不大于5 mm。

(4)更换测站后,进行本测站放样前应检测前一测站所放样的2～4对支脚点,检测平面较差应不大于5 mm。

(5)在存储数据时要严格按照技术交底对支脚点位进行编号,确保内业数据处理的正确性。

(6)每个支脚点测设完成后应在放样点位置标注“十”字线,使用射钉枪打入钢钉或冲击电钻钻孔。

(7)支脚点位测放后,应使用钢卷尺对所放样点位进行平面位置的检测,检查平面位置偏差应不大于 5 mm。每放样 5 个支脚需进行点位编号,并在现场作好标志。

(四)专用模板(配备走行轨)安装测量

1. 模板安装测量方法

(1)专用模板平面定位测量可采用全站仪后视 CPⅢ控制点用极坐标法进行,也可依据放设的支脚点用钢卷尺直接定位。当采用全站仪自由设站放样时应符合支脚定位测量的相关规定。

(2)模板高程测量可以依据精调后的支脚,计算出支脚上端的两球形棱镜中心之联线返至设计道床板顶面的高差即为模板高程定位标高;亦可采用水准仪直接测量出模板的高程。

(3)模板定位后,应采用钢卷尺对放样点进行复核。

2. 模板定位限差要求

模板定位中线偏差应不大于 2 mm,高程偏差应不大于±5 mm。

(五)支脚精调与检测

1. 支脚精调设站

(1)支脚精调采用全站仪自由设站,以边角测量方法对支脚进行精确调整,如图 4.106 所示。

(2)在待调整支脚上部凹槽内安装特殊球形棱镜,通过全站仪测设球形棱镜中心的三维坐标,并与设计值进行比较,测量人员根据二者之间的偏差值对支脚进行调整。

图 4.106　全站仪在支脚上精调设站

2. 精调方法

(1)精调前,事先采用专用测量软件计算出支脚上部球心的三维坐标,精调成果需经二人独立计算经复核无误后,并将计算成果的电子文档提交外业测量人员。

(2)全站仪设站应设置在待精调的固定端支脚上,通过专用转接器联接板将全站仪与固定端支脚上部相连接。曲线地段全站仪宜设于曲线外侧支脚上。

(3)后视的CPⅢ控制基标点应不少于4对,并应进行不少于一个测回观测。

(4)自由设站完成后,利用全站仪以放样方式检测1～3个CPⅢ基标点,如该CPⅢ点观测值与设计值三维坐标差小于1 mm,即可开始对支脚进行精调作业,如图4.107所示。观测值与设计值三维坐标差若不符合限差要求需适当增加测回数或查找原因后重测至符合限差要求。

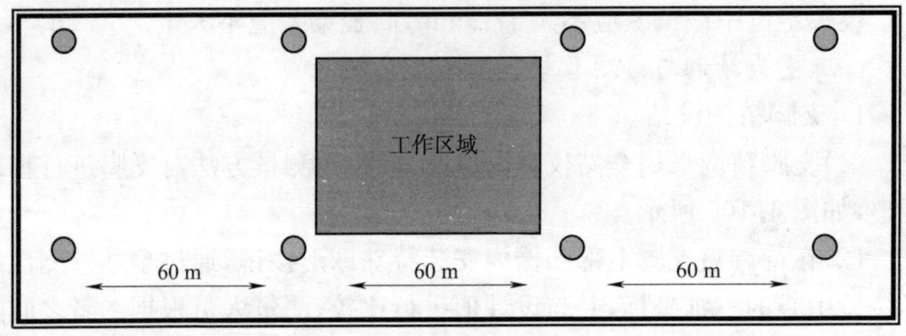

图4.107 支脚安装测量工作区域示意(图中灰色点位为CPⅢ点)

(5)支脚精调,松开支脚的所有制动螺栓,通过全站仪测量支脚顶部球形棱镜中心三维坐标、使用专用调整工具,调整至设计位置。

(6)高程调整通过升降支脚下部的升降装置调整至设计标高。平面位置通过调整支脚上部的连接钢板达到设计位置。

(7)实测支脚凹槽内置球形棱镜三维坐标,根据实测与设计值较差反复调整,直至实测值与设计值平面与高程较差不大于0.5 mm,锁定所有固定螺栓。

(8)精调过程中每调整 5 个支脚后,需对所后视的 CPⅢ基标控制点中的任意一个 CPⅢ点进行一次检查对比测量,保证三维坐标限差在 1 mm 之内。

(9)每测站只负责测站后方 60 m 范围内(距仪器 10 m 范围内的 4 对支脚除外)的支脚精确调整。测站前方的支脚待下一测站进行精调就位,如图 4.108 所示。

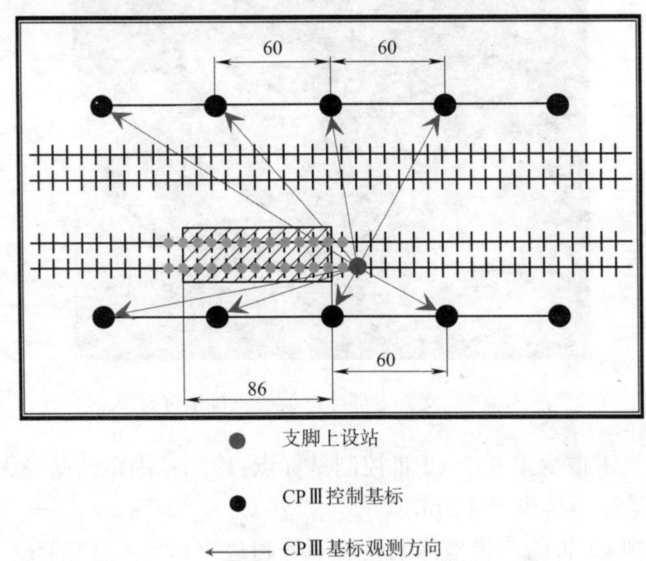

图 4.108　支脚精调设站测区段布置平面示意(单位:m)

(10)当变换测站时,需对前一测站精调完成后最后支脚的固定端进行站点搭接测量,支脚搭接重叠观测数量不得少于 3～5 个,支脚重叠测量平面及高程偏差限差在 2 mm 以内。

(11)支脚上部用于调整的钢板,横向调整时不得超过支脚中心位置 4 cm,纵向要平行于线路中心线。当横向调整超过 4 cm 时,应将支脚下部固定螺栓松开,整体移动支脚后重新精调到位并固定。以保证各个施工单元车安全通过。

3. 精调精度及限差要求

(1)支脚平面位置偏差≤0.5 mm。

(2)支脚高程位置偏差≤±0.5 mm。

4. 道床板混凝土浇筑前的检测

(1)支脚上球形棱镜三维坐标检测方法及限差要求(图 4.109)

①全站仪应在所需检测的支脚范围进行自由设站,仪器安设在三脚架上对待检支脚三维坐标进行检查测量。

图 4.109 支脚上部球形棱镜三维坐标检测

②后视不得少于 6 个 CPⅢ控制基标点,检测范围距测站最大不得超过 90 m、最近不得少于 10 m。

③后视 CPⅢ的三维坐标偏差均不得超过 1 mm。若 2 个以上 CPⅢ点的残差值超过规定值则应重新后视。使用全站仪配套专业便携电脑预装软件对支脚以放样方式进行检测,实测与设计三维坐标差不得超过 1 mm。

④内业测量资料整理输出测量报告时,报告内容为实测与设计值较差。若检测值与设计值的三维坐标差若不符合限差要求,需适当增加测回数或查找原因后重新检测。当确认所检测支脚不符合限差要求则应重新调整直至符合限差要求。

(2)正矢检查方法

①采用正矢检测专用工具对检测段的支脚进行连续正矢检测。

②检测相邻 11 个支脚上端凹槽中心的实测与设计正矢偏差(弦长约

19.62 m，可事先计算出设计正矢值）。

③正矢检测平面位置示意图，如图 4.110 所示。

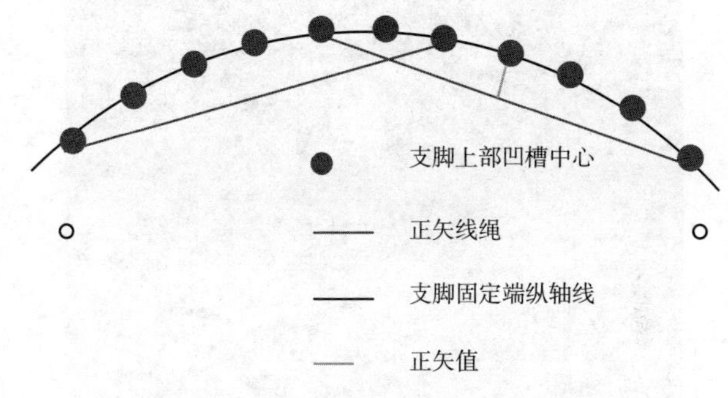

图 4.110　支脚正矢检查平面示意图

正矢检测平面位置允许偏差 1 mm。

(3)横跨、曲线超高段检查方法

①曲线段超高检测：采用特制专用轨道尺对支脚的超高进行检查；

②横跨的检测：可采用钢卷尺进行检测；

③检查超高和横跨偏差为±1 mm。

所检测项结果满足偏差要求时方可进行道床板混凝土的浇筑。

(4)横梁安装及轨枕嵌入混凝土框架检测

①待横梁安放在支脚上端的凹槽位置后，应立即使用塞尺检查支脚顶部与横梁是否就位。

②轨枕嵌入混凝土时，还须对轨枕压入后横梁和框架的接触点进行检测。

③检查支脚顶部凹槽位置与横梁、横梁和框架之间其接触面之间的间隙应≤0.2 mm。

(六)工后轨枕承轨槽的检测

1. 检测方法

(1)采用全站仪进行自由设站，并观测 8 个 CPⅢ点(后视点位要求及偏差与支脚检测相同)。

(2)将专用轨枕检测尺按要求放置在承轨槽表面，对承轨槽的三维坐标进行检测。专用尺模拟混凝土轨枕的高程及轴线如图 4.111 所示。

图 4.111 模拟枕承轨槽(台)检测专用工具

(3)轨枕的检测可以在每个轨枕框架的第 1 根轨枕和第 5 根轨枕进行,检测其平面位置和标高是否满足要求。

(4)在测站位置换置后,下一个测站承轨槽检测开始前必须对上一测站已检测的 3~5 根轨枕承轨槽进行重叠测量,目的是在对前后不同测站所检测同一测点的实测结果进行对比,以保证其检测精度。

2. 检测限差要求

(1)相邻承轨台面允许偏差 0.5 mm。

(2)相邻框架首根轨枕承轨槽横向允许偏差 3 mm。相邻点平面变化率允许偏差 1 mm。

3. 检测数据的处理及成果评估

(1)通过专业机构评估认证后的测量软件进行检测数据处理。

(2)由业主组织咨询及监理单位专业测量人员对无砟轨道铺设单位检测精度进行评估。

(七)钢轨精调作业

1. 钢轨检测与调整施工前,必须保证下列工作已经完成:

(1)道床板的浇筑与养护已完成,轨道的铺设及调整定位精度应达到

《客运专线无砟轨道铁路工程施工质量验收暂行标准》(铁建设〔2007〕85号)中的CRTSⅡ型双块式无砟轨道板道床施工的要求。

(2)安装扣件、钢轨落槽及相关质量检查已完成,并且达到《客运专线无砟轨道铁路工程施工质量验收暂行标准》(铁建设〔2007〕85号)中的钢轨铺设的要求。

2. 无砟轨道经精调达到验收标准时,应符合4.16的规定。

表4.16　轨道几何状态静态平顺度允许偏差及检验方法

序号	项　目		平顺度允许偏差(mm)	检测方法
1	轨　距		±2	轨道几何状态测量仪
2	高低	弦长10 m	2/10 m	
		弦长30 m	2/5 m	
		弦长300 m	10/150 m	
3	轨向	弦长10 m	2/10 m	
		弦长30 m	2/5 m	
		弦长300 m	10/150 m	
4	扭曲	基长3 m	3	
5	水平		2	

3. 对不符合限差要求部位,应该进行相应位置的钢轨扣件更换,使之达到交验标准。

复习思考题

1. 请说出CRTSⅠ型板式轨道轨道板铺设时采用T型标架法精调轨道板的操作要点。

2. 叙述桥上CRTSⅠ型无砟轨道主要的施工工序。

3. CRTSⅠ型板式轨道充填层水泥沥青砂浆灌注袋铺设的作业要点有哪些?

4. 简述桥上CRTSⅡ型板式无砟轨道底座板混凝土养护要求。

5. 简述CRTSⅠ型双块式无砟轨道轨道精调作业方法。

第五章 高速道岔结构及其维修技术

第一节 高速铁路道岔概述

一、高速道岔

道岔是指将一条铁路线分成两条或以上线路的轨道设备，主要由钢轨件、扣件和连接零件等组成。

道岔是特殊的轨道设备，具备轨道的所有功能，如引导、承载和提供弹性等。

由于存在天然的不平顺，道岔是影响列车运行速度的三大关键因素之一。自既有线提速以来，主要提速干线的道岔至少已更换过三遍，充分说明了道岔对列车运行速度的制约关系。

高速道岔是指高速铁路、客运专线或城际铁路正线铺设的道岔，直向容许通过速度不小于 250 km/h。

广义上的高速道岔除包括道岔本身外，还包括混凝土岔枕和转换设备，但一般不包括道岔板。

二、国外高速道岔简介

国外的高速铁路已有几十年的发展史，在高速铁路道岔的研究和使用方面也积累了丰富的经验，当然也形成了技术较为成熟的产品。其中以德国、法国为代表。

目前除日本外，其他国家的高速铁路基本上都是采用德、法两国的高速道岔产品。

德国的高速道岔主要由 BWG 公司生产，其道岔直向容许通过速度一般为 300 km/h，侧向容许通过速度最大为 220 km/h。其国内道岔号码分为 18.5、39.11、50 号等。对于其他国家，根据使用条件的不同，可以相应改变道岔号数。

德国的高速道岔除用于有砟轨道外，也广泛用于无砟轨道，技术较为成熟。目前荷兰、意大利、西班牙及台湾高铁等均采用了 BWG 公司的高速道岔产品。

法国的高速道岔主要由 COGIFER 公司生产，其道岔直向容许通过速度也为 300 km/h，侧向容许通过速度最大为 230 km/h。其国内道岔号码分为 15.3、42、65 号等。对于其他国家的不同要求，号码也有变化。

法国的高速道岔主要用于有砟轨道，曾创造了约 540 km/h 的过岔记录。近年来也进行了无砟轨道用道岔的研究，取得了较好的效果。目前韩国、比利时、意大利等国的高速铁路采用了 COGIFER 公司的产品。

两国高速道岔的生产一般均依据 EN 标准，并在厂内进行组装。德国的高速道岔采用组装后整体运输的方式。法国的高速道岔采用组装后解体，单件运输的方式，在现场重新组装。

对于道岔的铺设，两国均研制了专门的道岔铺设机械，并对道岔的铺设均给予了高度重视。尤其德国采用了铰接式混凝土岔枕，为道岔的整体运输创造了条件。

三、国内高速道岔的研发和引进

我国从“八五”期间就开始进行高速道岔的研究，并完成了设计图。但由于多方面的原因，没有进行试制。此后，陆续进行了一些高速道岔的研究，如秦沈客运专线的 60-18 和 60-38 号道岔，代表了当时国内道岔研究的最高水平。

但这些道岔都是在提速道岔的基础上研制的，而且上道使用后，列车的运营速度长期没有达到设计速度，因此难以反应列车高速运行时的实际状况，国内仍然缺少高速道岔的使用经验。也没有形成系列化的成熟的高速道岔产品。

2004 年国内开始进行大规模的客运专线建设，面临着客运专线用道岔选型的问题。此后与国外进行了多次的技术交流与谈判，探讨合资建厂与技术引进的可行性。

为满足国内客运专线建设的需要，2005 年 6 月国内相关单位开展了高速道岔的国产化研发，2005 年 8 月至今，课题组先后完成了时速 250 km、350 km 客运专线 60-18、42 号、62 号道岔的设计、试制、试验及推广应用。

时速 250 km 的 18 号道岔已于 2006 年 12 月，通过审查。2006 年 12 月至 2007 年 1 月，在第 6 次提速的郑武、沪宁线时速 250 km 提速区段，铺设了 57 组 60-18 号有砟道岔。该道岔在第一批十一条客运专线正线道岔的招标中，共中标 450 多组，在石太、惠台温、温福、福厦、广珠等客运专线，均采用自主研发的高速道岔。

从 2007 年 3 月开始，课题组进行了时速 350 km 客运专线 60-18 号道岔和 60-42 号道岔的研究，并通过审查，60-18 号道岔已完成试制和验收，在武广客运专线试验段乌龙泉车站上道 4 组，2009 年 1 月通过了时速 350 km 动车组的试验，道岔的平稳性、舒适性良好。60-42 号道岔已完成试制试铺，并在达成线上道铺设；2011 年 2 月 24 日，首组时速 350 公里 60 kg/m 钢轨 62 号高速道岔在山桥试制成功，6 月 21 日在哈大高铁长春西站浇筑完成。

2006 年 3 月，针对十一条客运专线的正线用道岔进行招标，中铁山桥与德国 BWG 公司合资成立了新铁德奥道岔厂，为京津、武广等客运专线提供道岔。法国科吉富公司对中铁宝桥进行了技术转让，为合宁、武合、郑西等客运专线提供了道岔。

因此，目前国内有三个系列的高速道岔，分别为德国技术、法国技术和国内自主研发的高速道岔。在短期内，出现了三种道岔并存的局面。但从长期来看，由于三种道岔互不兼容，为方便站场设计和养护维修，有必要对道岔进行统一。

第二节　高速铁路道岔平面线形和主要尺寸

一、道岔平面线形的选择

对于侧向通过速度较高的大号码道岔，当用于渡线时，由于两反向曲线间夹直线较短，为避免列车通过圆直点和直圆点时产生的冲击振动叠加，一般采用圆曲线与缓和曲线的组合平面线形，其中缓和曲线一般采用三次抛物线(或放射螺旋线)，其优点是列车通过时未被平衡的离心加速度增量是常量。

国内自主研发的客运专线42号大号码道岔，采用圆曲线+缓和曲线的平面线形，其主要原因是国内大号码道岔主要用于转线，与国外主要用于渡线有较大的不同，数量较少，但侧向使用较为频繁，采用该平面线形可以简化尖轨的制造，延长尖轨的使用寿命。

国内自主研发的18号道岔采用相离半切线的平面线形，导曲线半径1 100 m，尖轨相离值为12 mm，从尖轨断面宽26.8 mm处向前作半切线。

宝科的18号道岔，尖轨平面线形与自主研发道岔相同，

CNTT的18号道岔，尖轨采用切线形。

二、道岔主要尺寸

国内自主研发的18号道岔尖轨长度为21.45 m，转辙器部分长度为23.392 m，辙叉部分长度为20.992 m，导曲线部分长度为24 m。道岔配轨长度均不超过25 m。

道岔主要尺寸见表5.1。国内自主研发的时速250 km高速道岔和时速350 km高速道岔相比，道岔的主要尺寸相同，但可动心轨辙叉的咽喉位置不同，因而心轨长度等可动心轨辙叉的内部尺寸有所不同。

国内自主研发的42号道岔采用圆曲线+三次抛物线的平面线形，圆曲经半径5 000 m，尖轨为半切线形尖轨，尖轨半切断面轨头宽为3.7 mm，圆曲线与缓和曲线的切点在曲尖轨支距636.1 mm，缓和曲线的顶点位于道岔跟端，用于4.6 m线间距的渡线时，两道岔可以直接对接。尖轨长度为44.24 m，配轨长度按不超过50 m考虑。

国内自主研发的62号道岔采用圆曲线+缓和曲线的平面线形，圆曲经半径8 200 m，尖轨为半切线形尖轨。尖轨长度为54.440 m，基本轨长56.392 m，辙叉长38.992 m，全长201 m，岔枕434根。

表 5.1 道岔主要尺寸

序号	道岔名称	道岔号数	道岔总长（m）	前长（m）	后长（m）	辙叉角度	岔区道岔结构高度(mm)	
							有砟	无砟
1	自主研发	18	69.0	31.729	37.271	3°10′47.39″	448	415
2	自主研发	42	157.2	60.573	96.627	1°21′50.13″		415
2A	自主研发	62	201	70.7837	130.2163	55′26.56″		
3	技术引进(法国)	18	69.0	31.729	37.271	3°10′47.39″	431	408
4	技术引进(法国)	41	140.599	56.319	84.280	1°23′50″	431	408
5	技术引进(法国)	58	214.588	91.998	122.590	0°59′15.93″	431	408
6	BWG	18	69.0	31.729	37.271	3°10′47.39″	443	423
7	BWG	39.113	141.114	62.862	82.421	1°34′42.74″		423
8	BWG	50	180.000	90.481	89.519	1°08′44.67″		423

第三节 高速铁路道岔构造

自主研发高铁道岔主要有以下几种型号，60 kg/m 18 号有砟道岔、无砟道岔，60 kg/m 42 号有砟道岔、无砟道岔，60 kg/m 62 号无砟道岔。

一、主要技术参数

高速铁路道岔平面线形尺寸见表 5.2。

表 5.2 平面线形尺寸

道岔号数	全长(m)	前长(m)	后长(m)	辙叉角	线型
18	69.000	31.729	37.271	3°10′47.39″	1 100 m 圆曲线
42	157.200	60.573	96.627	1°21′50.13″	5 000 m 圆曲线＋缓和曲线
62	201.000	70.784	130.216	0°55′26.56″	圆曲线(8 200 m)＋缓和曲线(∞)

二、特殊零部件

(一)滑床板(图 5.1)

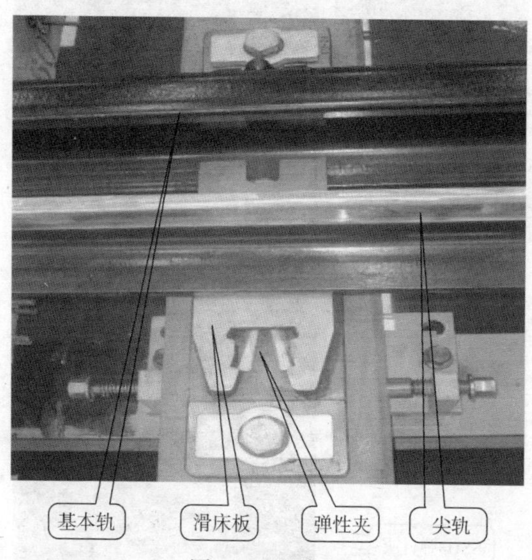

图 5.1　滑床板

(二)辊轮与辊轮滑床板(图 5.2)

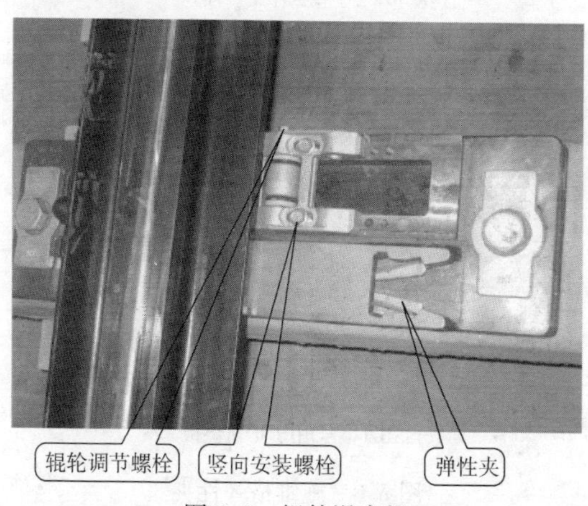

图 5.2　辊轮滑床板

（三）施维格弹性夹（图 5.3）

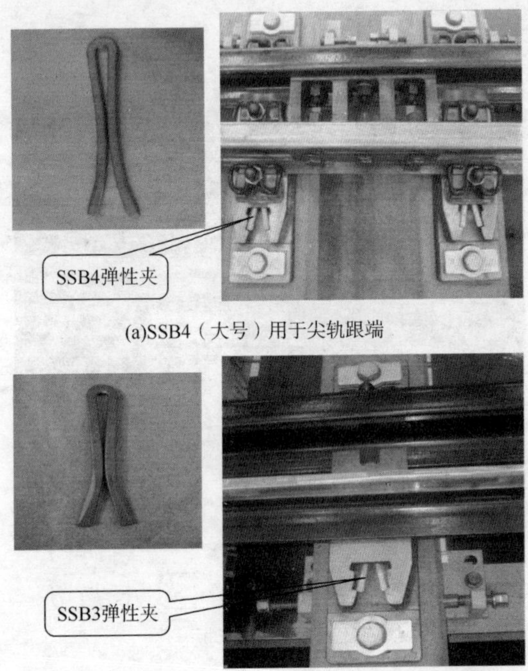

(a)SSB4（大号）用于尖轨跟端

(b)SSB3（中号）用于滑床板

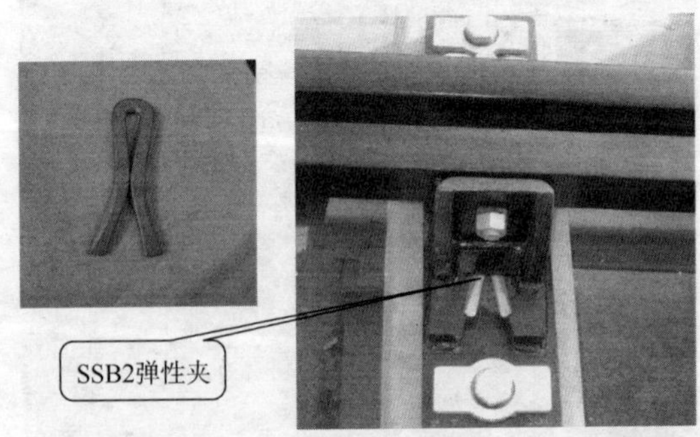

(c)SSB2(小号)用于护轨垫板

图 5.3　施维格弹性夹

三、主要结构特征

(一)钢 轨 件

1. 转辙器部分

a. 基本轨(图 5.4)

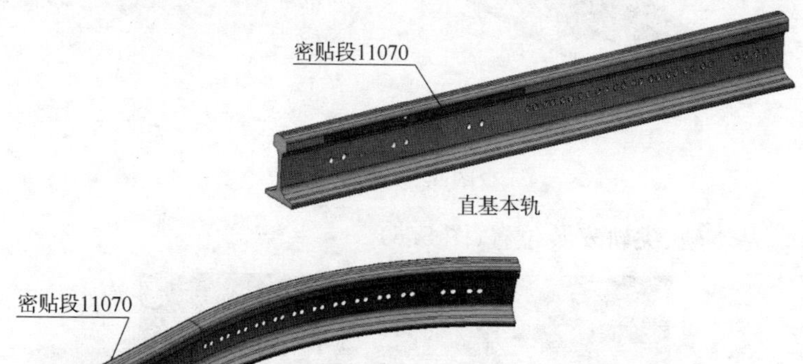

图 5.4　基本轨

b. 尖轨(图 5.5)

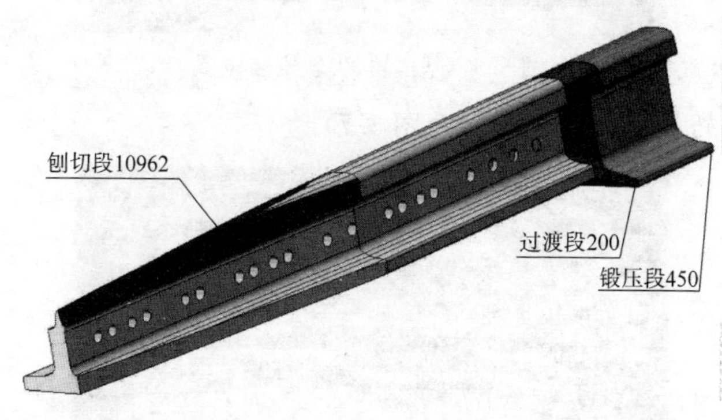

(a)直线尖轨

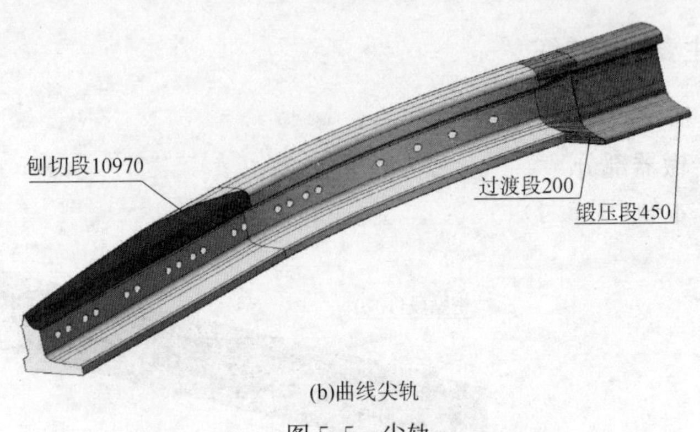

(b)曲线尖轨

图 5.5　尖轨

c. 基本轨、尖轨安装位置(图 5.6)

图 5.6　基本轨、尖轨安装位置

d. 尖轨与转换设备的连接(图 5.7)

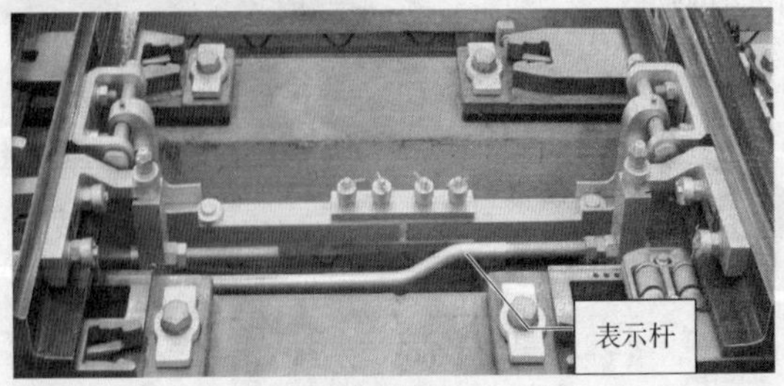

图 5.7　尖轨与转换设备连接

2. 可动心轨辙叉部分

a. 翼轨(图 5.8)

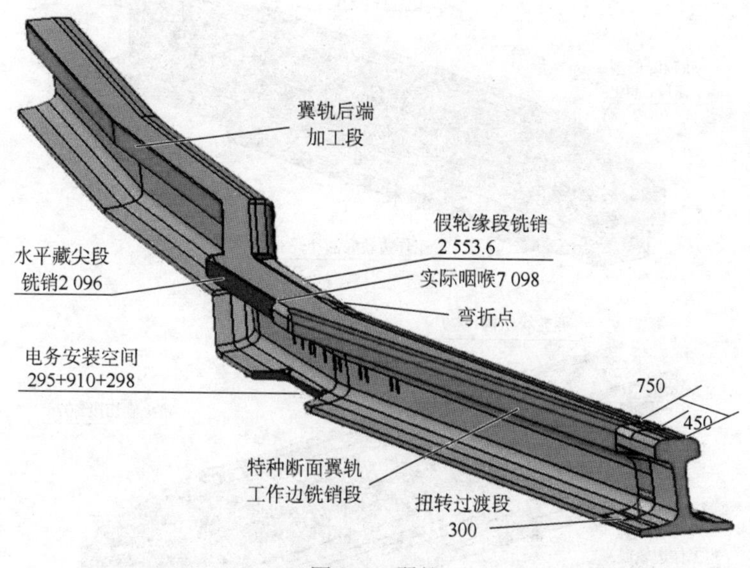

图 5.8　翼轨

b. 长心轨(图 5.9)

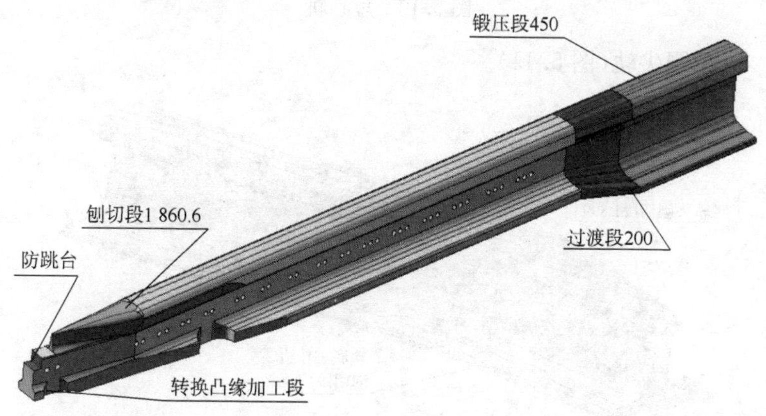

图 5.9　长心轨

c. 短心轨(图 5.10)

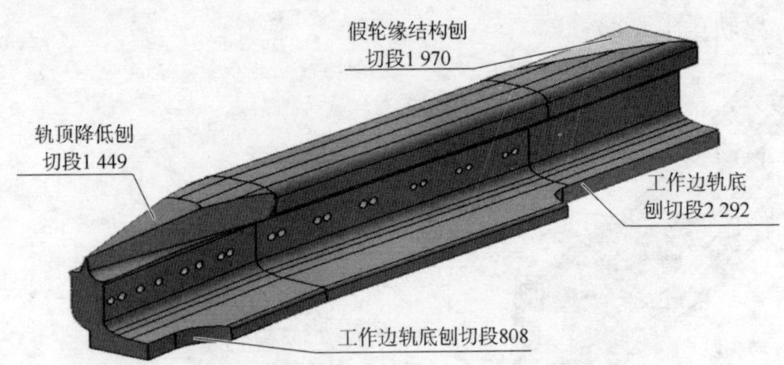

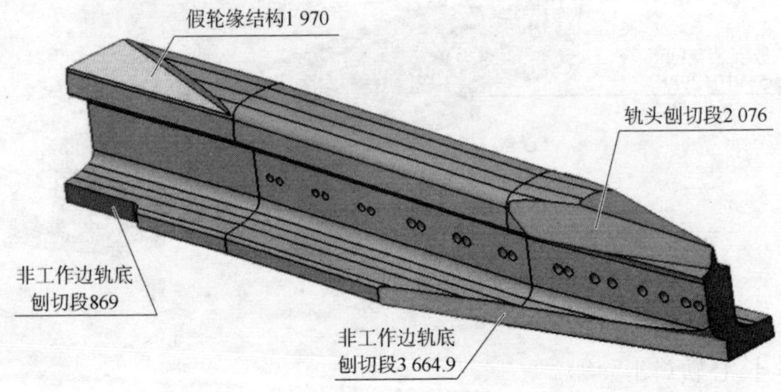

图 5.10 短心轨

d. 叉跟尖轨(图 5.11)

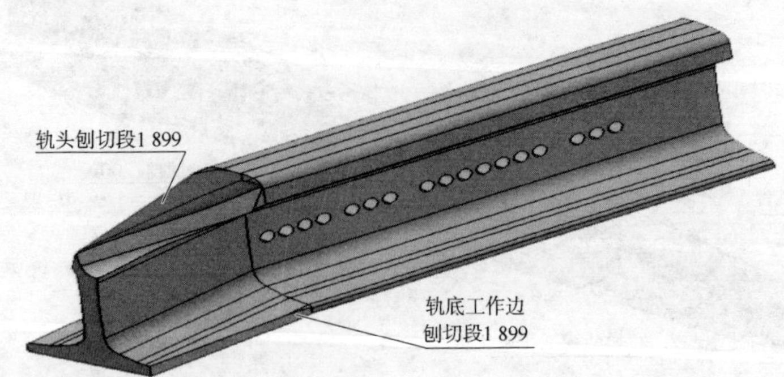

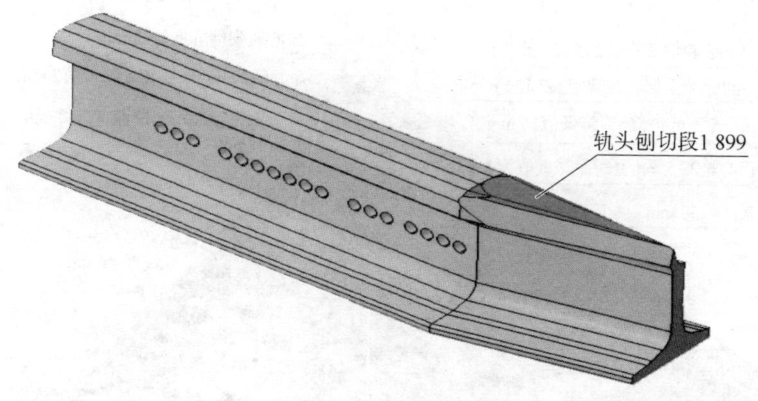

图 5.11　叉跟尖轨

e. 护轨(图 5.12)

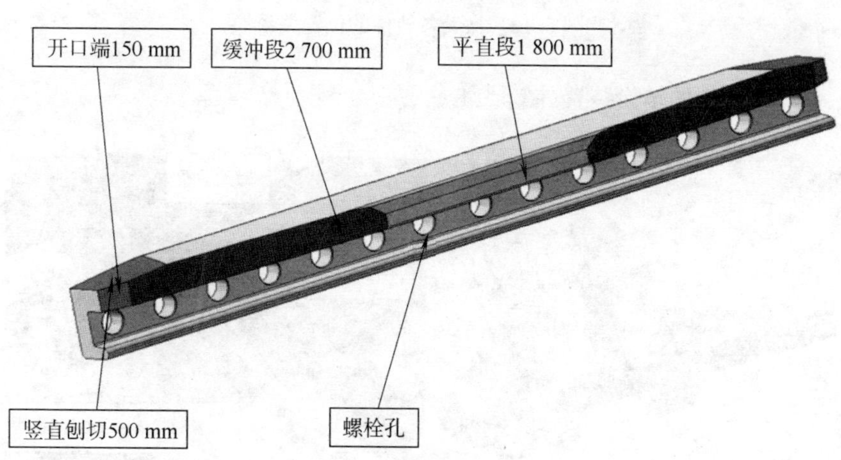

图 5.12　护轨

f. 辙叉各轨件的位置关系(图 5.13)

图 5.13 辙叉各轨件的位置关系

g. 辙叉的转换装置(图 5.14)

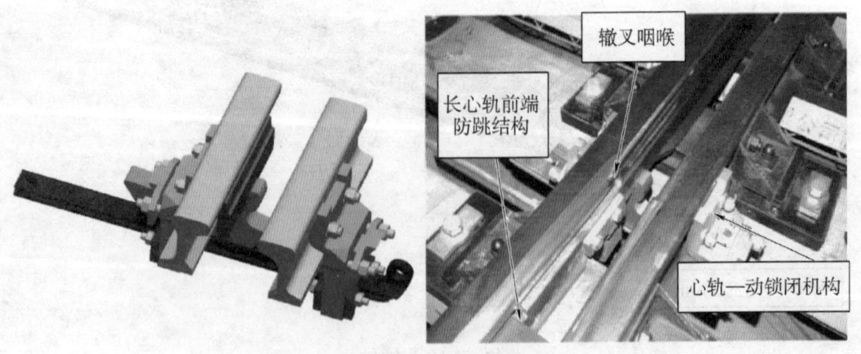

图 5.14 辙叉的转换装置

h. 辙叉各零部件的组装关系(图 5.15)

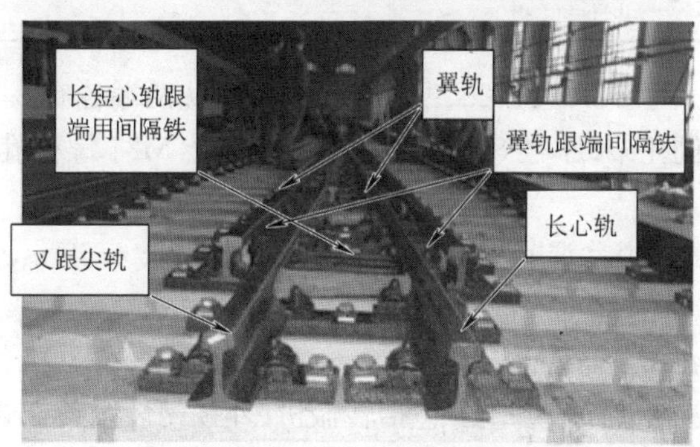

图 5.15　辙叉各零部件的组装关系

(二)岔　　枕

1. 无砟 18 号岔枕

(1)无砟岔枕其特征为底部有钢筋桁架,转辙机安装岔枕分左、右开。

(2)岔枕最短 2.34 m、最长 4.63 m,共计 23 种见表 5.3。

表 5.3　18 号无砟道岔岔枕长度及数量表

序号	岔枕长度(m)	数量(根)	序号	岔枕长度(m)	数量(根)
1	2.34	n	13	3.95	4
2	2.5	15	14	4.1	4
3	2.6	11	15	4.25	7
4	2.7	9	16	4.4	4
5	2.8	7	17	4.55	5
6	2.9	7	18	4.63	3
7	3.05	8	19	2.88	2
8	3.2	7	20	2.91	2
9	3.35	6	21	2.95	2
10	3.5	6	22	4.2	2
11	3.65	6	23	4.38	2
12	3.8	3			
线间距=4.6 m,n=11,共计 133 根					
线间距=5.0 m,n=17,共计 139 根					
线间距>5.0 m,n=22,共计 144 根					

(3)序号 4、5、12、13、21、22、92、93、98、99 岔枕两端各有 3 个 M24 螺栓孔安装转辙机托架;序号 8、16 岔枕中部有 4 个 M24 螺栓孔安装密贴检查器。

2. 无砟 42 号道岔混凝土岔枕最短 2.34 m、最长 4.65 m,共计 27 种(表 5.4)。

(三)转换锁闭设备

客运专线道岔转换设备主要包括转辙机、外锁闭装置、密贴检查器、安装装置等,时速 350 公里 42 号道岔转换设备主要参数见表 5.5～表 5.6。

表 5.4　42 号无砟道岔岔枕长度及数量表

序号	岔枕长度(mm)	数量(根)	岔枕编号	序号	岔枕长度(mm)	数量(根)	岔枕编号
1	2 340	21	263-269,282-295	15	3 600	8	171-178
2	2 400	12	270-281	16	3 700	8	179-186
3	2 500	29	1-3,6-13,16-23,26-33,36-37	17	3 800	6	187-191,194
4	2 600	23	38-43,46-55,58-64	18	3 900	5	195-199
5	2 700	18	65-82	19	4 050	9	202-209,212
6	2 800	15	83-97	20	4 200	11	213-223
7	2 900	19	4,5,14,15,24,25,98-110	21	4 210	2	192,193
8	2 950	4	34、35、44、45	22	4 320	2	200,201
9	3 000	14	56,57,111-122	23	4 350	11	224-234
10	3 100	11	123-133	24	4 450	2	210,211
11	3 200	10	134-143	25	4 500	11	235-245
12	3 300	9	144-152	26	4 550	10	246-255
13	3 400	9	153-161	27	4 650	7	256-262
14	3 500	9	162-170				
用于 4.6 m 线间距渡线时使用编号为 1-281 的岔枕； 用于 5 m 线间距渡线或正线和到发线连接时使用编号为 1-295 的岔枕。							

表 5.5　时速 350 km 18 号道岔转换设备主要参数

350-18	尖轨牵引点数	3
	尖轨密检器数	2
	心轨牵引点数	2
位置	尖轨开口(mm)	转辙机动程(mm)
尖轨一动	160	220
尖轨二动	118	220(170)*
尖轨三动	71	150(150)*
心轨二动	59	150(150)*

*注：如果使用电液转辙机主辅机方式，则尖轨二动、尖轨三动、心轨二动采用转换锁闭器，动程为 170 mm、150 mm、150 mm。

表 5.6 时速 350 km 42 号道岔转换设备主要参数

350-42	尖轨牵引点数	6
	尖轨密检器数	4
	心轨牵引点数	3
位置	尖轨开口(mm)	转辙机动程(mm)
尖轨一动	160	220
尖轨二动	136	190
尖轨三动	111	165
尖轨四动	87	140
尖轨五动	62	120
尖轨六动	33	120
心轨一动	113	220
心轨二动	79	220
心轨三动	36	150

(四)扣件系统

1. 道岔扣件采用分开式弹条Ⅱ型扣件(图 5.16),铁垫板上设铁座,与提速道岔基本相同。

2. 铁垫板的厚度为 27 mm(钢轨中心处)。

3. 钢轨轨下设 5 mm 厚橡胶垫板,铁垫板下设 20 mm 厚橡胶垫板。

4. 橡胶垫板下可以采用用调高垫板进行调高,最大调高量 30 mm。

5. 铁座与钢轨轨底间设轨距块,工作边采用 10 号轨距块,非工作边采用 11 号轨距块。

6. 铁垫板与岔枕间用岔枕螺栓连接,岔枕内预埋塑料套管,铁垫板与岔枕螺栓间设复合定位套和缓冲调距块。

7. 轨距调整采用轨距块和缓冲调距块联合进行,即可单独调距,也可联合调整。

8. 弹性铁垫板(普通垫板)为整体硫化结构,此结构是将板下弹性垫板及复合定位套与铁垫板硫化为一整体。

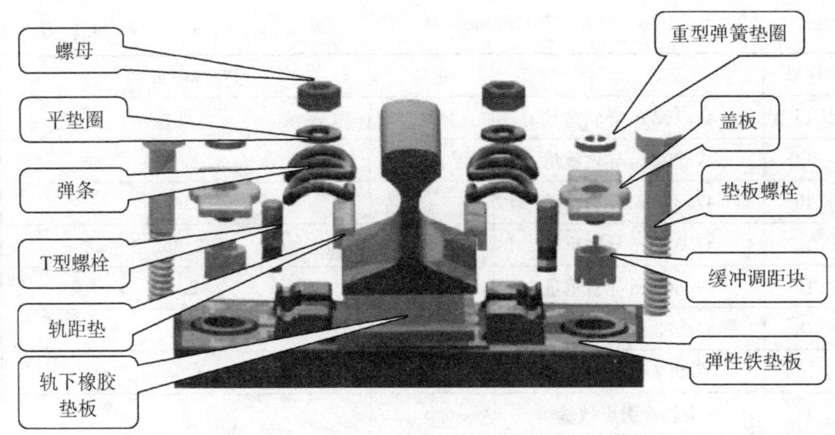

图 5.16　弹条Ⅱ型扣件系统

四、60 kg/m-62 号道岔

60 kg/m-62 号道岔是目前世界最大号码的无砟道岔。

(一)道岔结构形式及技术参数(表 5.7)

表 5.7　60 kg/m-62 号道岔结构形式及技术参数

序号	项　目	单位	P60 kg/m-62
1	全长	m	201
2	岔前	m	70.7837
3	岔后	m	130.2163
4	岔后无轨地带	m	37.2
5	道岔角度	度 分 秒	55°26′56″
6	线型特征	(mm)	圆曲线(8200717.5)+缓和曲线(∞)
7	道岔的尖轨长度	m	54.440
8	道岔的基本轨长度	m	56.392
9	可动心轨辙叉长度	m	38.992
10	最长配轨长度	m	49.192
11	基-尖轨重量	t	12
12	可动心轨辙叉重量	t	16

续上表

序号	项　目	单位	P60 kg/m-62
13	49.192 m导轨重量	t	3
14	47.992 m导轨重量	t	2.9
15	47.392 m导轨重量	t	2.85
16	47.376 m导轨重量	t	2.85
17	39.600 m导轨重量	t	2.4
18	39.593 m导轨重量	t	2.4
19	17.992 m导轨重量	t	1.08
20	尖轨牵引点数量	个	8
21	心轨牵引点数量	个	4
22	轨枕数量	根	434
23	最长岔枕长度	m	4.7
24	直向通过速度	km/h	350
25	侧向通过速度	km/h	220

(二)主要技术标准

1. 结构组成

路基地段道岔区轨枕埋入式轨道结构组成为:钢轨、扣件系统、岔枕、钢筋混凝土道床板和钢筋混凝土底座,设计轨道结构高度为860 mm。

2. 道床板

道床板采用强度为C40纤维素钢筋混凝土结构,道床板内上、中、下层非接地纵向钢筋与横向钢筋、岔枕桁架钢筋交点处及纵向钢筋搭接处均绝缘;岔枕地段直向中心线部位道床厚度为330 mm,岔区道床板轨道结构高度为590 mm。道床分单元设置,单开道岔各单元道床板从道床内侧线向线路外侧设置0.5%的横向排水坡,其中客专正线从道床内边缘直股端向道床外边缘侧股端横向排水,联络线从道床内边缘侧股端向道床外边缘直股端横向排水。岔区道床板分单元之间设置横向伸缩缝,伸缩缝宽20 mm,下部用聚乙烯泡沫板填充,上部35 mm用聚氨酯密封胶封面。

3. 岔后双块式无砟轨道结构设计

轨道结构：岔后及道岔间双块式无砟轨道主要由钢轨、WJ-8 型扣件、双块式轨枕、道床板、底座组成，轨道结构高度为 860 mm。

钢轨：钢轨采用 60 kg/m、U71Mn(G)、100 m 定尺长无螺栓孔新钢轨。

扣配件：采用 WJ-8B 型扣件，配 W1 型弹条及橡胶垫板，扣件质量应符合《WJ-8B 型扣件暂行技术条件》的要求。

轨枕：采用双块式轨枕，轨枕中心间距控制在 600 mm～650 mm 之间，施工时可根据连接段实际长度适当调整，轨枕间距调整原则为：最小轨枕间距≥550 mm，最大轨枕间距≤650 mm，且相邻轨枕间距差不得大于 50 mm。

第四节　导曲线及辙叉支距

一、导 曲 线

国内自主研发的 18 号道岔采用相离半切线的平面线型，导曲线半径 1 100 m，尖轨相离值为 12 mm，从尖轨断面宽 26.8 mm 处向前作半切线。

二、辙叉支距

18 号道岔导曲线及辙叉支距测量位置见表 5.8。

表 5.8　18 号道岔导曲线及辙叉支距

点号	距直基本轨跟端距离 x_i(mm)	导曲线支距 y_i (mm)	点号	距直基本轨跟端距离 x_i(mm)	导曲线支距 y_i (mm)
1	0	231.6	6	10 000	477
2	2 000	273.5	7	12 000	536.9
3	4 000	318.9	8	14 000	600.6
4	6 000	367.9	9	16 000	667.8
5	8 000	420.6	10	18 000	738.7

续上表

点号	距直基本轨跟端距离 x_i(mm)	导曲线支距 y_i (mm)	点号	距直基本轨跟端距离 x_i(mm)	导曲线支距 y_i (mm)
11	20 000	813.2	22	36 000	1 540.7
12	22 000	891.4	23	37 000	1 593.9
13	24 000	973.2	24	38 000	1 648
14	26 000	1 058.7	25	39 000	1 703
15	28 000	1 147.8	26	40 000	1 758.6
16	30 000	1 240.5	27	41 000	1 814.1
17	31 000	1 288.3	28	42 000	1 869.7
18	32 000	1 336.9	29	43 000	1 925.3
19	33 000	1 386.5	30	44 000	1 980.8
20	34 000	1 437	31	45 000	2 036.4
21	35 000	1 488.4	32	45 593	2 068.5

第五节　道岔转换设备

一、尖　　轨

1. 国内自主研发技术的尖轨、心轨用 60D40 钢轨制造(70 kg/m)，不采用中国 60AT 钢轨。其优点是高度较小，便于滑床板的结构设计，横向刚度较小，有利于减小扳动力。

2. 尖轨防跳

密贴尖轨与基本轨轨头下颚配合防跳；在轨头切削断面以后采用防跳顶铁，非贴合状态设置适合于辊轮滑床垫板的防跳限位装置。

3. 道岔尖轨尖端均采用藏尖结构如图 5.17 所示。藏尖深度均为 3 mm。

4. 尖轨、心轨降低值优化

针对客运专线特点，将轮载转换位置提前，改善轮轨关系，提高列车通过的平顺性，见表 5.9。

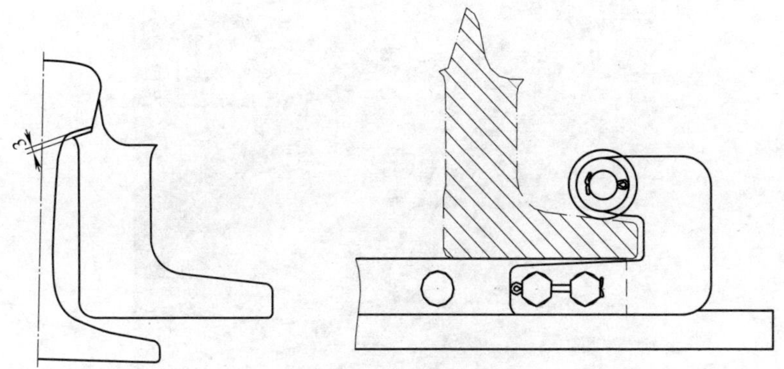

图 5.17　转辙器尖轨防跳结构

表 5.9　时速 350 km 60 kg/m 钢轨 18 号可动心轨单开道岔心轨、尖轨降低值

曲线尖轨(mm)		直线尖轨(mm)		心轨(mm)	
断面宽	降低值	断面宽	降低值	断面宽	降低值
0	23	0	23	实际尖端	16
5	14	3	14	22.5	4
20	3	15	3	50	0
50	0	40	0		

二、心　　轨

国内自主研发及法国技术的心轨均采用 60D40 钢轨组合的结构，如图 5.18 所示，具有制造简单、实现容易的特点，缺点是工电结合部的设计较为困难，整体性较差。但国内有多年的使用经验，技术相对成熟。

对于国内自主研发和法国技术的时速 350 km 道岔，心轨前端采用水平藏尖结构，如图 5.19 所示。为此心轨与时速 250 km 的高速道岔有所不同。心轨采用水平藏尖结构，道岔铺设时需保证心轨尖端至翼轨前端的距离。

自主研发的 18 号道岔尖轨跟端采用斜接，与岔跟尖轨拼接。42 号道岔采用双肢弹性可弯结构，国内自主研发道岔的心轨采用顶铁扣压尖轨或心轨轨底和将心轨前端伸到间隔铁。

图 5.18　心轨结构

图 5.19　心轨水平藏尖结构

第六节　高速道岔维护

一、道岔伤损标准及要求

（一）尖轨、心轨、叉跟尖轨出现以下不良状态或伤损，应进行修理或更换

1. 尖轨尖端与基本轨或可动心轨尖端与翼轨间隙大于 1 mm，短心轨与叉跟尖轨尖端间隙大于 1.5 mm。

2. 尖轨、可动心轨侧弯，造成轨距不符合要求，或尖轨与基本轨、可动心轨与翼轨间隙超过 2 mm。

3. 尖轨、可动心轨拱腰，造成与滑床台间隙超过 2 mm。

4. 尖轨相对于基本轨降低值、心轨相对于翼轨降低值偏差超过 1 mm，且对行车平稳性有影响。

5. 尖轨与心轨因扭转或磨耗等原因造成光带异常，且对行车平稳性有影响。

6. 其他伤损达到钢轨轻伤标准。

（二）基本轨、翼轨、导轨和护轨出现以下不良状态或伤损，应进行修理或更换

1. 弯折点位置或弯折尺寸不符合要求。

2. 高锰钢摇蓝出现裂纹。

3. 其他伤损达到钢轨轻伤标准。

（三）道岔扣件系统及其零部件

道岔扣件系统安装与调整应符合铺设图要求，各零部件应保持齐全，作用良好。应使用铁路专用防腐油脂定期对螺栓涂油，螺栓保持润滑状态。

扣件有以下伤损情况，应及时更换：

1. 岔枕螺栓、T 型螺栓折断或严重锈蚀。

2. 调高垫板损坏。

3. 弹性铁垫板或弹性基板的橡胶与铁件严重开裂。

4. 弹条、弹性夹、拉簧、弹片等损坏或不能保持应有的扣压力。弹性夹离缝、弹片与滑床板挡肩离缝、挡板前后离缝大于 2 mm。

5. 轨距块、挡板、缓冲调距块、偏心锥等严重磨损。

6. 套管失去固定螺栓的能力。

7. 垫板、滑床板、护轨垫板的焊缝开裂。

8. 滑床板损坏、变形或滑床台磨耗大于 3 mm。

9. 弹性垫板静刚度值超过设计上限的 25%。

10. 不得对转辙器滑床台涂油，辙叉滑床台可涂固体润滑剂。各部位螺栓涂油时不得污染橡胶垫板、弹性铁垫板和弹性基板。

（四）辊轮系统及其部件

1. 辊轮安装与调整应符合铺设图要求，各零部件应保持齐全，作用良好。

辊轮的调试应在尖轨密贴状态进行，此时要求尖轨轨底与滑床台面接触。辊轮系统调试方法如下：

(1)拆开防护罩的弯角，撤下防护罩。

(2)松动辊轮支架上的定位螺钉，可使辊轮系统沿滑床垫板方向移动，调整辊轮位置。

(3)通过扳手转动辊轮轴，可调节辊轮最高点与滑床台板上面的高度差。一般情况下，靠近尖轨轨底的辊轮(里侧辊轮)应高出滑床台板表面 2～3 mm，外侧辊轮高出 3～4 mm。里侧辊轮与尖轨轨底应留 1 mm 的间隔，用 1 mm 厚的塞尺定位。

(4)预紧支架螺栓后，要重新测定辊轮高度和内侧辊轮与轨底间隔，确认后以 70 N·m 的扭矩紧定支架螺栓。

单辊轮系统的调整方式与双辊轮系统类似，与尖轨轨底的间隔同样为 1 mm～2 mm，单辊轮高度应高出滑床台面 3～4 mm。

当轨底与滑床台面存有间隙时，应考虑此间隙对辊轮与尖轨轨底间隔的影响，总的原则是使尖轨受力达到与台板接触时，辊轮不与尖轨接触。

进行转辙器部位的轨距、密贴、高低、方向等各项调整，均需对辊轮系统的各项指标进行核实或调整。

综合状态：尖轨斥离状态下，两辊轮间尖轨与滑床垫板滑动表面的间隙 1.5～2.5 mm，特殊情况下应保证尖轨轨底与台板不接触。

2. 闭合状态下，辊轮与尖轨轨底边缘间的空隙应为 1～2 mm；辊轮顶面应高于滑床台上表面 1～3 mm。

3. 辊轮槽排水孔应保持畅通。

4. 辊轮上、下部分连接螺栓松动、折断、缺失或辊轮转动不灵活、破损时应立即修理或更换。

(五)弹性夹安装

施维格弹性夹安装时应使轨底与轨下橡胶垫板接触，弹性夹的安装及拆卸方法如下：

(1)用手将弹性夹成一定角度，从滑床台板开口上方放入；

(2)按下弹性夹跟端并沿箭头方向推入，确保弹夹跟端位于台板止退凸台前面；

(3)将安装工具的一边插入一边的安装口；

(4)用安装工具的水平面拉起弹性夹的一个跟端，并沿图示方向扳动安装工具，弹性夹的跟端就会被置于安装台上；

(5)将安装工具放在相对的另一边开口处，抬起处于预备位置状态的弹性夹跟端，将安装工具下压，就会使弹性夹外移至凸台根部；

(6)用安装工具的头部放在弹性夹中间，将弹性夹向里推，确保弹性夹处于正确的位置；

(7)弹性夹的拆卸。

将弹性夹的拆卸边，插入滑床台板的安装口，沿图示方向扳动安装工具，即可将弹性夹撬开，另一侧重复同样动作，可使弹性夹处于防松状态。此时即可取出弹性夹。

(六)其他零部件

1. 其他零部件安装应符合铺设图要求，缺少时应及时补充。

2. 应使用铁路专用防腐油脂定期对螺栓涂油，螺栓保持润滑状态。

3. 间隔铁、限位器的联结螺栓、护轨螺栓、长短心轨联结螺栓、接头铁螺栓必须齐全，作用良好，折断时必须立即更换。同一部位同时有两条螺栓或接头铁螺栓有一条缺少或折损时，道岔应停止使用。

4. 顶铁、心轨防跳铁、尖轨防跳限位装置等各部件的联接和固定螺栓变形、损坏或作用不良时应进行修理或更换。

5. 尖轨防跳限位装置、心轨防跳顶铁和心轨防跳卡铁损坏或作用不良时应进行修理或更换。

二、道岔检查工具及方法

(一)道岔检查工具(表5.10)

表5.10 道岔检查工具

序号	名　称	检查项目
1	轨道测量仪	轨距、方向、水平、高低
2	轨距尺(道尺)	轨距、水平、查照间隔
3	支距尺	支距
4	方　尺	道岔基本轨始端、尖轨尖端对齐、岔枕垂直度
5	卷　尺	道岔部件长度、岔枕位置、间距等
6	塞　尺	钢轨间、轨底与台板间、顶铁与钢轨间缝隙
7	游标卡尺、卡钳	间距、间隔等尺寸，部件尺寸
8	1 m平尺	轨顶、工作边直线度
9	2 m平尺	轨顶、工作边直线度，心轨尖端抗线，尖轨相对于基本轨降低值、心轨相对于翼轨降低值(配合塞尺或深度尺)
10	弦绳(绷线器)	钢轨工作边方向、轨顶高低、钢轨直线度
11	弹簧称、磁力拉环	道岔长度、钢轨长度
12	扭矩板手	螺栓扭矩
13	钢轨轮廓(磨耗)测量仪	钢轨顶面轮廓，轨顶坡、尖轨相对于基本轨降低值、心轨相对于翼轨降低值
14	尖轨降低值测量仪	尖轨相对于基本轨降低值、心轨相对于翼轨降低值
15	钢轨温度计	钢轨轨温

(二)道岔检查方法(表 5.11)

表 5.11　道岔检查方法

序号	检测项目	检测工具	检测方法	示意图
1	道岔及调节器全长、轨件长度	钢卷尺、弹簧秤、磁力拉环	磁力拉环固定钢尺末端,弹簧秤拉紧端头,测量全长	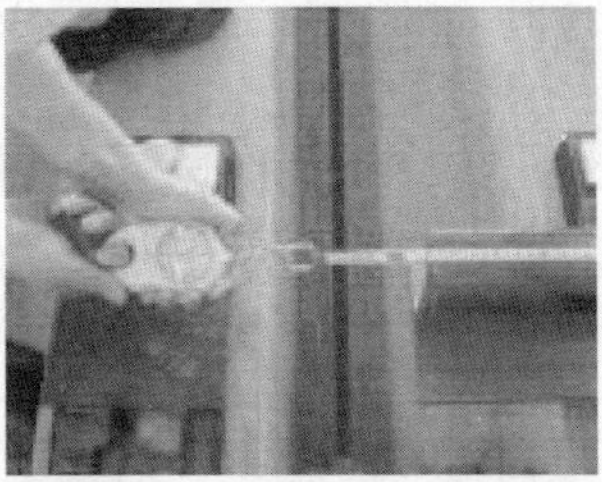
2	水平	轨距尺、轨道测量仪	观察轨距尺气泡位置,测量水平高差	
3	高低	弦线、钢板尺、轨道测量仪	在轨顶面使用 10 m 弦线测量弦线至轨顶矢度值。轨道测量仪测量高低	
4	方向	弦线、钢板尺、轨道测量仪	在轨头侧面(正线非工作边)使用 10 m 弦线测量弦线至轨头工作边矢度值。轨道测量仪测量方向	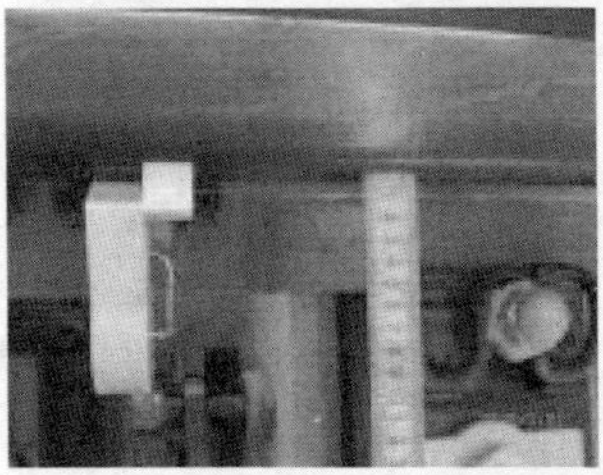

续上表

序号	检测项目	检测工具	检测方法	示意图
5	方正差	方尺、支距尺、钢板尺	道岔始端任意处，方尺或支距尺垂直于直股工作边，用钢板尺测量两基本轨始端至方尺或支距尺边距离，计算差值	
6	轨距	轨距尺、轨道测量仪	轨距尺水平放置于测量点位置处，使轨距尺垂直于轨距中心线，测量两钢轨之间最小距离	
7	尖轨与基本轨间隙	塞 尺	使用塞尺中合适厚度的尺片确定间隙大小	
8	直尖轨工作边直线度	弦线、钢板尺	在轨头侧面(尖轨工作边)使用10 m弦线测量弦线至工作边矢度值	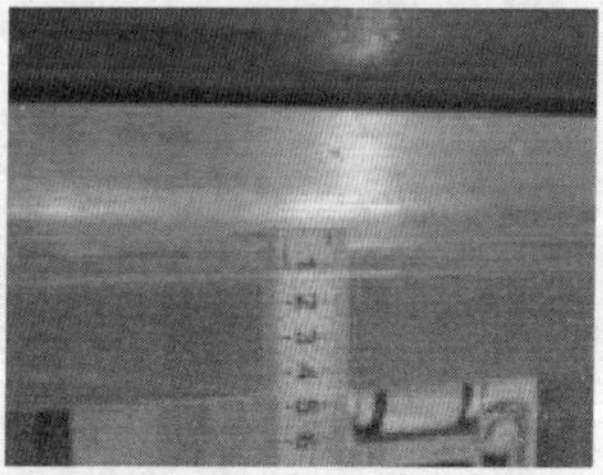

续上表

序号	检测项目	检测工具	检测方法	示意图
9	尖轨与基本轨间顶铁间隙	塞尺	使用塞尺中合适厚度的尺片逐一反复滑塞，测量间隙大小	
10	尖轨轨底与滑床台间隙	塞尺	使用塞尺中合适厚度的尺片逐一反复滑塞，测量间隙大小	
11	尖轨相对基本轨降低值	尖轨降低值测量仪	参见说明书	
12	转辙器部分最小轮缘槽	卡钳、钢板尺、	用卡钳在基本轨、尖轨之间滑动（16 mm 工作边处）确认最窄处并测量出数据	

续上表

序号	检测项目	检测工具	检测方法	示意图
13	尖轨限位器两侧间隙偏差	宽度尺、游标卡尺	测量限位器两边间隙，测量偏差	
14	道岔导曲线支距	支距尺	使用支距尺测量各个支距点数据	
15	岔枕位置及间距偏差	卷尺、盘尺	使用盘尺、卷尺测量岔枕位置及间距	
16	尖轨轨底和辊轮及滑床台间隙	辊轮专用安装、调整、检测工具	使用专用工具进行安装，调整和检测	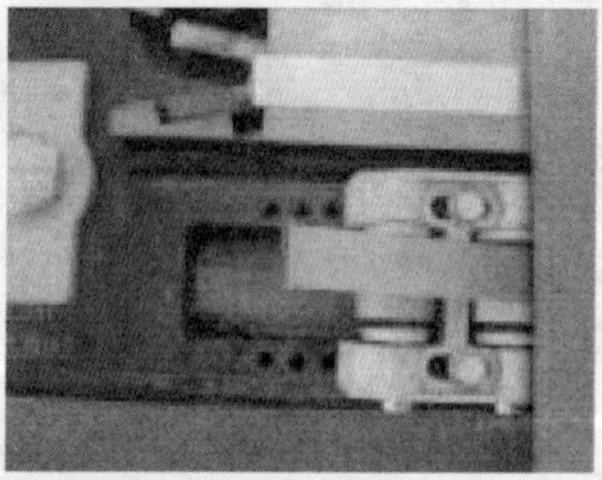

续上表

序号	检测项目	检测工具	检测方法	示意图
17	各种螺母紧固扭矩	扭矩扳手	使用测力扭矩扳手检测相应螺栓紧固扭矩	
18	顶面轮廓（含轨顶坡、尖轨相对于基本轨降低值、心轨相对于翼轨降低值）	钢轨轮廓（磨耗）测量仪	使用钢轨轮廓（磨耗）测量仪测试钢轨顶面轮廓、轨顶坡和尖轨相对于基本轨降低值、心轨相对于翼轨降低值	
19	可动心轨辙叉咽喉宽	同序号 12		
20	心轨和翼轨密贴	同序号 7		
21	叉跟尖轨与短心轨间隙	同序号 7		
22	心轨各控制断面相对翼轨降低值	同序号 11		
23	心轨轨底与台板间隙	同序号 10		
24	心轨直股工作边直线度	同序号 8		
25	心轨轨腰与顶铁间隙	同序号 9		

续上表

序号	检测项目	检测工具	检测方法	示意图
26	叉跟尖轨轨腰与顶铁间隙	同序号 9		
27	护轨平直段、缓冲段、开口段轮缘槽宽度	同序号 12		
28	查照间隔	同序号 6		
29	尖轨、心轨各牵引点处开口值	同序号 12		

三、道岔作业要求

1. 道岔及调节器维修作业应符合以下基本要求:

(1)道岔和调节器尖轨或基本轨伤损时,宜同时更换尖轨和基本轨。如待换上的尖轨与原基本轨或原尖轨与待换上的基本轨降低值满足要求,可单独更换尖轨或基本轨,否则应同时更换尖轨和基本轨。

(2)道岔可动心轨辙叉伤损时,应整体更换。

(3)道岔基本轨、尖轨、辙叉及导轨伤损更换后但未焊接时,应限速不超过 160 km/h,并应尽快恢复原结构。

(4)作业时严禁撞击轨下基础,保持轨下基础完好。

(5)作业时按规定扭矩紧固螺栓。

2. 道岔(调节器)区水平、高低应通过更换不同规格调高垫板进行调整,调高垫板的规格和数量应符合铺设图要求。调整作业应作记录。

3. 道岔区轨距、支距应通过更换不同规格调整备件进行调整。轨向通过调换轨距块和缓冲调距块、轨距调整片、偏心锥进行调整。道岔直股方向不良时,可用弦线测量并调整;曲股方向不良时,应在直股方向符合要求的基础上,通过控制支距的方法进行调整。调整作业应作记录。

4. 道岔区间隙、间隔、尖轨相对于基本轨降低值、心轨相对于翼轨降

低值调整作业

(1)通过增减顶铁调整片，调整尖轨、心轨顶铁间隙，并同时考虑轨距、支距状态。通过调整转换设备状态和整修轨件确保尖轨与基本轨密贴，可动心轨在轨头切削范围内应分别与两翼轨密贴。

(2)尖轨或可动心轨轨底与台板间隙超标时，可采取以下作业方法。

①调整滑床板高低位置，使之处于同一平面上。

②调整转辙器滑床板上辊轮，使其状态符合要求。

③整修尖轨或心轨，消除其拱腰。

(3)通过调整扣件，更换调整片使护轨轮缘槽宽度、咽喉宽度、查照间隔满足要求。

(4)尖轨相对于基本轨降低值偏差超过 1 mm 且影响行车平稳性时，可通过更换不同厚度基本轨轨下橡胶垫板或滑床台，调整尖轨相对于基本轨降低值。降低值调整量在 1～2 mm 时，应设置两级过渡；降低值调整量大于 2 mm 时，应更换尖轨与基本轨组件。

四、无砟道岔精调

(一)测量采集数据

1. 全站仪设站

(1)用轨检小车、全站仪(测量机器人)等设备进行精调作业。

(2)将全站仪架于轨道中心，精确整平后进行自由设站观测。全站仪自由设站时，至少后视 8 个 CPⅢ控制点，如果现场条件不满足，后视控制点至少 6 个(图 5.20)。如果删除了两个后视控制点后计算的设站数据仍不能满足要求，那么就要重新进行整个设站过程，重新设站时不要再使用所发现的精度较差的点。全站仪后视时与最近控制点之间的距离大于 15 m。

2. 数据采集

(1)在数据采集开始之前，应对输入的 CPⅢ数据库、线路设计参数、精测系统参数等进行复核。

(2)确定轨检小车的正、负方向(图 5.21)。

(3)数据采集时应尽量保证工作的连续性，轨检小车应由远及近向全站仪的方向进行测量且最小距离不小于 7 m。

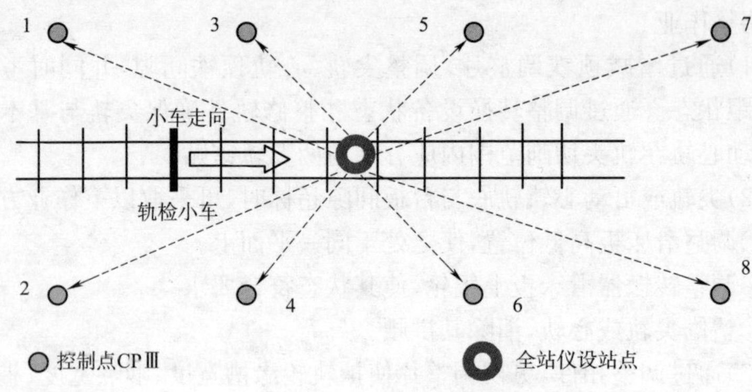

图 5.20　全站仪设站示意

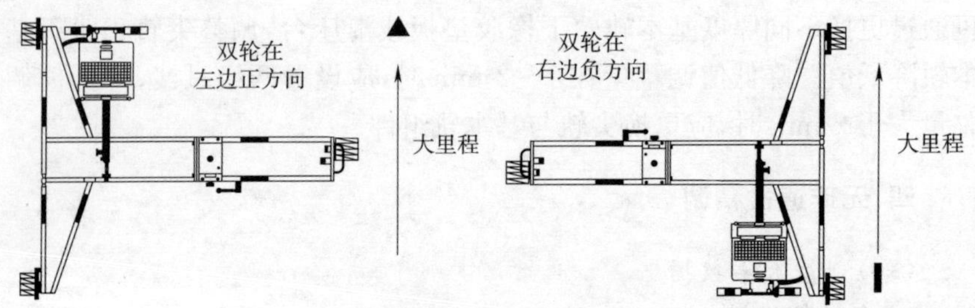

图 5.21　轨检小车正负方向确定示意图

(4)第一站采集完成后,下一测站与上一站最后一个测点距离约 50 m,且两站后视至少有 4 个 CPⅢ点相重叠,采集数据重叠 10 根岔枕以上,下站依此类推如图 5.22 所示。

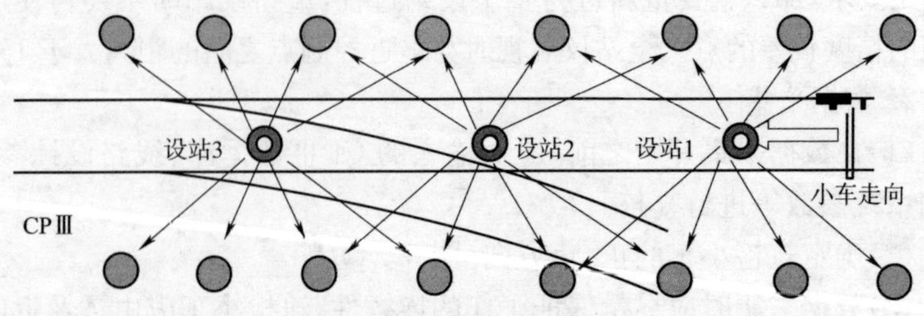

图 5.22　全站仪转站示意图

(5)数据采集时,应随时观察屏幕的显示数据,遇到数据突变时停止采集,查明原因后才能重新采集。

(6)在采集时注意双轮是否离开轨面,特别是尖轨与心轨处防止脱轨。

(7)为保证道岔与线路整体平顺性,一般在道岔区前后顺延150 m进行联合测量。

(8)曲股测量采集方法与直股相同。

(二)数据分析

1. 报表名词诠释

(1)轨枕号:岔枕的编号,由转辙器向辙叉编写。

(2)竖曲线:绝对精度栏里的数值正数表示比设计高程低。负数表示比设计高程高。竖曲线的平顺性反应在相对精度竖曲线不平顺值信息调整量一栏。

(3)相对精度一栏竖曲线不平顺值信息:在调整量栏里有数据大于等于2 mm时,表示水平轨在某一点与对应在5 m或30 m处检核时的水平超标。

(4)平曲线:正负符号表示从线路小里程向大里程的方向看,"—"偏右,"+"偏左,平曲线的平顺性反应在相对精度平曲线不平顺值信息调整量一栏。

(5)相对精度一栏平曲线不平顺值信息:在调整量栏里有数据大于等于2 mm时,表示方向轨在某一点与对应在5 m或30 m处检核时的方向超标。

(6)超高调整量:表示方向轨与高程轨在同根岔枕的相对高差,"—"表示方向轨高,"+"表示方向轨低。

(7)轨距调整量:"+"表示比设计轨距小,"—"表示比设计轨距大。

2. 数据的分析计算

1. 将采集的数据导出,用Excel方式导入分析软件中进行分析,分析结果方向正负符号的意义:从线路的小里程向大里程的方向看"—"向左调,"+"向右调;水平正负符号的意义:"—"表示向下调,"+"表示向上调。

案例 1(表 5.12)

武广客专长沙站××号道岔铺设并锁定焊后转辙器部分数据报表,竖曲线在 22 号与 23 号、27 号与 28 号岔枕处高程的变化值为 1.4 mm、0.8 mm,对应的相对精度调整量一栏里 5 m 弦检测为 2 mm,5 m 弦检测和相邻的变化都超标,数据报表竖曲线不平顺;平曲线在 8 号～13 号与 19 号～22 号岔枕方向 5 m 弦检测 2.2 mm,且相邻的变化有 0.9 mm 平曲线不平顺;16 号～24 号方向轨比高程轨超高大多是 1 mm 以上;12 号～23 号轨距变化最大 1.1 mm。这部分的数据在水平、方向、超高、轨距都有缺陷。

表 5.12 数据的分析计算

测量点(MP)	轨枕号	里程	绝对精度 调整量(设计-实测) 竖曲线 最大10mm	绝对精度 调整量(设计-实测) 平曲线 最大10mm	超高 设计值	超高 实测	超高 调整量 最大2mm	轨距 设计值	轨距 实测	轨距 调整量 最大2mm	相对精度 竖曲线 不平顺值信息 检核点	设计值	实测	调整量 最大2mm	竖曲线 不平顺值信息 检核点	设计值	实测	调整量 最大10mm	平曲线 不平顺值信息 检核点	设计值	实测	调整量 最大2mm	平曲线 不平顺值信息 检核点	设计值	实测	调整量 最大10mm
		公里	毫米	毫米	毫米	毫米	毫米	毫米	毫米	毫米	测量点+5米	毫米	毫米	毫米	测量点+150米	毫米	毫米	毫米	测量点+5米	毫米	毫米	毫米	测量点+150米	毫米	毫米	毫米
74*	6*	1571.9+04.8	0.7	1.3	0.0	-0.3	-0.3	1440.0	1440.7	-0.7	82	0.0	0.0	0.0	·	·	·	·	82	0.0	0.1	-0.1	·	·	·	·
75	7	1571.9+05.4	0.7	1.5	0.0	-0.5	-0.5	1441.6	1442.1	-0.4	83	0.0	0.5	-0.5	·	·	·	·	83	0.0	-0.3	0.3	·	·	·	·
76	8	1571.9+06.0	0.7	2.0	0.0	-0.6	-0.6	1443.3	1443.4	-0.1	84	0.0	0.1	-0.1	·	·	·	·	84	0.0	-0.9	0.9	·	·	·	·
77	9	1571.9+06.6	0.7	2.2	0.0	-0.8	-0.8	1445.1	1444.7	0.4	85	0.0	0.4	-0.4	·	·	·	·	85	0.0	-1.1	1.1	·	·	·	·
78	10	1571.9+07.2	0.9	2.3	0.0	-0.9	-0.9	1446.8	1446.3	0.5	86	0.0	0.8	-0.8	·	·	·	·	86	0.0	-1.4	1.4	·	·	·	·
79	11	1571.9+07.8	0.8	2.6	0.0	-0.8	-0.8	1448.5	1447.4	1.0	87	0.0	0.6	-0.6	·	·	·	·	87	0.0	-1.8	1.8	·	·	·	·
80	12	1571.9+08.4	0.7	2.5	0.0	-0.5	-0.5	1449.8	1448.4	1.4	88	0.0	0.5	-0.5	·	·	·	·	88	0.0	-2.2	2.2	·	·	·	·
81	13	1571.9+09.0	0.5	2.1	0.0	-0.3	-0.3	1449.7	1448.8	0.9	89	0.0	1.2	-1.2	·	·	·	·	89	0.0	-1.2	1.2	·	·	·	·
82	14	1571.9+09.6	0.4	1.2	0.0	-0.3	-0.3	1449.1	1449.4	-0.3	90	0.0	1.4	-1.4	·	·	·	·	90	0.0	-0.5	0.5	·	·	·	·
83	15	1571.9+10.2	0.9	1.0	0.0	-0.7	-0.7	1448.5	1449.6	-1.1	91	0.0	-1.0	1.0	·	·	·	·	91	0.0	-0.1	0.1	·	·	·	·
84	16	1571.9+10.8	0.5	0.9	0.0	-1.1	-1.1	1448.0	1449.3	-1.3	92	0.0	-1.1	1.1	·	·	·	·	92	0.0	0.2	-0.2	·	·	·	·
85	17	1571.9+11.4	0.8	0.9	0.0	-1.4	-1.4	1447.3	1448.3	-0.9	93	0.0	-1.2	1.2	·	·	·	·	93	0.0	0.8	-0.8	·	·	·	·
86	18	1571.9+12.0	1.4	0.8	0.0	-1.4	-1.4	1446.8	1447.2	-0.4	94	0.0	-2.0	2.0	·	·	·	·	94	0.0	0.8	-0.8	·	·	·	·
87	19	1571.9+12.5	1.1	0.6	0.0	-1.0	-1.0	1446.3	1446.9	-0.6	95	0.0	-1.1	1.1	·	·	·	·	95	0.0	1.3	-1.3	·	·	·	·
88	20	1571.9+13.2	0.9	0.1	0.0	-1.0	-1.0	1445.6	1446.7	-1.1	96	0.0	-0.1	0.1	·	·	·	·	96	0.0	1.6	-1.6	·	·	·	·
89	21	1571.9+13.7	1.5	0.7	0.0	-1.0	-1.0	1445.0	1446.8	-1.7	97	0.0	-0.8	0.8	·	·	·	·	97	0.0	0.8	-0.8	·	·	·	·
90	22	1571.9+14.4	1.6	0.5	0.0	-1.4	-1.4	1444.4	1446.8	-2.3	98	0.0	-1.4	1.4	·	·	·	·	98	0.0	0.5	-0.5	·	·	·	·
91	23	1571.9+14.9	0.2	0.8	0.0	-1.2	-1.2	1444.0	1445.2	-1.2	99	0.0	0.8	-0.8	·	·	·	·	99	0.0	0.6	-0.6	·	·	·	·
92	24	1571.9+15.6	-0.2	1.0	0.0	-1.0	-1.0	1443.4	1443.6	-0.2	100	0.0	1.3	-1.3	·	·	·	·	100	0.0	-0.1	0.1	·	·	·	·
93	25	1571.9+16.2	-0.1	1.6	0.0	-0.6	-0.6	1442.9	1442.3	0.6	101	0.0	0.9	-0.9	·	·	·	·	101	0.0	-0.3	0.3	·	·	·	·
94	26	1571.9+16.8	-0.2	1.5	0.0	-0.5	-0.5	1442.1	1441.8	0.4	102	0.0	1.3	-1.3	·	·	·	·	102	0.0	0.2	-0.2	·	·	·	·
95	27	1571.9+17.4	0.3	1.8	0.0	-0.6	-0.6	1441.5	1441.4	0.2	103	0.0	0.1	-0.1	·	·	·	·	103	0.0	0.3	-0.3	·	·	·	·
96	28	1571.9+17.9	1.1	1.6	0.0	-0.8	-0.8	1441.0	1441.3	-0.3	104	0.0	-0.4	0.4	·	·	·	·	104	0.0	0.1	-0.1	·	·	·	·
97	29	1571.9+18.5	1.0	1.5	0.0	-0.4	-0.4	1440.3	1441.0	-0.7	105	0.0	-0.4	0.4	·	·	·	·	105	0.0	-0.2	0.2	·	·	·	·
98	30	1571.9+19.2	0.5	1.0	0.0	-0.2	-0.2	1439.7	1440.3	-0.5	106	0.0	1.0	-1.0	·	·	·	·	106	0.0	0.4	-0.4	·	·	·	·
99	31	1571.9+19.8	1.3	1.3	0.0	-0.1	-0.1	1439.2	1439.2	0.0	107	0.0	0.9	-0.9	·	·	·	·	107	0.0	-0.6	0.6	·	·	·	·
100	32	1571.9+20.3	1.4	0.9	0.0	-0.4	-0.4	1438.6	1439.0	-0.4	108	0.0	0.1	-0.1	·	·	·	·	108	0.0	-0.8	0.8	·	·	·	·

注:相对精度(调整:标准距离,弦长:30米,每隔5米检核;弦长:300m,每隔150米检核)

使用GRPSlabFop软件进行输出,软件版权2007归[illegible]公司所有　　*内插的测量值　　**外插的测量值根据上表分析，在平曲线栏里选参照点，选在直尖轨两端且道岔平顺性较好的点，表中可选 1.3～1.5 的数值，竖曲线 18 号、19 号、21 号、22 号、23 号、24 号、25 号、26 号、27 号、30 号岔枕与之对应的 5 m 检核竖曲线有超标，可以在 18 号、19 号、21 号、22 号、30 号岔枕基板下增加 1 mm 的 UPF 板，23 号、24 号、25 号、26 号、27 号岔枕的基板下减去 1 mm 的 UPF 板。

平曲线 8 号～13 号岔枕处的基板向右调整 1 mm，19 号～22 号岔枕处松开基板螺栓，20 号岔枕的基板向左调整 1 mm，19 号、21 号、22 号的方向会有相应改变，使这部分方向平顺。16 号～24 号方向轨超高大于水平轨 1 mm 以上，要对方向的高程调整，16 号、17 号岔枕方向轨基板下的 UPF 板减去 1 mm。由于 18 号、19 号、21 号、22 号在调整水平轨时 UPF 板增加了 1 mm，对应的方向轨基板下 UPF 板不调整，而 23 号、24 号在调整水平轨时 UPF 板减少 1 mm，这时 23 号、24 号在调整方向轨时 UPF 板要减少 2 mm。调整方向轨的超高，11 号～24 号轨距变化较大，调整方向轨时轨距会变化，再用电子道尺量取，调整水平轨，更换基板调整锥达到设计轨距要求。

(三)制定调整方案

1. 拟定调整量

计算调整材料，转辙器部分 17 号、22 号为带辊轮基板需要垫片 UPF4-2(6 片)、UPF4-3(4 片)、UPF3-2(46 片)、UPF3-3(12 片)，2 号调整锥 14 个(图 5.23 和图 5.24)。(例 UPF4-2，4—型号，2—厚度 mm，调整时 2 片相对)。

图 5.23　偏心锥

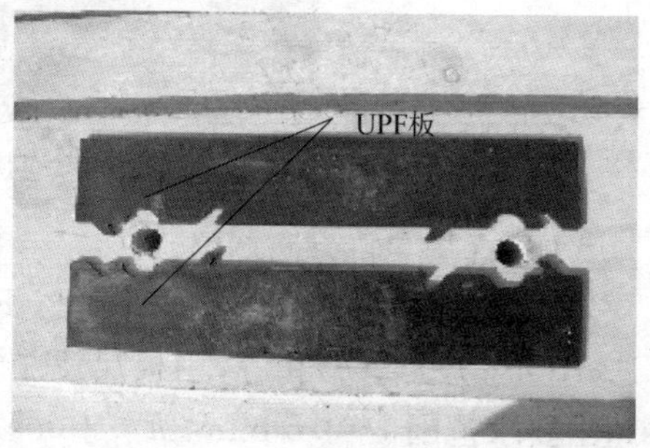

图 5.24　UPF 板

(四)现场调整

1. 道岔静态调整

道岔调整的原则:先直股后曲股、先水平后方向、先整体后局部、直曲兼顾的原则。

目前国内有 4 个道岔生产公司,以宝桥为代表,其他如新铁德奥、山桥为代表的合资公司。宝桥、山桥、轨道系统生产的高速道岔在转辙器部分区别不大,但与新铁德奥生产的高速道岔在转辙器部分制造的工艺上不同,转辙器部分精调的方法有一定的区别,导曲线与辙叉调整相似。

(1)新铁德奥高速道岔转辙器部分

在转辙器部分有轨距加宽 15 mm,直尖轨不易调整。在直基本轨的非工作边轨面加工有 FAKOP。

(2)直基本轨水平调整

在直基本轨两端装上弦线架(图 5.25),如上有 10 个基板处水平需要更换 UPF 板,但要松 13 个基板的螺栓,先松出 18 号~24 号岔枕 7 个基板的螺栓,调换好 UPF 板后,紧固基板的螺栓,再松出另外 25 号~30 号基板螺栓,调换好 UPF 板后紧固螺栓。

图 5.25 弦线调整

(3)直基本轨方向调整

固定好弦线架,将弦线调到与 FAKOP 持平,调整弦线架两端与 FAKOP 边距离(h)相等,用板尺逐个量岔枕与弦线的距离并记录,距离超出要求范围($-0.5\ \text{mm}<h<+0.5\ \text{mm}$),通过更换基板的调整件来调节钢轨的方向,一般先松出 5~7 个基板的螺栓,再换调整锥(图 5.26)调

整方向。偏心锥较厚的一边与钢轨调整的方向对应。在调整的基板比较多时，先松 7 个基板螺栓，更换好调整件后，紧 5 个基板螺栓，再松 5 个基板紧 5 个的循环调整，直至调整好直基本轨。

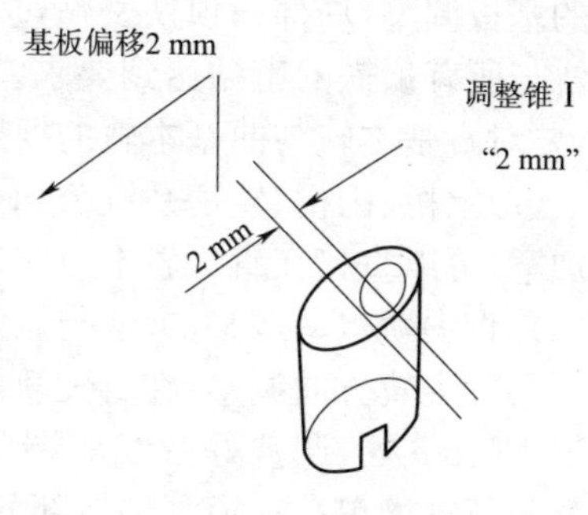

图 5.26　偏心锥

(4)直尖轨水平调整

按方案中将直尖轨超高超过 1 mm 的 16 号～24 号岔枕基板加减 UPF 板，螺栓的松紧顺序与调整直基本轨相同。

(5)直尖轨方向调整

按调直基本轨螺栓松出的顺序，在调整时，用撬棍拨动钢轨或基板，用 5T 手摇起道机顶住轨底调整(图 5.27)。电子道尺上显示轨距与设计轨距接近时，更换调整锥，紧固螺栓。

图 5.27　手摇起道机调整

(6)尖轨与顶铁密贴调整

用塞尺检查直尖轨与顶铁的密贴，对超过 0.5 mm 顶铁附近的几个基板作调整，若局部的顶铁与直尖轨密贴小于 0.1 mm，也应对此顶铁附近的基板调整，局部的顶铁密贴过紧会影响其他的顶铁密贴。调整至直尖轨与所有顶铁的密贴达到要求。在调整时，如密贴调整反复出现超标时，要对直基本轨与曲基本轨的框架尺寸进行检查。

(7)宝桥、山桥、轨道系统公司生产的高速道岔在转辙器部分没有轨距加宽，可以直接在直尖轨上拉弦线调整。

①直尖轨水平调整：方法与调整上述直尖轨方向相同。

②直尖轨方向调整：在直尖轨两端外选好点装弦线架，弦线调整到轨面下 16 mm 处，调整好弦线两端与工作边的距离。逐根岔枕量取并调整。与新铁德奥高速道岔尖轨部分调整相似。

(8)导曲线部分的调整

①导曲线方向轨的调整：根据分析计算的结果，在直尖轨根端与辙叉前端选定的参照点安装弦线架，弦线安装与上述方法相同。逐根岔枕用钢板尺量取，先调整水平不平顺的点，更换 UPF 板(调高垫片)；再逐根岔枕用钢板尺量取线与钢轨工作边的距离，方向不平顺的点，更换调整锥，然后再紧固螺栓。

②导曲线水平轨的调整：主要是调整水平和轨距，先调整水平不平顺的点，用电子道尺量取移动水平轨调整轨距，调整方法与上述相同。宝桥、山桥、轨道系统公司与新铁德奥生产的基板不同，调整件有区别(图 5.28、图 5.29)。

图 5.28 新铁德奥调整锥

图 5.29 自主研发缓冲调距块

新铁德奥高速道岔调整时轨底非工作边与基板挡肩要求密贴，但在曲股调整的时候，长基板处为了满足直股密贴，曲股有部分基板挡肩与轨底非工作边不密贴。且轨底上表面与弹条要求有 0.1～0.5 mm 的间隙(图 5.30)。宝桥、山桥、轨道系统公司高速道岔在轨底边两侧有轨距块，可以通过调换轨距块来调整方向或轨距。

图 5.30　弹条密贴处理

(9)辙叉部分的调整

辙叉部分通过拉弦线进行调整，调整方法与上述相同。

复习思考题

1. 简述客运专线 60-18 号道岔的主要技术要求。
2. 简述施维格弹性夹安装及拆卸方法。
3. 简述客专道岔检测方法。
4. 简述客专高速道岔静态调整步骤。

第六章　高铁线路养护维修

第一节　线路设备维修工作内容

线路维修工作的基本任务是保持线路设备状态完好，保证列车以规定速度安全、平稳、舒适和不间断地运行，并尽量延长设备使用寿命。线路维修应按照“预防为主、防治结合、严检慎修”的原则，根据线路状态的变化规律，合理安排养护与维修，做到精确检测、全面分析、精细修理，以有效预防和整治病害。

线路维修应实行检、修分开的管理制度，实行专业化和属地化管理。应本着“资源综合、专业强化、集中管理”和“精干、高效”的原则建立高速铁路线路维修管理机构。应严格实行天窗修制度。天窗时间应固定，一般不得少于 240 min。应做好精密测量控制网（以下简称精测网）的管理，保证运营维护测量有稳定可靠的测量基准，并利用精测资料指导线路维修。

加强曲线（含竖曲线）、道岔（含调节器）、焊缝、无砟轨道结构及过渡段的检查和养护维修，加强轨道长波不平顺的检查和管理，保证线路质量均衡、稳定。并积极采用新技术、新设备、新材料、新工艺和先进的施工作业方法，优化作业组织，提高线路检修质量。积极推行信息化技术，建立维修管理信息系统，逐步实现信息化管理。

一、工作分类

线路维修工作分为周期检修、经常保养和临时补修。

（一）周期检修指根据线路及其各部件的变化规律和特点，对钢轨、道岔、扣件、无砟道床、无缝线路及轨道几何形位等按相应周期进行的全面检查和修理，以恢复线路完好技术状态。铁路局可根据线路设备状态、线路条件、运输条件和自然条件等具体情况调整维修周期，并报核备。

（二）经常保养指根据动、静态检测结果及线路状态变化情况，对线路设备进行的经常性修理，以保持线路质量经常处于均衡状态。

（三）临时补修指对轨道几何尺寸超过临时补修容许偏差管理值或轨道设备伤损状态影响其正常使用的处所进行临时性修理，以保证行车安全和舒适。

二、工作内容

（一）周期检修基本内容

1. 线路设备质量动态检查。

2. 轨道几何尺寸和扣件扭矩静态检查。

3. 钢轨探伤。

4. 采用打磨列车对钢轨进行预打磨、预防性打磨和修理性打磨。

5. 联结零件成段涂油、复拧。

6. 根据刚度变化情况，成段更换弹性垫板。

7. 有计划地对无砟道床进行检查及修补。

8. 无缝线路钢轨位移、钢轨伸缩调节器（以下简称调节器）伸缩量的周期观测和分析。

9. 对沉降量较大地段的轨道状态进行周期观测和分析。

10. 精测网检查、复测。

（二）经常保养基本内容

1. 对轨道质量指数（TQI）超过管理值的区段或轨道几何尺寸超过经常保养容许偏差管理值的处所进行整修。

2. 根据钢轨表面伤损、光带及线路动态检测情况，对钢轨进行修理。

3. 整修焊缝。

4. 整修伤损扣件、道岔及调节器等轨道部件。

5. 无缝线路应力调整或放散。

6. 修补达到Ⅱ级及以上伤损的无砟道床。

7. 疏通排水。

8. 精测网维护。

9. 沉降地段轨道状态观测和分析。

10. 修理、补充和刷新标志、标识。

11. 根据季节特点对线路进行重点检查。

12. 其他需要经常保养的工作。

(三)临时补修主要内容

1. 及时整修轨道几何尺寸超过临时补修容许偏差管理值的处所。

2. 处理伤损钢轨(含焊缝)和失效胶接绝缘接头。

3. 更换伤损的道岔护轨螺栓、可动心轨咽喉和叉后间隔铁螺栓、长心轨与短心轨联结螺栓等。

4. 更换伤损失效的扣件、道岔及调节器等轨道部件。

5. 更换或整治失效无砟道床。

6. 处理线路故障。

7. 其他需要临时补修的工作。

三、管理组织

依据中国铁路总公司相关规定和铁路公司与铁路局签定的委托运输管理协议,铁路局负责受委托范围内高速铁路线路设备的安全、维护和管理,保持线路设备状态良好,使之符合相关技术标准。

线路车间管辖线路长度以营业里程 200～300 km 左右为宜,线路车间下设工区,工区间距平原地区一般为 100 km 左右。站间距较小的城际铁路、山区、高原和严寒地区车间和工区管辖线路长度可适当缩短。动车段(所)应单独设置线路车间或工区。

中国铁路总公司基础设施检测中心、铁路局工务检测所和大型养路机械运用检修段受委托承担利用综合检测列车、钢轨探伤车对线路进行周期性检测和钢轨周期性探伤。

大型养路机械运用检修段或工务机械段受委托承担利用大型养路机械对线路的修理。

工务段(含桥工段,下同)应建立考核机制,确保线路设备质量均衡、稳定。

第二节　线路设备检查

一、一般要求

线路检查应坚持“动态检查为主，动态、静态检查相结合，结构检查与几何尺寸检查并重”的原则。

动态检查应以综合检测列车和探伤车检测结果为主要依据，巡检设备、车载式线路检查仪和添乘检查作为动态检查的辅助手段。发现问题时，应结合现场静态复核，全面分析原因，合理确定维修作业方案和计划。对超过临时补修偏差管理值的处所应及时处理。

应积极采用先进的线路检查设备，提高线路检查质量，加强线路设备状态分析，指导线路维修作业。

对道岔、调节器、大跨度桥梁、过渡段和沉降等重点地段的线路设备，应在昼间进行巡视，每年应不少于1遍。

对道岔的结构及联结零件巡视每周不少于1遍。

二、线路动态检查

应采用综合检测列车、车载式线路检查仪等检测设备对线路进行周期性检查，按局部不平顺（峰值）和区段整体不平顺（均值）进行动态质量管理。

（一）检查周期

1. 综合检测列车每10～15 d检查1遍。

2. 动车组应安装车载式线路检查仪，每天对线路检查不少于1遍。

3. 工务段应使用便携式线路检查仪添乘检查线路，每月不少于2遍。

4. 应采用巡检设备检查线路设备状态，每半年不少于1遍。

（二）综合检测列车检查报告

1. 检查发现Ⅲ级及以上偏差或车辆动力学指标超限时，检测单位应立即通知铁路局。

2. 检测单位应及时将检测报告提交给有关单位,并向提报月度和年度检测分析报告(含综合检测列车线路评分统计报告表)。

3. 综合检测列车对线路局部不平顺采用偏差扣分办法进行评定,对整体不平顺采用 TQI 进行评定。综合检测列车检查结果应分线、分段汇入综合检测列车线路评分统计报告表中。

工务段应设专人对动态检测结果进行全面分析,并进行必要的现场复核,编制月度动态检测分析报告,以指导线路维修作业。

对综合检测列车发现的Ⅲ级及以上偏差处所,应及时安排临时补修;对轨道质量指数(TQI)超过管理值的区段和超过经常保养偏差管理值的处所,应安排经常保养;对车辆动力学指标超限处所,应及时分析原因,安排整修;对Ⅳ级偏差处所,或Ⅲ级偏差且车辆动力学指标超限处所应立即限速,200～250 km/h 线路限速不超过 160 km/h,250(不含)～350 km/h 线路限速不超过 200 km/h,具体处理程序执行相关规定。

综合检测列车发现的轨向水平逆向复合不平顺和连续三波及多波高低、轨向不平顺,以及车载式线路检查仪和添乘检查发现的不良处所,应及时进行分析和处理,具体办法由铁路局规定。

三、线路静态检查

工务段负责对线路设备进行周期性检查,并作好详细记录,掌握线路设备状态及变化规律,具体办法由铁路局规定。

1. 轨道几何尺寸检查每年不少于 1 遍,重点地段应加强检查。对重点病害或轨道不平顺地段,应使用轨道测量仪、轨道检查仪进行检查。

2. 无砟道床静态检查内容及周期。

(1)每半年检查 1 遍。

(2)对未处理的Ⅱ级伤损处所每季度检查 1 遍。

(3)无砟道床静态伤损等级按 6.9～6.13 进行判定。

3. 扣件系统静态检查内容和周期。

(1)扣件系统检查内容和周期见表 6.1。

表 6.1　扣件检查内容和周期

序号	检查内容	检查周期
1	扣件安装状态、部件缺损、预埋套管等	每半年检查 1 遍
2	弹条紧固状态（WJ-7、WJ-8、W300-1 型扣件）	每半年检查 1 遍，每公里连续抽查 50 个
3	弹条扣压状态（SFC 型扣件）	每半年检查 1 遍，每公里连续抽查 50 个
4	钢轨与绝缘块（绝缘轨距块）、轨距挡板间隙	每半年检查 1 遍，每公里连续抽查 50 个
5	锚固螺栓扭矩（WJ-7、SFC 型扣件）	每半年检查 1 遍
6	弹性垫板刚度	每年抽检 1 次，抽检数量 3 块/50 km

（2）线路开通前，应对扣件安装状态、部件缺损、预埋套管等全面检查，对弹条紧固状态和锚固螺栓扭矩全面查看、重点检测。应加强扣件弹性垫板刚度检查，分析其弹性衰减规律。

4. 道岔静态检查内容和周期见表 6.2。

表 6.2　道岔检查内容和周期

<table>
<tr><th>序号</th><th>检查内容</th><th>检查方式</th><th>检查周期</th></tr>
<tr><td>1</td><td>轨距、水平、支距、高低、轨向</td><td>全面检测</td><td rowspan="10">每月检查 1 遍</td></tr>
<tr><td>2</td><td>斥离尖轨非工作边与基本轨工作边最小间距</td><td rowspan="9">全面查看，重点检测</td></tr>
<tr><td>3</td><td>查照间隔</td></tr>
<tr><td>4</td><td>护轨轮缘槽宽度</td></tr>
<tr><td>5</td><td>尖轨与基本轨、心轨与翼轨、短心轨和叉跟尖轨间隙、尖轨与滑床台、心轨与滑床台间隙，尖轨与顶铁、心轨与顶铁间隙</td></tr>
<tr><td>6</td><td>辊轮状态</td></tr>
<tr><td>7</td><td>滑床台与基板脱焊及台面磨耗情况</td></tr>
<tr><td>8</td><td>扣件状态</td></tr>
<tr><td>9</td><td>弹性夹、拉簧状态</td></tr>
<tr><td>10</td><td>弹性铁垫板、弹性基板等各种垫板状态</td></tr>
</table>

续上表

序号	检查内容	检查方式	检查周期
11	限位器、间隔铁、顶铁、轨撑、接头铁、连杆等联结螺栓松动、变形或损坏情况	全面查看，重点检测	每月检查1遍
12	尖轨防跳限位装置与斥离尖轨（标准开口）间隙，尖轨防跳顶铁与密贴尖轨间隙，心轨防跳顶铁、卡铁、间隔铁与芯轨间隙		
13	尖轨相对于基本轨、心轨相对于翼轨的伸缩位移；两尖轨相对伸缩位移		
14	轮轨接触面（光带）检查，重点检查尖轨与基本轨共同受力部位接触面（位置、塑性变形、磨耗等）		
15	其他零件损坏、变形或缺失情况		
16	尖轨各控制断面相对于基本轨高差	全面检测	每季度检查1遍
17	心轨各控制断面相对于翼轨高差		

第三节　线路设备维修标准

一、轨道静态几何尺寸容许偏差管理值

线路静态几何尺寸容许偏差管理值见表6.3和表6.4。

表6.3　200～250 km/h线路轨道静态几何尺寸容许偏差管理值

项　目	作业验收	经常保养	临时补修	限速（160 km/h）
轨距（mm）	$^{+1}_{-1}$	$^{+4}_{-2}$	$^{+6}_{-4}$	$^{+8}_{-6}$
水平（mm）	2	5	8	10
高低（mm）	2	5	8	11
轨向（直线）（mm）	2	4	7	9
扭曲（mm/3 m）	2	4	6	8
轨距变化率	1/1 500	1/1 000	—	—

注：①高低和轨向偏差为10 m及以下弦测量的最大矢度值。
②扭曲偏差不含曲线超高顺坡造成的扭曲量。

表 6.4 250(不含)～350 km/h 线路轨道静态几何尺寸容许偏差管理值

项目	作业验收	经常保养	临时补修	限速(200 km/h)
轨距(mm)	$^{+1}_{-1}$	$^{+4}_{-2}$	$^{+5}_{-3}$	$^{+6}_{-4}$
水平(mm)	2	4	6	7
高低(mm)	2	4	7	8
轨向(直线)(mm)	2	4	5	6
扭曲(mm/3 m)	2	3	5	6
轨距变化率	1/1 500	1/1 000	—	—

注:①高低和轨向偏差为 10 m 及以下弦测量的最大矢度值。

②扭曲偏差不含曲线超高顺坡造成的扭曲量。

道岔静态几何尺寸容许偏差管理值见表 6.5 和表 6.6。调节器静态几何尺寸容许偏差管理值见表 6.7 和表 6.8。

表 6.5 200～250 km/h 道岔静态几何尺寸容许偏差管理值

项目		作业验收	经常保养	临时补修	限速(160 km/h)
轨距(mm)		$^{+1}_{-1}$	$^{+4}_{-2}$	$^{+5}_{-2}$	$^{+8}_{-6}$
水平(mm)		2	5	7	10
高低(mm)		2	5	7	11
轨向(mm)	直股	2	4	6	9
	支距	2	3	4	—
扭曲(mm/3 m)		2	4	6	8
轨距变化率		1/1 500	1/1 000	—	—

注:①支距偏差为实际支距与计算支距之差,导曲线支距测量应从尖轨跟端开始直至道岔导曲线结束;

②导曲线下股高于上股的限值:12 号道岔作业验收为 2 mm,经常保养为 3 mm,临时补修为 5 mm;18 号及以上道岔作业验收为 0 mm,经常保养为 2 mm,临时补修为 3 mm。

表 6.6　250(不含)～350 km/h 道岔静态几何尺寸容许偏差管理值

项目		作业验收	经常保养	临时补修	限速(200 km/h)
轨距(mm)	岔区	$^{+1}_{-1}$	$^{+4}_{-2}$	$^{+5}_{-2}$	$^{+6}_{-4}$
	尖轨尖	$^{+1}_{-1}$	$^{+2}_{-2}$	$^{+3}_{-2}$	
水平(mm)		2	4	6	7
高低(mm)		2	4	7	8
轨向(mm)	直股	2	4	5	6
	支距	2	3	4	—
扭曲(mm/3 m)		2	3	5	6
轨距变化率		1/1 500	1/1 000	—	—

注:①支距偏差为实际支距与计算支距之差;

②导曲线下股高于上股的限值:18 号及以上道岔作业验收为 0 mm,经常保养为 2 mm,临时补修为 3 mm。

表 6.7　200～250 km/h 调节器静态几何尺寸容许偏差管理值

项目		作业验收	经常保养	临时补修	限速(160 km/h)
轨距(mm)	尖轨尖	$^{+1}_{-1}$	$^{+2}_{-2}$	$^{+3}_{-2}$	$^{+8}_{-6}$
	其他	$^{+1}_{-1}$	$^{+4}_{-2}$	$^{+5}_{-2}$	
水平(mm)		2	5	7	10
高低(mm)		2	5	7	11
轨向(mm)		2	4	6	9
扭曲(mm/3 m)		2	4	6	8
轨距变化率		1/1 500	1/1 000	—	—

表 6.8　250(不含)～350 km/h 调节器静态几何尺寸容许偏差管理值

项　　目		作业验收	经常保养	临时补修	限速(200 km/h)
轨距(mm)	尖轨尖	$^{+1}_{-1}$	$^{+2}_{-2}$	$^{+3}_{-2}$	$^{+6}_{-4}$
	其他	$^{+1}_{-1}$	$^{+4}_{-2}$	$^{+5}_{-2}$	
水平(mm)		2	4	6	7
高低(mm)		2	4	7	8
轨向(mm)		2	4	5	6
扭曲(mm/3 m)		2	3	5	6
轨距变化率		1/1 500	1/1 000	—	—

轨道静态几何尺寸长弦测量作业验收容许偏差管理值见表 6.9。

表 6.9　长弦测量作业验收容许偏差管理值

项　　目	基线长(m)	测点间距(m)	容许偏差(mm)
高低	480*a*	240*a*	≤10
	48*a*	8*a*	≤2
轨向	480*a*	240*a*	≤10
	48*a*	8*a*	≤2

注:①表中 *a* 为扣件节点间距,m。

②当弦长为 48*a* 时,相距 8*a* 的任意两测点实际矢度差与设计矢度差的偏差不得大于 2 mm;当弦长为 480*a* 时,相距 240*a* 的任意两测点实际矢度差与设计矢度差的偏差不得大于 10 mm。

③容许偏差指相距测点间距的任意两测点实际矢度差与设计矢度差的偏差。

曲线正矢作业验收、经常保养和临时补修容许偏差管理值见表 6.10 和表 6.11。

轨道静态几何尺寸容许偏差管理值中,作业验收管理值为周期检修、经常保养和临时补修作业后的质量检查标准;经常保养管理值为轨道应经常保持的质量管理标准;临时补修管理值为应及时进行轨道整修的质量控制标准;限速管理值为保证列车运行平稳性和舒适性,需进行限速的控制标准。

表 6.10 200～250 km/h 线路曲线正矢容许偏差管理值

项目	实测正矢与计算正矢差(mm)		圆曲线正矢连续差(mm)	圆曲线最大最小正矢差(mm)
	缓和曲线	圆曲线		
作业验收	2	3	4	5
经常保养	3	4	5	6
临时补修	5	6	7	8

注：曲线正矢用 20 m 弦在钢轨踏面下 16 mm 处测量。

表 6.11 250(不含)～350 km/h 线路曲线正矢容许偏差管理值

项目	实测正矢与计算正矢差(mm)		圆曲线正矢连续差(mm)	圆曲线最大最小正矢差(mm)
	缓和曲线	圆曲线		
作业验收	2	3	3	5
经常保养	3	4	5	6
临时补修	4	5	6	8

注：曲线正矢用 20 m 弦在钢轨踏面下 16 mm 处测量。

二、轨道动态不平顺管理值

线路动态不平顺是指线路不平顺的动态反映，主要通过综合检测列车进行检测。动态不平顺管理分为峰值管理和均值管理。

1. 检查项目

轨道动态不平顺的检查项目为轨距、水平、轨向、高低、扭曲、复合不平顺、车体垂向振动加速度、车体横向振动加速度、轨距变化率等。

2. 峰值管理

(1)各项目偏差等级划分及容许偏差管理值

线路(含道岔及调节器范围)各项偏差等级划分四级(200～250 km/h 线路见表 6.12，250(不含)～350 km/h 线路见表 6.13)：Ⅰ级为经常保养标准，Ⅱ级为舒适度标准，Ⅲ级为临时补修标准，Ⅳ级为限速标准。

(2)偏差扣分标准

各项目偏差扣分标准：Ⅰ级每处扣 1 分，Ⅱ级每处扣 5 分，Ⅲ级每处扣 100 分，Ⅳ级每处扣 301 分。

表 6.12　200～250 km/h 线路轨道动态质量容许偏差管理值

项　目		经常保养	舒适度	临时补修	限速(160 km/h)
偏差等级		Ⅰ级	Ⅱ级	Ⅲ级	Ⅳ级
轨距(mm)		$^{+4}_{-3}$	$^{+6}_{-4}$	$^{+8}_{-6}$	$^{+12}_{-8}$
水平(mm)		5	8	10	13
扭曲(基长 3 m)(mm)		4	6	8	10
高低(mm)	波长 1.5～42 m	5	8	11	14
轨向(mm)	波长 1.5～42 m	5	7	8	10
高低(mm)	波长 1.5～70 m	6	10	15	—
轨向(mm)	波长 1.5～70 m	6	8	12	—
车体垂向加速度(m/s^2)		1.0	1.5	2.0	2.5
车体横向加速度(m/s^2)		0.6	0.9	1.5	2.0
轨距变化率(基长 3 m)(‰)		1.0	1.2	—	—

注:①表中管理值为轨道不平顺实际幅值的半峰值;

②水平限值不包含曲线按规定设置的超高值及超高顺坡量;

③扭曲限值包含缓和曲线超高顺坡造成的扭曲量;

④车体垂向加速度采用 20 Hz 低通滤波,车体横向加速度Ⅰ、Ⅱ级标准采用 0.5～10 Hz 带通滤波处理的值进行评判,Ⅲ、Ⅳ级标准采用 10 Hz 低通滤波处理的值进行评判;

⑤避免出现连续多波不平顺和轨向、水平逆向复合不平顺。

表 6.13　250(不含)～350 km/h 线路轨道动态质量容许偏差管理值

项　目	经常保养	舒适度	临时补修	限速(200 km/h)
偏差等级	Ⅰ级	Ⅱ级	Ⅲ级	Ⅳ级
轨距(mm)	$^{+4}_{-3}$	$^{+6}_{-4}$	$^{+7}_{-5}$	$^{+8}_{-6}$
水平(mm)	5	6	7	8
扭曲(基长 3 m)(mm)	4	6	7	8

续上表

项目		经常保养	舒适度	临时补修	限速(200 km/h)
高低(mm)	波长 1.5～42 m	4	6	8	10
轨向(mm)		4	5	6	7
高低(mm)	波长 1.5～120 m	7	9	12	15
轨向(mm)		6	8	10	12
复合不平顺(mm)		6	8	—	—
车体垂向加速度(m/s^2)		1.0	1.5	2.0	2.5
车体横向加速度(m/s^2)		0.6	0.9	1.5	2.0
轨距变化率(基长 3 m)(‰)		1.0	1.2	—	—

注:①表中管理值为轨道不平顺实际幅值的半峰值;

②水平限值不包含曲线按规定设置的超高值及超高顺坡量;

③扭曲限值包含缓和曲线超高顺坡造成的扭曲量;

④车体垂向加速度采用 20 Hz 低通滤波,车体横向加速度Ⅰ、Ⅱ级标准采用 0.5～10 Hz 带通滤波处理的值进行评判,Ⅲ、Ⅳ级标准采用 10 Hz 低通滤波处理的值进行评判;

⑤复合不平顺指水平和轨向逆向复合不平顺,按水平和 1.5～42 m 轨向代数差计算。避免出现连续多波不平顺。

(3)线路动态质量评定

线路动态评定以千米为单位,每千米扣分总数为各级、各项偏差扣分总和。每千米线路动态评定标准:优良——总扣分在 50 分及以内;合格——总扣分在 51～300 分;失格——总扣分在 300 分以上。

3. 均值管理。

200～250 km/h 和 250(不含)～350 km/h 线路轨道质量指数(TQI)和单项标准差管理值见表 6.14 和表 6.15。

表 6.14 200～250 km/h 线路轨道质量指数(TQI)管理值

项目		高低	轨向	轨距	水平	扭曲	TQI
波长范围	1.5～42 m	1.4×2	1.0×2	0.9	1.1	1.2	8.0

注:波长范围为 1.5～42 m 的单项标准差计算长度 200 m。

表 6.15　250(不含)～350 km/h 线路轨道质量指数(TQI)管理值

项目		高低	轨向	轨距	水平	扭曲	TQI
波长范围	1.5～42 m	0.8×2	0.7×2	0.6	0.7	0.7	5.0

注:波长范围为 1.5～42 m 的单项标准差计算长度 200 m。

第四节　无砟道床伤损分类及判定标准

无砟道床伤损等级分为Ⅰ、Ⅱ、Ⅲ级。对Ⅰ级伤损应做好记录，对Ⅱ级伤损应列入维修计划并适时进行修补，对Ⅲ级伤损应及时修补。

1. CRTSⅠ型板式无砟道床伤损等级见表 6.16。

表 6.16　CRTSⅠ型板式无砟道床伤损形式及伤损等级判定标准

<table>
<tr><th rowspan="2">伤损部位</th><th rowspan="2">伤损形式</th><th rowspan="2">判定项目</th><th colspan="3">评定等级</th><th rowspan="2">备　注</th></tr>
<tr><th>Ⅰ</th><th>Ⅱ</th><th>Ⅲ</th></tr>
<tr><td rowspan="2">预应力轨道板</td><td>裂缝</td><td>宽度(mm)</td><td>0.1</td><td>0.2</td><td>0.3</td><td rowspan="5">掉块、缺损或封端脱落应适时修补</td></tr>
<tr><td>锚穴封端离缝</td><td>宽度(mm)</td><td>0.2</td><td>0.5</td><td>1.0</td></tr>
<tr><td>普通轨道板</td><td>裂缝</td><td>宽度(mm)</td><td>0.2</td><td>0.3</td><td>0.5</td></tr>
<tr><td>凸形挡台</td><td>裂缝</td><td>宽度(mm)</td><td>0.2</td><td>0.3</td><td>0.5</td></tr>
<tr><td>底座</td><td>裂缝</td><td>宽度(mm)</td><td>0.2</td><td>0.3</td><td>0.5</td></tr>
<tr><td>底座伸缩缝</td><td>离缝</td><td>宽度(mm)</td><td>1.0</td><td>2.0</td><td>3.0</td><td>路基、隧道地段</td></tr>
<tr><td rowspan="4">水泥乳化沥青砂浆</td><td rowspan="3">离缝</td><td>宽度(mm)</td><td>1.0</td><td>1.5</td><td>2.0</td><td rowspan="4">掉块、缺损或剥落应适时修补</td></tr>
<tr><td>横向深度(mm)</td><td>20～50</td><td>50～100</td><td>≥100</td></tr>
<tr><td>对角长度(mm)</td><td>20～30</td><td>30～50</td><td>≥50</td></tr>
<tr><td>裂缝</td><td>宽度(mm)</td><td>0.2</td><td>0.5</td><td>1.0</td></tr>
<tr><td rowspan="2">凸形挡台周围填充树脂</td><td>离缝</td><td>宽度(mm)</td><td>1.0</td><td>2.0</td><td>3.0</td><td rowspan="2">缺损应适时修补</td></tr>
<tr><td>裂缝</td><td>宽度(mm)</td><td>0.2</td><td>0.5</td><td>1.0</td></tr>
</table>

2. CRTSⅡ型板式无砟道床伤损等级见表 6.17。

表 6.17 CRTSⅡ型板式无砟道床伤损形式及伤损等级判定标准

伤损部位	伤损形式	判定项目	评定等级			备注
			Ⅰ	Ⅱ	Ⅲ	
轨道板	裂缝	宽度(mm)	0.1	0.2	0.3	预裂缝处的裂缝除外,掉块或缺损应适时修补
板间接缝	裂缝	宽度(mm)	0.2	0.3	0.5	掉块或缺损应适时修补
	离缝	宽度(mm)	0.2	0.3	0.5	
支承层	裂缝	宽度(mm)	0.2	0.5	1.0	
底座板	裂缝	宽度(mm)	0.2	0.3	0.5	
侧向挡块	裂缝	宽度(mm)	0.2	0.3	0.5	
挤塑板	离缝	宽度(mm)	0.2	0.5	1.0	
水泥乳化沥青砂浆充填层	离缝	宽度(mm)	0.5	1.0	1.5	掉块、缺损或剥落应适时修补
		深度(mm)	20～50	50～100	≥100	
		对角长度(mm)	20～30	30～50	≥50	
	裂缝	宽度(mm)	0.2	0.5	1.0	

3. 双块式无砟道床伤损形式及伤损等级见表 6.18。

表 6.18 双块式无砟轨道道床伤损形式及伤损等级判定标准

伤损部位	伤损形式	判定项目	评定等级			备注
			Ⅰ	Ⅱ	Ⅲ	
双块式轨枕	裂缝	宽度(mm)	0.1	0.2	0.3	掉块、缺损应适时修补,挡肩失效应及时修补
道床板	裂缝	宽度(mm)	0.2	0.3	0.5	
	轨枕界面裂缝	宽度(mm)	0.2	0.3	0.5	
支承层	裂缝	宽度(mm)	0.2	0.5	1.0	
底座	裂缝	宽度(mm)	0.2	0.3	0.5	

4. 道岔区轨枕埋入式无砟道床伤损形式及伤损等级见表 6.19。

表 6.19　道岔区轨枕埋入式无砟道床伤损形式及伤损等级判定标准

伤损部位	伤损形式	判定项目	评定等级			备　注
			Ⅰ	Ⅱ	Ⅲ	
岔枕	裂缝	宽度(mm)	0.1	0.2	0.3	掉块或缺损应适时修补
道床板	裂缝	宽度(mm)	0.2	0.3	0.5	
	岔枕界面裂缝	宽度(mm)	0.2	0.3	0.5	
底座	裂缝	宽度(mm)	0.2	0.3	0.5	
支承层	裂缝	宽度(mm)	0.2	0.5	1.0	
底座伸缩缝	离缝	宽度(mm)	1.0	2.0	3.0	

5. 道岔区板式无砟道床伤损形式及伤损等级见表 6.20。

表 6.20　道岔区板式无砟道床伤损形式及伤损等级判定标准

伤损部位	伤损形式	判定项目	评定等级			备　注
			Ⅰ	Ⅱ	Ⅲ	
道岔板	裂缝	宽度(mm)	0.2	0.3	0.5	掉块或缺损应适时修补
底座	裂缝	宽度(mm)	0.2	0.3	0.5	路基地段。掉块或缺损应适时修补
	离缝	宽度(mm)	0.2	0.3	0.5	
找平层	裂缝	宽度(mm)	0.2	0.3	0.5	
底座板	裂缝	宽度(mm)	0.2	0.3	0.5	桥梁地段。掉块、缺损或剥落应适时修补
侧向挡块	裂缝	宽度(mm)	0.2	0.3	0.5	
水泥乳化沥青砂浆	离缝	宽度(mm)	0.5	1.0	1.5	
		深度(mm)	20～50	50～100	≥100	
		对角长度(mm)	20～30	30～50	≥50	
	裂缝	宽度(mm)	0.2	0.5	1.0	
挤塑板	离缝	宽度(mm)	0.2	0.5	1.0	

第五节　CPⅢ轨道控制网

平面控制网在框架平面控制网(CP0)的基础上分三级布设,第一级为基础平面控制网(CPⅠ),主要为勘测、施工和运营维护提供坐标基准;第二级为线路平面控制网(CPⅡ),主要为勘测和施工提供控制基准;第三级为轨道控制网(CPⅢ),主要为轨道铺设和运营维护提供控制基准。

CPⅠ(基础平面控制网)是沿线路走向布设,约 4 km 一对(个),按 GPS 静态相对定位原理建立,为全线(段)各级平面控制测量的基准。

CPⅡ(线路控制网)是在基础平面控制网(CPⅠ)上沿线路附近布设,约 800～1 000 m 一个,为勘测、施工阶段的线路平面控制和无砟轨道施工阶段轨道控制网的基准。

CPⅢ(轨道控制网)是沿线路布设的三维控制网,起闭于 CPⅠ或 CPⅡ,约 60 m 左右一对,无砟轨道 CPⅢ网一般采用自由设站边角交会法测量,一般在线下工程施工完成后施测,为无砟轨道铺设和运营维护的基准。

三网合一的"三网"是指勘测设计控制网、工程施工控制网、运营维护控制网,时速 200 km 及以上铁路的"三网"应建立统一的平面、高程控制基准,即"三网合一"。

各级平面控制网的主要技术要求见表 6.21。

表 6.21　各级平面控制网主要技术要求

控制网级别	测量方法	测量等级	点间距	相邻点位坐标中误差(mm)	备　注
CP0	GPS		50 km	20	
CPⅠ	GPS	二等	≤4 km 一对点	10	点对间距≥800 m
CPⅡ	GPS	三等	600～800 m	8	
	导线	三等	400～800 m	8	附合导线网
CPⅢ	自由设站边角交会		50～70 m 一对点	1	

高程控制网分两级布设，第一级为线路水准基点控制网(基岩点、深埋水准点和普通水准点)，第二级为轨道控制网(CPⅢ)。全线高程基准应采用国家85高程基准。

高程控制网测量等级及布点要求见表6.22。

表6.22　高程控制网测量等级及布点要求

控制网级别	测量方法	测量等级	点间距
基岩点	水准	一、二等	50 km
深埋点	水准	二等	10 km
普通水准点	水准	二等	2 km
CPⅢ	水准	精密水准	50～70m

一、轨道控制网(CPⅢ)测量

(一)CPⅢ控制网的一般要求

1. 元器件要求

无砟轨道CPⅢ控制点的元器件必须采用工厂精加工元器件(要求采用数控机床)，用不易生锈及腐蚀的金属材料制作，有带支架的反射镜、轨道标记销钉、标记点锚固螺栓、栓孔保护销钉(塑料)等。平面和高程控制标志分别短标、长标，观测时进行平面、高程标互换。

2. CPⅢ控制网的测量标志必须达到以下要求

具有强制对中、能在其上安置和整平棱镜、可将标志上的高程准确地传递到棱镜中心、能够校准棱镜上的圆水准气泡等功能，而且能够长期保存、不变形、体积小、结构简单、安装方便、价格适中；

3. 同一套测量标志在同一点重复安装的空间位置偏差应该小于±0.5 mm，分解到X、Y、H方向的重复安装偏差三方向应均小于±0.3 mm；不同套测量标志在同一点重复安装的空间位置偏差也应该小于±0.5 mm，分解到X、Y、H方向的重复安装偏差三方向应均小于±0.3 mm(表6.23)。

4. 同一段线路上的轨道施工精调和精测单位、竣工时的轨道线形竣工测量单位、运营期间的轨道维护和测量单位，必须使用同一型号的CPⅢ控制网测量标志。

表 6.23 CPⅢ标志安装精度要求

PⅢ标志	重复安装误差	互换性安装误差
X	±0.3 mm	±0.3 mm
Y	±0.3 mm	±0.3 mm
H	±0.3 mm	±0.3 mm

(二)CPⅢ标志埋设要求

CPⅢ控制点距离布置一般为 60 m 左右一对,且不应大于 70 m,CPⅢ控制点布设高度应与轨道面上保持一定的高度。

1. 一般路基地段宜布置在接触网杆上。

2. 当路基地段没有施工接触网杆时可以在路基上布置临时控制点桩或布置在已施工的接触网杆的基座上,如图 6.1 所示。

3. 桥梁上一般布置在防护墙上,如图 6.2 所示。

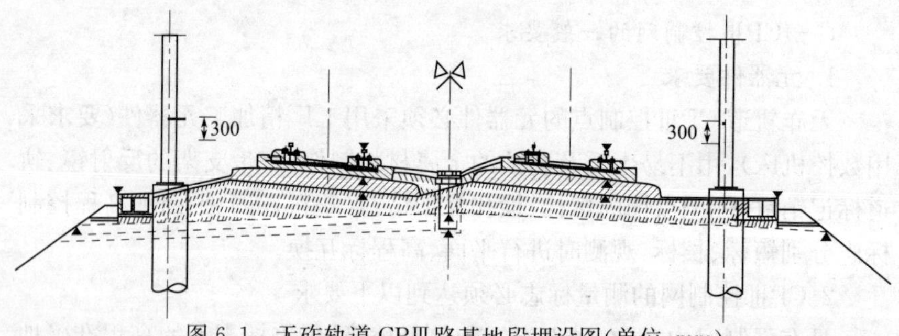

图 6.1 无砟轨道 CPⅢ路基地段埋设图(单位:mm)

注:CPⅢ控制点距离设计轨面高差一般为 300 mm 左右。

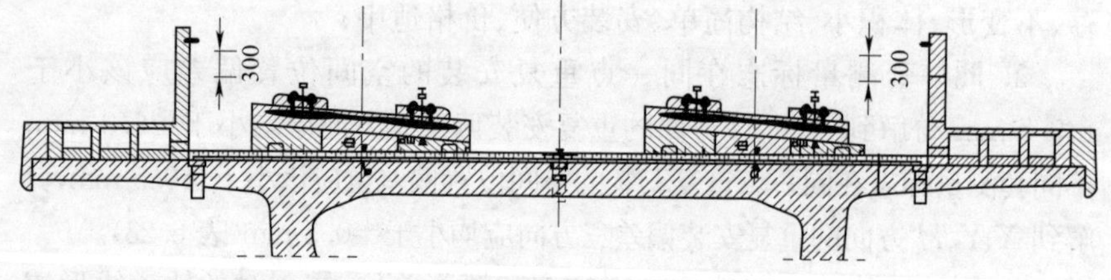

图 6.2 无砟轨道 CPⅢ控制点桥梁上埋设图(单位:mm)

注:CPⅢ控制点距防护墙表面 50 mm 左右。

4. 隧道里一般布置在电缆槽顶面以上 30～50 cm 的边墙内衬上。

CPⅢ控制点应设置在稳固、可靠、不易破坏和便于测量的地方，并应防冻、防沉降和抗移动，控制点标识要清晰、齐全、便于准确识别和使用，如图 6.3 所示。

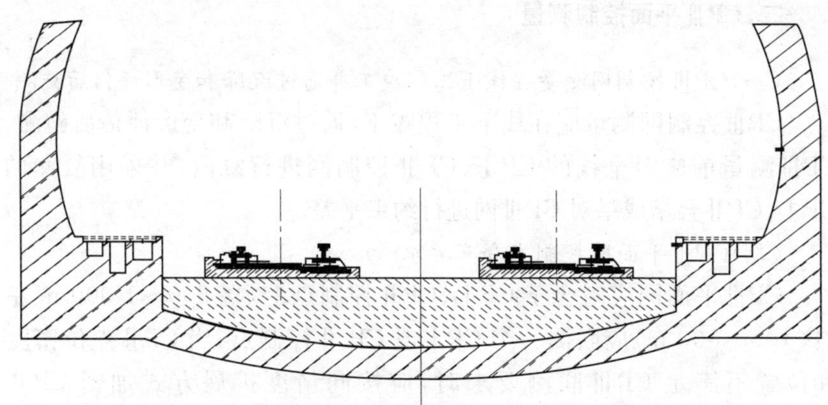

图 6.3　无砟轨道 CPⅢ控制点隧道内埋设示意图(单位：mm)

注：标记点设置在内衬上，点位距电缆槽边墙表面 30～50 cm 左右。

(三)CPⅢ控制点的安装

CPⅢ控制点的安装：安装标记销钉(在不使用时可以将该销钉取下保存)、安装反射镜(在不使用时可以将该反射镜及销钉取下保存)。点号标志字号应采用统一规格字模，字高为 6 cm 的正楷字体刻绘，并用白色油漆抹底，黑色油漆喷写编号。点号铭牌白色抹底规格为 30 cm×20 cm，黑色油漆应注明 CPⅢ编号、工程线名简称、施测单位名简称。

(四)CPⅢ网络的点编号

CPⅢ点按照公里数递增进行编号(表 6.24)，其编号反映里程数。

表 6.24　CPⅢ点名编号原则

点编号	含　义	数字代码	在里程内点的位置
0356301	表示线路里程 DK356 范围内线路前进方向左侧的 CPⅢ第 1 号点，“3”代表“CPⅢ”	0356301	(轨道左侧)奇数 1、3、5、7、9、11 等
0356302	表示线路里程 DK356 范围内线路前进方向右侧的 CPⅢ第 1 号点，“3”代表“CPⅢ”	0356302	(轨道右侧)偶数 2、4、6、8、10、12 等

CPⅢ点以数字CPⅢ为数字代码，所有处于线路下行线轨道左侧的标记点，编号为奇数，处于上行线轨道右侧的标记点编号为偶数，在有长短链地段应注意编号不能重复。

二、CPⅢ平面控制测量

（一）CPⅢ控制网测量在线下工程竣工并通过沉降和变形评估后施测

CPⅢ控制网测量应在线下工程竣工，通过沉降和变形评估后施测。CPⅢ测量前应对全线的CPⅠ、CPⅡ控制网进行复测，并采用复测的CPⅠ、CPⅡ合格成果对CPⅢ网进行约束平差。

（二）CPⅢ平面网控制点分布要求

CPⅢ平面网应附合于CPⅠ、CPⅡ控制点上，每800～1 000 m左右（400～800 m）应联测一个CPⅠ或CPⅡ控制点，当CPⅡ点位密度和位置不满足CPⅢ联测要求时，应按同精度扩展方式加密CPⅡ控制点。

（三）CPⅢ平面控制网的主要技术指标（表6.25）

表6.25 CPⅢ平面网的主要技术指标

控制网名称	测量方法	方向观测中误差	距离测量中误差	相邻点相对点位中误差
CPⅢ平面控制网	自由测站边角交会	1.8″	1.0 mm	1.0 mm

（四）CPⅢ控制网的测量仪器设备应满足的要求

1. 使用的全站仪应具有自动目标搜索、自动照准、自动观测、自动记录功能，其标称精度应满足：方向测量中误差不大于±1″，测距中误差不大于±(1 mm+2 ppm)。

2. 观测前须按要求对全站仪进行检校，作业期间仪器须在鉴定有效期内。边长观测应进行温度、气压等气象元素改正，温度计量测精度不低于±0.5 ℃，气压计量测精度不低于±5 kPa。

（五）CPⅢ控制网水平观测法（表6.26）

CPⅢ控制网水平方向应采用全圆方向观测法进行观测。当观测方向较多时，也可以采用分组全圆方向观测法。

表 6.26　CPⅢ平面网水平方向观测技术要求

控制网名称	仪器等级	测回数	半测回归零差	不同测回同一方向 2C 互差	同一方向归零后方向值较差
CⅢ平面网	05″	3	6″	9″	6″
	1″	3∽4	9″	9″	6″

（六）CPⅢ平面网距离测量要求（表 6.27）

表 6.27　CPⅢ平面网距离观测技术要求

控制网名称	测回	盘左和盘右半测回距离较差	测回间距离较差
CⅢ平面网	3	±1 mm	±1 mm

注：距离测量一测回是全站仪盘左、盘右各测量一次的过程。

（七）CPⅢ控制网观测间距

CPⅢ控制网观测的自由测站间距一般约为 120 m，自由测站到 CPⅢ点的最远观测距离不应大于 180 m；每个 CPⅢ点至少应保证有三个自由测站的方向和距离观测量。CPⅢ平面网与上一级 CPⅠ、CPⅡ控制点联测时，应至少通过 2 个连续的自由测站或三个以上 CPⅢ点进行联测。可以根据施工需要分段测量，分段测量的测段长度不宜小于 4 km。测段间应重复观测不少于 4 对 CPⅢ点，作为分段重叠观测区域以便进行测段衔接。

（八）CPⅢ平面网的平差计算取位要求（表 6.28）

表 6.28　CPⅢ平面网平差计算取位

控制网名称	水平方向观测值（″）	水平距离观测值（mm）	方向改正数（″）	距离改正数（mm）	点位中误差（mm）	点位坐标（mm）
CPⅢ平面网	0.1	0.1	0.01	0.01	0.01	0.1

（九）坐标换带处 CPⅢ平面网计算

坐标换带处 CPⅢ平面网计算时，应分别采用相邻两个投影带的 CPⅠ、CP Ⅱ坐标进行约束平差，并分别提交相邻投影带两套 CPⅢ平面网的坐标成果。两套坐标成果都应该满足 CPⅢ相应精度要求，提供两套坐标的 CPⅢ测段长度不应小于 800 m。分带投影测段之间衔接时，前后测段独立平差重叠点，通过坐标转换成相同坐标系的坐标差值应满足小于等于±5 mm。满足该条件后,后一测段CPⅢ网平差,应采用本测段联测的CPⅠ、CPⅡ控制点及前测段所有CPⅢ点转换坐标成果进行固定约束平差。

(十)软件要求

CPⅢ平面网平差计算应采用主管部门评审通过的软件,并采用约束平差的成果。数据处理软件应与全站仪数据采集软件接口兼容。

(十一)CPⅢ平面网复测处理

CPⅢ平面网复测时,联测上一级控制点CPⅠ、CP Ⅱ的方法和数量应与原测网相同,CPⅢ点复测成果与原测成果的坐标较差应小于等于±5 mm。

大跨度连续梁桥CPⅢ测量与轨道精调应尽量在相同的环境条件下进行 。

三、CPⅢ高程控制测量

(一)CPⅢ点与CPⅢ点之间的水准路线

CPⅢ点与CPⅢ点之间的水准路线,采用图6.4所示的水准路线形式进行,每相邻的四个CPⅢ点之间均构成一个闭合环,以保证观测数据质量;CPⅢ点与上一级水准点的高程联测,应采用独立往返精密水准测量(主要技术标准见表6.29)的方法进行。

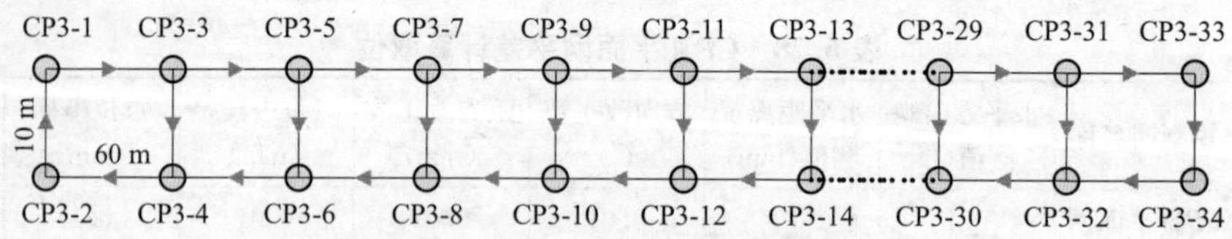

图6.4 水准路线形式

表6.29 CPⅢ高程网精密水准测量的主要技术标准

水准测量等级	观测方法	
	与已知点联测	环线
精密水准	往返	单程

（二）CPⅢ高程精密水准测量精度要求（表 6.30）

表 6.30　精密水准测量精度要求表（mm）

水准测量等级	每千米水准测量偶然中误差 MΔ	每千米水准测量全中误差 MW	限差			
			相邻 CPⅢ点对高差之差	往返测不符值	附合路线或环线闭合差	左右路线高差不符值
精密水准	≤2.0	≤4.0	$8\sqrt{L}$	$8\sqrt{L}$	$8\sqrt{L}$	$6\sqrt{L}$

注：表中 L 为往返测段、附合或环线的水准路线长度，单位 km。

（三）连续桥梁观测

2 km 以上连续桥梁高程传递应采用中间设站三角高程测量法（表 6.31）进行观测，前后视为同一个棱镜，观测时，棱镜高不变；仪器与棱镜的距离不宜大于 100 m，最大不应超过 150 m。前、后视距应尽量相等，一般距离差差值不宜超过 5 m。观测时，要准确测量温度、气压值，以便进行边长改正。

表 6.31　中间设站三角高程测量的主要技术要求

垂直角测量				距离测量			
测回数	两次读数差″	测回间指标差互差″	测回差″	测回数	每测回读数次数	四次读数差 mm	测回差 mm
4	≤±5.0	≤±5.0	≤±5.0	4	4	≤±2.0	≤±2.0

（四）CPⅢ高程网外业观测成果的质量评定与检核的内容

应该包括：测站数据检核、水准路线数据检核，当 CPⅢ水准网的环数超过 20 个时还要进行每千米水准测量的高差全中误差的计算。

CPⅢ控制点高程测量应严密平差，平差计算取位按表 6.32 中精密水准测量的规定执行。

表 6.32　精密水准测量计算取位表

等级	往（返）测距离总和（km）	往（返）测距离中数（km）	各测站高差（mm）	往（返）测高差总和（mm）	往（返）测高差中数（mm）	高程（mm）
精密水准	0.01	0.1	0.01	0.01	0.1	0.1

（五）轨道精调自由设站的技术要求

1. 在轨道精调作业前，应对 CPⅢ进行设站检核，CPⅢ设站检核要求如下：

(1)采用 6～12 个 CPⅢ点进行 CPⅢ间相对精度检查；

(2)搭接区 CPⅢ测量点的较差必须小于 3 mm。

2. CPⅢ轨道精调作业设站要求如下：

(1)长轨精调测量范围必须在 CPⅢ覆盖范围内；

(2)两自由设站之间有至少 4 个共用 CPⅢ点。

3. 自由设站时检查 CPⅢ点改正值要求：

(1)大于 1.5 mm 者应剔除，重新设站；

(2)自由设站点精度精度≤0.7 mm。

第六节　无砟轨道精调作业

一、作业程序

动态检测──→轨道测量──→模拟试算调整──→现场位置确定及复核──→更换扣件──→对所更换扣件进行检查确认──→已更换扣件的回收──→轨道状态检查确认。

二、基本轨的定义

在曲线段，轨道高股为轨向数据的基本轨，即轨向数据反映出的是高股状态。轨道低股为高低数据的基本轨，即高低数据反映出的是低股状态；

在直线段，以前方曲线的高股侧钢轨为轨向数据基本轨，以低股轨为高低数据的基本轨；

当直线段前方无曲线或出现里程断链时，以直线段后方曲线的高、低股判断轨向及高低的基本轨；(“－”指前进线形右偏，“＋”指前进线形左偏)。

三、轨道状态分析

采用综合检测车和车载、便携添乘仪、人工检测等，对线路设备进行定期检测，以获得线路设备技术状态信息、及时掌握线路设备变化规律、查找设备病害。运用轨道检查小车、利用 CPⅢ网，实施三维精确测量，综合分析、判定轨道几何偏差的类型、程度和准确地点，为制定养护方案提供详细的数据支持。

（一）安伯格小车数据采集

1. 全站仪采用后方交会的方法进行设站，为了确保全站仪的设站精度，建议使用 8 个后视点，如果现场条件不满足，至少使用 6 个控制点；设站中误差：东坐标/北坐标/高程：1 mm；方向：2″。

2. 下一区间设站时至少要包括 4 个上一区间精调中用到的控制点，以保证轨道线性的平顺性。

3. 与轨检小车同向的控制点自由设站计算时弃用要谨慎。

（二）数据分析与调整量模拟试算

1. 数据分析

（1）GRP SlabRep 设置（图 6.5）。

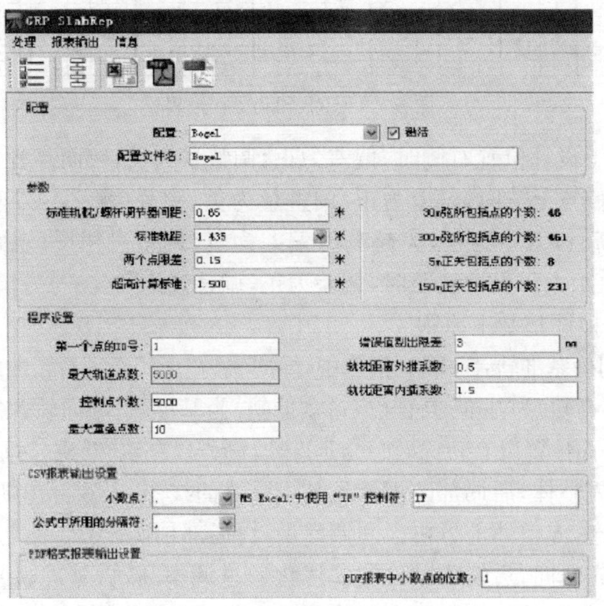

图 6.5　GRP SlabRep 设置

（2）GRP SlabRep 报表（图 6.6）。

（3）偏差和调整量符号法则。

偏差和调整量符号相反；以面向大里程方向定义左右；平面位置：实

测量点(MP)	轨枕号	里程	绝对精度		超高			轨距			相对精度（间隔：物理距离，弦长：30米，每隔5米测量；弦长：300m，每隔150米测量）															
			偏差（设计-实测）								竖曲线								平曲线							
			平曲线	竖曲线	设计值	实测	偏差	设计值	实测	偏差	不平顺值短波				不平顺值长波				不平顺值短波				不平顺值长波			
			Max(10mm)	Max(10mm)			Max(2mm)			Max(2mm)	检核点	设计值	实测	偏差 Max(2mm)	检核点	设计值	实测	偏差 Max(10mm)	检核点	设计值	实测	偏差 Max(2mm)	检核点	设计值	实测	偏差 Max(10mm)
		[公里]	[毫米]	[毫米]	[毫米]	[毫米]	[毫米]	[毫米]	[毫米]	[毫米]	测量点+5米	[毫米]	[毫米]	[毫米]	测量点+150米	[毫米]	[毫米]	[毫米]	测量点+5米	[毫米]	[毫米]	[毫米]	测量点+150米	[毫米]	[毫米]	[毫米]
228*	14*	1612.1+63.	2	-1	0	0	0	1435	1434	1	236	0	0	0	468	0	-1	1	236	0	3	[illegible]	468	0	2	-2
229	15	1612.1+64.	2	-2	0	0	0	1435	1434	1	237	0	0	0	469	0	-2	2	237	0	3	[illegible]	469	0	2	-2
230*	16*	1612.1+65.	1	-2	0	0	0	1435	1434	1	238	0	-1	1	470	0	-1	1	238	0	3	[illegible]	470	0	2	-2
231	17	1612.1+65.	1	-2	0	0	0	1435	1434	1	239	0	-1	1	471	0	-1	1	239	0	2	-2	471	0	2	-2
232	18	1612.1+66.	1	-3	0	-1	1	1435	1434	1	240	0	-2	2	472	0	-1	1	240	0	2	-2	472	0	3	-3
233*	19*	1612.1+67.	1	-1	0	-2	2	1435	1433	2	241	0	-2	2	473	0	0	0	241	0	0	0	473	0	2	-2
234	20	1612.1+68.	2	2	0	-2	2	1435	1433	2	242	0	-1	1	474	0	0	0	242	0	-2	2	474	0	-1	1
235*	21*	1612.1+68.	2	1	0	-2	2	1435	1433	2	243	0	-1	1	475	0	0	0	243	0	-2	2	475	0	-1	1
236	22	1612.1+69.	2	1	0	-1	1	1435	1433	2	244	0	0	0	476	0	1	-1	244	0	-2	2	476	0	0	0
237**	23**	1612.1+69.	2	1	0	-1	1	1435	1433	2	245	0	0	0	477	0	1	-1	245	0	-2	2	477	0	-1	1
238	24	1612.1+70.	2	1	0	-1	1	1435	1432	[illegible]	246	0	0	0	478	0	1	-1	246	0	-3	[illegible]	478	0	-1	1
239*	25*	1612.1+71.	3	-1	0	-1	1	1435	1433	2	247	0	1	-1	479	0	1	-1	247	0	-1	1	479	0	1	-1
240	26	1612.1+71.	3	-1	0	-1	1	1435	1433	2	248	0	1	-1	480	0	2	-2	248	0	0	0	480	0	1	-1
241*	27*	1612.1+72.	3	-1	0	-1	1	1435	1433	2	249	0	1	-1	481	0	0	0	249	0	0	0	481	0	0	0
242	28	1612.1+73.	3	-1	0	-1	1	1435	1433	2	250	0	1	-1	482	0	0	0	250	0	0	0	482	0	0	0
243*	29*	1612.1+73.	3	-1	0	-1	1	1435	1433	2	251	0	1	-1	483	0	0	0	251	0	0	0	483	0	0	0
244	30	1612.1+74.	2	-2	0	-1	1	1435	1433	2	252	0	1	-1	484	0	0	0	252	0	0	0	484	0	0	0
245*	31*	1612.1+74.	2	-2	0	-1	1	1435	1433	2	253	0	1	-1	485	0	0	0	253	0	0	0	485	0	0	0
246	32	1612.1+75.	2	-2	0	-1	1	1435	1433	2	254	0	1	-1	486	0	0	0	254	0	0	0	486	0	0	0
247*	33*	1612.1+76.	2	-2	0	0	0	1435	1433	2	255	0	1	-1	487	0	0	0	255	0	0	0	487	0	0	0
248	34	1612.1+76.	2	-2	0	0	0	1435	1433	2	256	0	1	-1	488	0	0	0	256	0	0	0	488	0	0	0
249*	35*	1612.1+77.	2	-2	0	0	0	1435	1433	2	257	0	1	-1	489	0	0	0	257	0	1	-1	489	0	0	0
250	36	1612.1+78.	2	-2	0	0	0	1435	1434	1	258	0	0	0	490	0	0	0	258	0	1	-1	490	0	0	0
251*	37*	1612.1+78.	2	-2	0	0	0	1435	1433	2	259	0	0	0	491	0	0	0	259	0	1	-1	491	0	0	0
252*	38*	1612.1+79.	1	-2	0	0	0	1435	1433	2	260	0	0	0	492	0	0	0	260	0	2	-2	492	0	0	0
253*	39*	1612.1+79.	1	-2	0	0	0	1435	1433	2	261	0	-1	1	493	0	0	0	261	0	2	-2	493	0	0	0

图 6.6　GRP SlabRep 报表

际位置位于设计位置右侧时，偏差为正，调整量为负；轨面高程：实际位置位于设计位置上方时，偏差为正，调整量为负；超高（水平）：外轨（名义外轨）过超高时，偏差为正，欠超高时偏差为负，调整量相反；轨距：以大为正，实测轨距大于设计轨距时，偏差为正，调整量为负。

2. 模拟调整基本原则

（1）明确基准轨：Slabrep 报表中，导向轨为"－1"表示右转曲线，平面位置以左轨（高轨）为基准，高程以右轨（低轨）为基准轨；导向轨为"1"表示左转曲线，平面位置以右轨（高轨）为基准轨，高程以左轨（低轨）为基准轨；

（2）"先整体，后局部"：可首先基于整体曲线图，大致标出期望的线路或起伏状态，先整体上分析区间调整量，再局部精调；

（3）"先轨向，后轨距"：轨向的优化通过调整高轨（基准轨）的平面位置来实现，低轨的平面位置利用轨距及轨距变化率来控制；

（4）"先高低，后水平"：高低的优化通过调整低轨（基准轨）的高程来实现，高轨的高程利用超高和超高变化率来控制；

（5）在 DTS 轨道精调软件中，平顺性指标可通过对主要参数（平面位置、轨距、高程、水平）偏差曲线图的“削峰填谷”原则来实现，目的：直线顺直，曲线圆顺。

3. 模拟调整

（1）模拟调整（图 6.7）：长波不平顺，在大区间范围内整体“削峰填谷”。

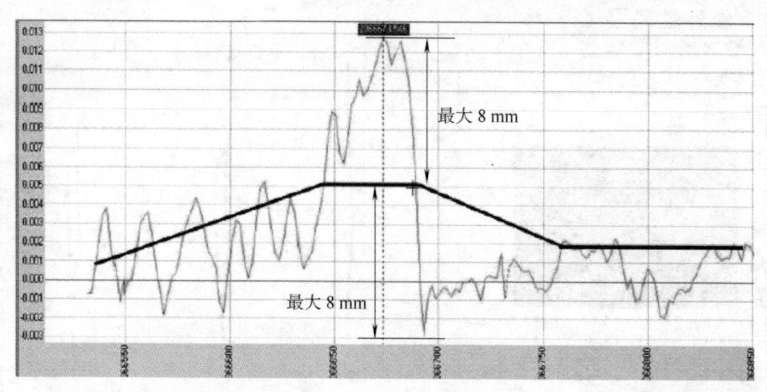

图 6.7　波形图

（2）模拟调整轨向（图 6.8）：平面基准轨偏差导致轨向不平顺：首先通过调整基准轨使轨向满足要求，然后通过调整非基准轨使轨距和轨距变化率满足要求。

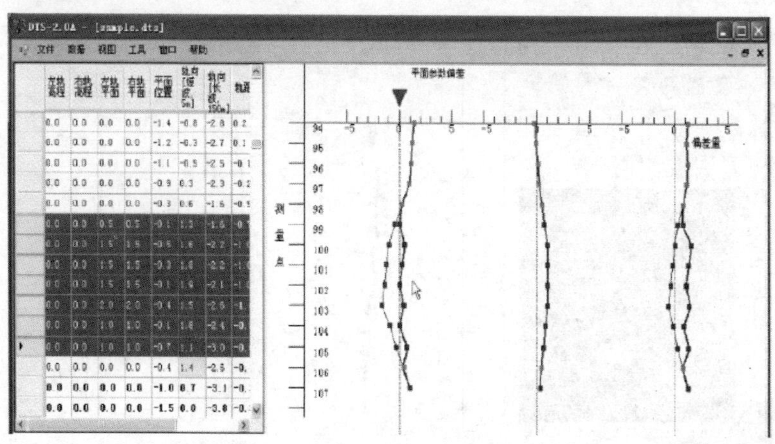

图 6.8　适算分析界面

(3)模拟调整轨距(图 6.9):平面非基准轨偏差导致轨距不平顺,在轨向良好的情况下,直接调整非基准轨使轨距和轨距变化率满足要求。

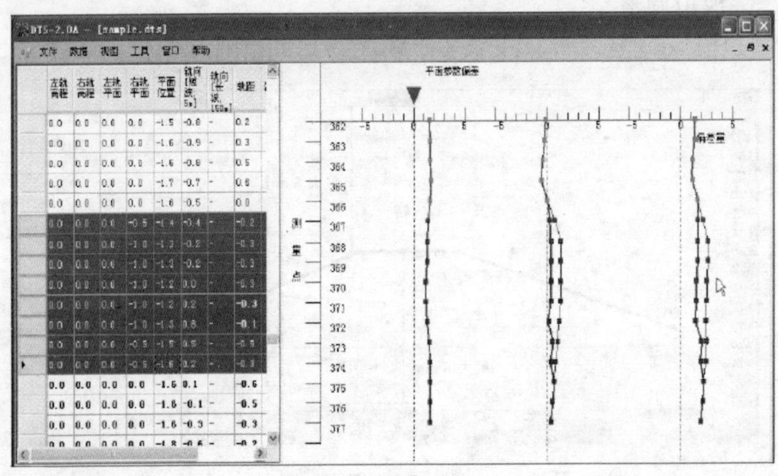

图 6.9　适算分析界面

(4)模拟调整高低(图 6.10):高程基准轨偏差导致高低不平顺:首先通过调整基准轨股使高低满足要求,然后通过调整非基准轨使超高和超高变化率满足要求。

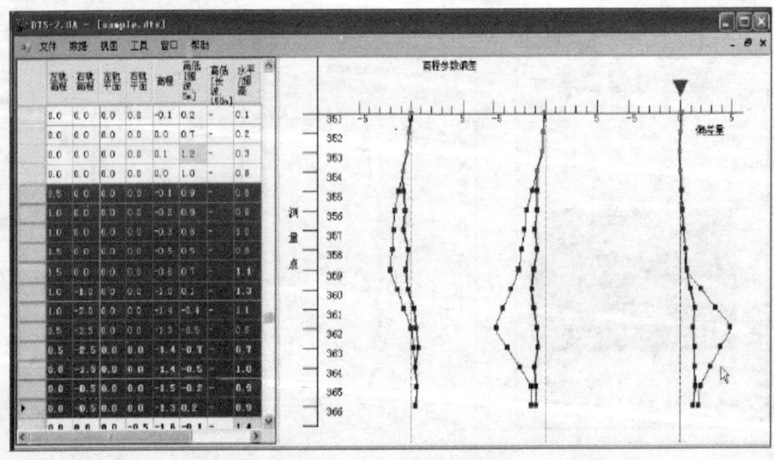

图 6.10　适算分析界面

(5)模拟调整水平/超高(图 6.11):高程非基准轨偏差导致超高不平顺:在高程良好的情况下,直接调整非基准轨使超高和超高变化率满足要求。

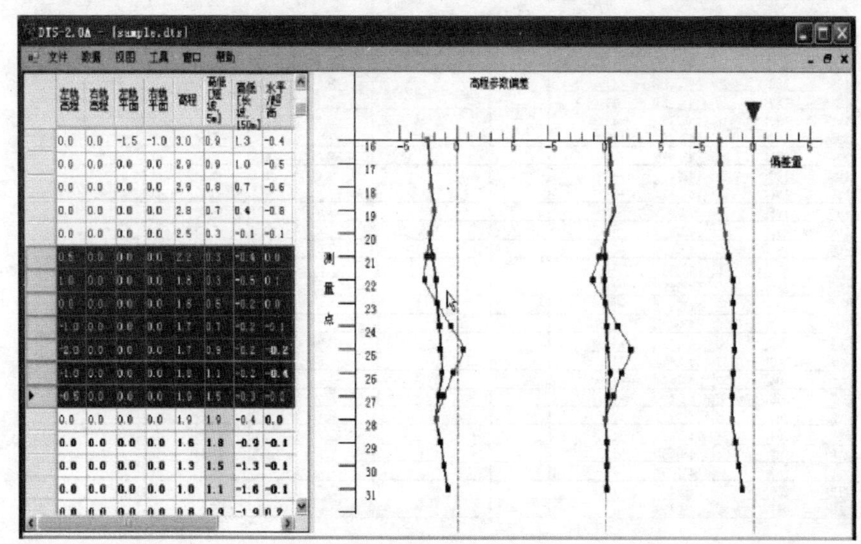

图 6.11　适算分析界面

(6)模拟调整量报表,见图 6.12。

四、精调作业程序(CRTSⅠ型无砟轨道精调作业)

(一)作业准备

1. 对不良处所动态反复添乘,确定病害准确里程。

2. 对不良处所使用轨道测量仪测量,道岔还要进行工电联合检查。

3. 结合动态数据和静态检查数据,制定作业方案,经逐级审批后方可实施。

4. 使用轨温计测量轨温。

(二)基准股的确定

一般以里程增加方向,在曲线地段以上股为平面基准股,下股为高程基准股,直线地段同前方曲线。

	A	B	C	D	E	F	G	H	I	K	L	N	O
1	测量点	轨枕ID	里程	导向轨	左轨高程	右轨高程	左轨平面	右轨平面	高程	平面位置	水平	轨距	备注
188	186	14	1432422	-1					-2.6	2.3	-0.2	-0.7	
189	187	15	1432423	-1					-2.3	2	-0.3	-0.7	
190	188	16	1432424	-1					-2.7	1.9	-0.3	-0.5	
191	189	17	1432424	-1					-2.7	1.2	-0.1	-0.4	
192	190	18	1432425	-1					-2.5	1.1	-0.2	-0.4	
193	191	19	1432426	-1					-2.3	1.3	-0.5	-0.8	1d27307-020
194	192	20	1432426	-1					-2.6	1.2	-0.5	-0.9	
195	193	21	1432427	-1					-2.4	0.8	-0.6	-0.8	
196	194	22	1432428	-1					-2.8	1	-0.6	-0.8	
197	195	23	1432428	-1					-2.9	1	-0.2	-0.8	
198	196	24	1432429	-1		-1	-1	-1	-2.8	0.6	-0.6	-0.8	
199	197	25	1432430	-1		-1	-1	-1	-2.9	0.1	0.1	-1.1	
200	198	26	1432430	-1		-1	-1	-1	-3	0.5	0.2	-1.6	
201	199	27	1432431	-1		-1			-3	0.1	0.1	-1.6	
202	200	28	1432432	-1		-1			-3.4	0.8	-0.1	-1.6	
203	201	29	1432432	-1			1	1	-3.9	0.6	0.5	-1.5	1d27307-030
204	202	30	1432433	-1			1	1	-3.9	0.7	0.1	-1.5	
205	203	31	1432434	-1			1	1	-3.5	1	-0.2	-1.7	
206	204	32	1432434	-1			1	1	-3.2	1.3	-0.3	-1.7	
207	205	30	1432435	-1			1	1	-3.1	0.7		-1.7	
208	206	34	1432435	-1					-3.4	1.2	0.1	-1.4	
209	207	35	1432436	-1					-3.3	0.6	0.2	-0.6	
210	208	36	1432437	-1					-3.3	-0.5	0.5	-0.4	
211	209	37	1432437	-1					-3.4	-0.8	0.5	-0.4	
212	210	38	1432438	-1			-1	-1	-3.7	-0.6	0.7	-0.4	
213	211	39	1432439	-1	-1	-1	-1	-1	-3.5		0.7	-0.7	1d27307-040

图 6.12 模拟调整量报表

（三）精调基本流程

测量数据给出高程基准股高程调整量及平面基准股轨向调整量，第一步利用电子道尺测量现场水平，结合高程基准股高程调整量确定平面基准股高程调整量；第二步先调平面基准股的高程，再根据测量数据调平面基准股轨向，第三步根据测量给出的调整量调整高程基准股高程，再利用电子道尺测量轨距调整高程基准股轨向。

（四）检查记录

现场对作业地段进行静态轨距、水平逐根检查，并记录在基准股钢轨轨顶部位，作为作业的参考。

（五）数据标记

在几何尺寸检查的同时可以安排一人对轨道测量仪提供的作业数据进行标注：高低写在轨顶上："＋"为调高，"－"为调低。轨向写在轨底上：

用箭头注明调整方向,“＋”向右,“－”向左。

（六）作业分组

作业依次分平面基准股高程、平面基准股轨向,高程基准股高程、高程基准股轨向(通过测量轨距方式调整)4 个小组,小组负责人按标注的资料作为作业依据。并分别用道尺回检各作业工序质量。

（七）基准股的高程调整

安排一名职工对作业地段进行材料准备并按轨顶上标注的高低调整量组合、分发垫片至对应的扣件旁,松开弹条扣件,垫撤垫板。但连续松开扣件不超过 9 套。高低调整有以下三种方式:

10 mm 以下调高:将轨下调高垫板组合放置在橡胶垫板与铁垫板之间,按厚度分为 0.5 mm、1 mm、2 mm、5 mm 和 8 mm 等 5 种规格。调高垫板不得放在钢轨与橡胶垫板之间,轨下调高垫板的数量不得超过三块(含 0.5 mm),并应把最薄的轨下调高垫板放在下面,以防轨下调高垫板窜出。

10～26 mm 调高:先将铁垫板下调高垫板(厚度分为 5 mm 和 10 mm 两种规格)放置在铁垫铁垫板与绝缘缓冲垫板之间,再根据调整量与轨下调高垫板组合使用,垫入铁垫板下调高垫板的总数不得超过两块,总厚度不得超过 20 mm。

调低:轨道高程调低采用抽换绝缘缓冲垫板实现,先将 6 mm 标准绝缘缓冲垫板换成 2 mm 规格,再根据调低量与轨下调高垫板组合使用。

（八）基准股轨向调整作业

第一步:松开锚固螺栓,松开扣件数量应符合轨温作业条件;

第二步:用撬棍或改道器横向挪动铁垫板,直至轨距合适(调左股新轨距＝原轨距－轨向调整量,调右股新轨距＝原轨距＋轨向调整量);

第三步:以 300～350 N·m 的扭矩拧紧锚固螺栓。

在挪动铁垫板时若出现平垫块和铁垫板卡阻情况,平垫块掉头,短边朝向钢轨;再继续挪动铁垫板,确认轨距和轨向合适后以 300～350 N·m 的扭矩拧紧锚固螺栓。

（九）非基准轨调整

当基准股一段距离(一般选择 50～100 m)的高程和平面调整结束、

质量回检完成后，再对另外一股钢轨进行调整。熟练以后在一个精调小组内可以细分成两个组，一个组做基准股，另一个组相隔 50 m 左右做非基准股。非基准股的调整比较简单，主要依靠轨距和水平来控制，关键要统一轨距和水平的标准。

在现场作业的同时，以下几个方面需要特别注意：一是要消灭轨距挡板的离缝；二是必须保证基准股的质量，基准股没有做到标准坚决不容许做非基准股；三是严格禁止两股钢轨同时松开作业；四是按程序操作，作业一次达标，尽量减少锚固螺栓作业，防止锚固螺栓失效。

复习思考题

1. 无砟轨道施工测量中，平面测量控制网按哪三级布设，其作用是什么？

2. 无砟轨道精确调整的分类是什么？

3. 请叙述 CPⅢ轨道控制网的布设。

4. CPⅢ网络的点编号方法是什么？

5. 简述无砟轨道精调作业程序。

第七章　高铁桥梁结构与检查

第一节　高速桥梁概述

一、高速铁路桥梁特点

高速铁路上的桥梁，除须满足一般铁路桥梁的要求外，还需满足一些特殊的要求，这是因为在高速列车运行条件下，结构的动力响应加剧，从而使列车运行的安全性、旅客乘坐的舒适度、荷载冲击、材料的疲劳、列车运行时的噪声、结构的耐久性等等问题都与普通铁路不同。所以，桥梁结构必须具有足够的强度和刚度，必须保证可靠的稳定性和保持桥上轨道的高平顺状态，使高速铁路的桥梁结构能够承受较大的动力作用，具备良好的动力特性。

高速列车的运营要求较高，能用于检查、维修的时间有限。因此，从总体上来说，高速铁路上的桥梁结构应构造简洁，规格和外形力求标准化，消除构造上的薄弱环节，使得便于施工、建造质量容易得到控制，达到少维修的目的。

(一)桥梁刚度“大”

桥梁上部结构应优先采用预应力混凝土结构，亦可采用钢筋混凝土结构、钢结构和钢-混凝土结合结构。结构要有足够的竖向刚度、横向刚度和抗扭刚度，并保证结构的整体性。预应力混凝土梁部结构，宜选用双线整孔箱形截面梁。需要时可选用两个并置的单线箱形截面梁。

梁部结构在 ZK 活载静力作用下，跨度 $L>80$ m 的梁端竖向折角不应大于 2‰。梁件的竖向挠度限值见表 7.1。

表 7.1 梁体的竖向挠度限值

项目＼跨度	$L\leqslant 24$ m	24 m$<L\leqslant 80$ m	$L>80$ m
单跨	L/1 300	L/1 000	L/1 000
多跨	L/1 800	L/1 500	L/1 000

(二)桥梁施工难度“大”

由于高速铁路桥梁中常用跨度主要是 32 m、24 m 箱形梁，自重分别达到 850 t、620 t。因此采用预制(梁场的布置、台座、模板)、架设(起吊、运输、架设)、现场浇筑(支架法施工、造桥机施工、悬臂浇筑)等施工方法进行施工，具有一定的施工难度。

(三)桥梁沉降控制“严”

墩台基础的沉降量应按恒载计算，其工后沉降量不应超过下列容许值：

墩台均匀沉降量：

对于有砟桥面桥梁：30 mm

对于无砟桥面桥梁：20 mm

外静定结构相邻墩台沉降量之差：

对于有砟桥面桥梁：$\Delta=0.5L$(mm)，并不大于 15 mm

对于无砟桥面桥梁：$\Delta=0.15L$(mm)，并不大于 5 mm

Δ—相邻墩台沉降量之差，单位 mm。

L—相邻墩台间的梁跨长，单位 m。

对于外静不定结构，其相邻墩台均匀沉降量之差的容许值，除要满足外静定结构相邻墩台沉降量之差的要求外，还应根据沉降时对结构产生的附加应力的影响而定。

(四)桥梁徐变上拱控制“严”；

目前，我国普通铁路上的部分预应力混凝土梁，徐变上拱问题比较突出，以跨度 32 m 预应力混凝土梁为例，实测徐变上拱值约为 6 cm。

对于高速铁路中为保证轨道的高平顺状态，规范中对桥上线路铺设后的徐变上拱进行了严格地控制。即：轨道铺设后，有砟桥面梁的徐变上拱值要求不大于 20 mm；无砟桥面梁的徐变上拱值不大于 10 mm。

（五）对桥梁使用寿命要求“高”

设计规范中提到“桥涵主要承重结构应按 100 年使用要求设计”。国内外大量桥梁的使用经验说明，结构的耐久性对桥梁的安全使用和经济性起着决定的作用。经济合理的设计应当是：使建造费用与使用期内的检查维修费用之和达到最少。片面地追求较低的建造费用而忽视耐久性，往往会造成很大的经济损失。因此，高速铁路的桥梁结构设计中十分重视结构物的耐久性设计，统一考虑合理的结构布局和结构细节。

二、高速铁路桥梁设计原则

（一）标准跨度

简支箱梁：L＝20、24、32、40 m。

中小跨度连续梁：3×20、2×24、3×24、2×32、3×32、2×40。

连续箱梁：32 m＋48 m＋32 m、40 m＋64 m＋40 m、48 m＋80 m＋48 m。

连续结合梁：32 m＋40 m＋32 m、40 m＋50 m＋40 m、40 m＋56 m＋40 m。

（二）桥跨布置

除受控制点影响外，尽量按等跨布置，等跨布置以 32 m、24 m 梁跨为主。一座桥尽量采用同一梁跨类型。

跨越河堤的桥孔应尽量一孔跨越，堤上及边坡上不设墩，如确有困难，桥墩应设在背水坡。

斜交过路过河时，采用较大跨度通过，可采用双线圆形桥墩，可利用异形墩或带洞式背靠背 T 台进行调孔。

（三）桥跨结构

跨度 20 m 及以上选用双线整孔箱梁。

跨度 20、24、32 m 采用双线简支箱梁或中小跨度连续梁。跨河桥梁以 32 m 梁为主。

跨度 16 m 及以下用框构、斜交刚构或简支 T 梁。

对全桥控制工点较多、梁跨形式较多、地质较差、沉降不易控制的情况，采用简支箱梁。

当特大桥或大桥全桥孔跨较为单一，地质较好沉降容易控制时，采用中小跨度连续梁布置桥孔。24 m 跨度以 3×24 为主，辅以 2×24 连续梁。32 m 跨度以 2×32 为主，辅以 3×32 连续梁。

（四）墩 台

高速铁路桥梁采用高速专用墩台。分为矩形双柱墩、圆形双柱墩、圆端形板式墩、圆端形桥墩、单圆柱形桥墩、矩形空心墩、圆端形空心墩等，根据道路斜交、水流条件和墩高等不同情况分别选用。

桥台使用耳台、T 台。不采用柔性桥墩。水中部分正交或斜交角较小时采用圆端形墩，斜交角较大时采用独柱圆墩；旱地部分可采用矩形墩、圆端形墩等。8 度地震区的墩台经专门检算后使用。

第二节 高速铁路桥梁及结构形式

一、桥面构造及技术要求

（一）桥面构造

高速铁路桥梁无砟桥面结构一般由轨道、作业通道、遮板、防护墙、梁缝伸缩装置、桥面防水层和泄水管等组成；有砟桥面还设有梁缝挡砟板和伸缩缝钢盖板等（图 7.1）。

我国高速铁路无砟轨道结构总体上分为两大类，即预制板式无砟轨道和现浇混凝土式无砟轨道。

以 CRTSⅡ板式无砟轨道为例简单介绍（图 7.2）。桥梁地段 CRTSⅡ板式无砟轨道结构由钢轨、弹性不分开式扣件、轨道板、水泥沥青砂浆填充层、底座板、滑动层、高强度挤塑板、侧向挡块及弹性限位板等部分组成。桥梁地段底座板为跨过梁缝的连续结构，底座板与梁面通过“两布一膜”滑动层以减少梁体因温差伸缩对底座板受力的影响。在每孔梁的固定支座上方，通过在梁体预设锚固销和齿槽与梁体固结，采用侧向挡块实现轨道结构横向和垂向的稳定性，防止在温度荷载、列车荷载等因素作用下的屈曲失稳。梁缝处约 3.1 m 范围内的梁面铺设 50 mm 厚硬泡沫塑料板，用于缓冲梁端变形对轨道结构的影响。

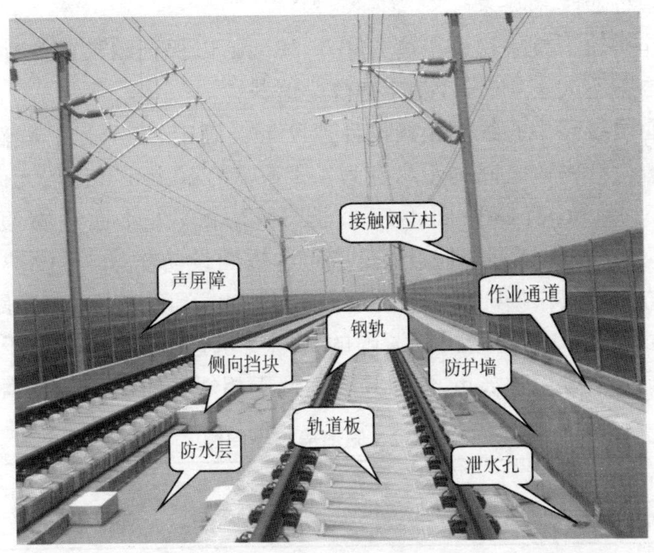

图 7.1　桥面总体布置

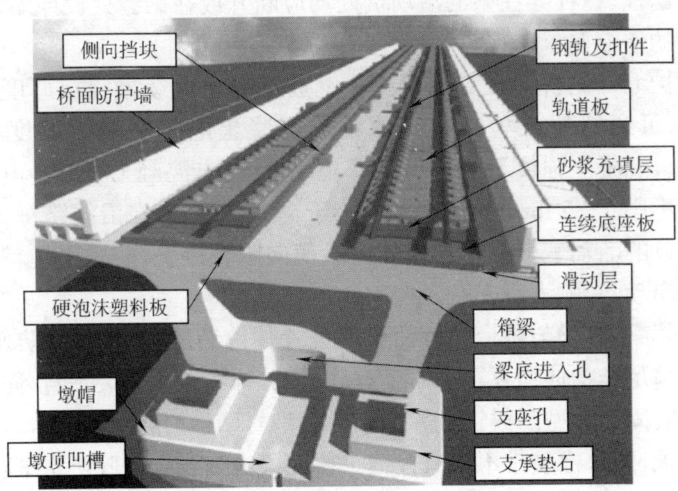

图 7.2　预应力混凝土简支梁桥和桥上
CRTSⅡ型板式轨道基本组成

(二)桥面技术要求

有砟桥轨下枕底道砟厚度不小于 35 cm,以保证轨道的弹性;直线段和曲线内股不大于 45 cm,以控制桥梁恒载。

桥面两线路中心线间距按设计速度等级确定(表 7.2)。线路中心距作业通道栏杆内侧之间的距离宜为 4.1 m,对 250 km/h 区段无砟桥面不应小于 3.45 m,有砟桥面不应小于 3.75 m。作业通道宽度不小于 0.8 m。为了既保证列车脱轨后的安全,桥面设防护墙,不设护轮轨,有砟轨道防护墙兼作挡砟墙。有砟轨道线路中心至防护墙内侧净距不小于 2.2 m,以满足大型养路机械清筛的空间要求,无砟轨道不小于 1.9 m。防护墙顶宽一般为 0.2 m,顶面高程不低于相邻轨面,且不侵入限界。

表 7.2　限值最小线间距

设计行车速度(km/h)	350	300	250	200
最小线间距(m)	5.0	4.8	4.6	4.4

主梁翼缘悬臂板端部设钢筋混凝土遮板,并作为桥梁栏杆、声屏障的基础。遮板、栏杆等在梁的活动端处均应断开或在梁缝处设伸缩缝,间隙满足梁的伸缩要求。

防护墙外侧桥面设置电缆槽。钢筋混凝土电缆槽盖板厚度不小于 60 mm(可通行桥梁检查小车的钢筋混凝土电缆槽盖板厚度不小于 90 mm),混凝土强度等级不低于 C40;活性粉末混凝土(RPC)电缆槽盖板厚度不小于 25 mm,抗压强度不小于 120 MPa;宜在沿线路每 10 m 铺设带凹口的活动盖板。在梁缝处设纵横向限位装置,防止电缆槽盖板在梁缝处串动,影响人身安全。

相邻梁间、梁与桥台间桥面梁缝设置伸缩装置,具有梁缝防水功能,伸缩量满足结构伸缩要求。对于有砟桥面,伸缩装置安装平直,防水橡胶带全部嵌固于异型耐候钢或异型铝合金型材凹槽内,不得积水,且沿梁缝全长设置,防水橡胶带不得有接缝。桥面梁端处设置橡胶止水带,其作用是防止雨水从梁缝漫流到梁体,特别是防止雨水漫流到梁端,使梁端封锚混凝土产生病害。为提高伸缩缝钢盖板的使用年限,减少维修工作量,有砟桥面伸缩缝钢盖板应使用耐候钢板,伸缩缝钢盖板异型钢采用不低于

Q345B 的耐候钢或异型铝合金型材，厚度不小于 16 mm，活动端应加工成约 1∶4 的斜坡，斜坡尖厚度约 4 mm；钢盖板长度与防护墙内侧净距一致，与梁顶面的接触宽度不小于 10 cm，顶面与防水层的保护层顶面齐平，并固定在梁体伸缩量小的一侧，简支梁应固定在固定支座一侧，桥头固定在桥台胸墙一侧(图 7.3、图 7.4)。

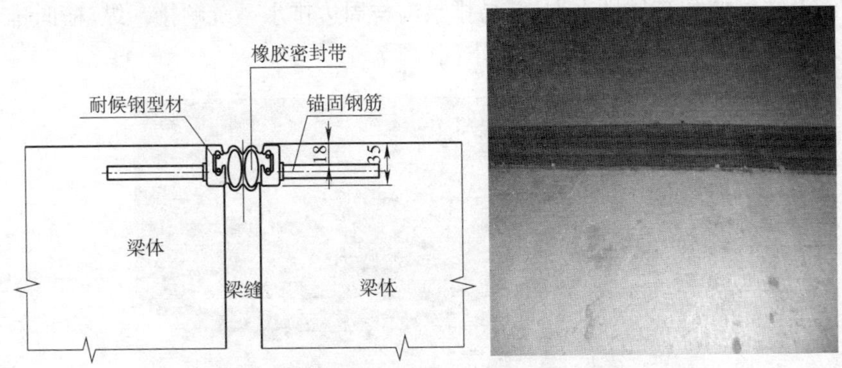

图 7.3　无砟桥面梁缝伸缩装置(单位：mm)

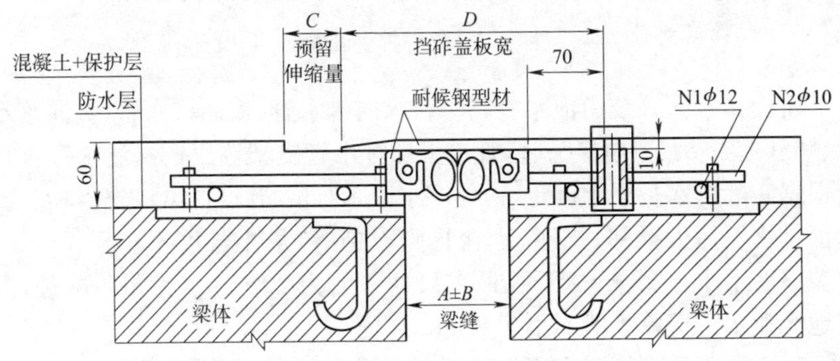

图 7.4　有砟桥面梁缝伸缩装置(单位：mm)

根据轨道结构形式，桥面横向排水构造为六面坡三列排水，或四面坡两侧排水，或两面坡中间排水；排水坡度不小于 2%，泄水管处设有汇水坡，泄水管纵向间距一般在 4.0 m 左右。防护墙过水孔高度和宽度均不小于 15 cm，与防护墙过水孔对应位置的中间电缆槽竖墙设置高度和宽度均不小于 10 cm 的过水孔。跨越铁路、公路、城市道路和居民区的立交桥，当桥下对排水有要求或需要考虑景观时，需要设置纵、横向排水管和竖向落水管集中从梁端排水。纵、横向排水管设置排水坡度不小于 1%。落水管出口设弯管，弯管口距自然地面高差一般控制在 0.5～1.0 m，地面设消能槽和简易排水沟，简易排水沟与周边排水系统顺接。纵、横向排水管和竖向落水管的连接要求牢固(图 7.5)。

图 7.5　集中排水设施

桥面排水管系统由泄水管、管盖、纵向排水管、横向排水管、竖向落水管、顺 T 型接头、三向接头、弯管接头和排水管支架等组成。泄水管直径应根据实际排水量要求确定，内径不小于 15 cm，泄水管出口外露长度要保证排水不污染梁体、支座、墩台检查设施等，最小长度不小于 15 cm。管盖厚度不小于 38 mm，开孔最大尺寸一般为 20 mm。为预防冻裂，严寒地区泄水管壁厚一般不小于 8 mm。

对于无砟桥面轨道底座板与桥面有隔离层时，全桥面设防水层。防水层目前一般采用底涂、喷涂聚脲防水涂料、脂肪族聚氨酯面层组成的喷涂聚脲防水层。聚脲防水涂料涂膜厚度在 1.6～2.0 mm 之间；脂肪族聚氨酯面层涂膜总厚度不小于 200 μm。聚脲防水涂料涂膜一般采用深灰色，脂肪族聚氨酯面层一般采用中灰色。喷涂聚脲防水层上不设保护层。

对于无砟桥面轨道底座板与桥面直接连接，底座板范围以外的桥面铺设卷材类防水层和保护层。防水层上设厚度不小于 6.0 cm 的纤维混凝土保护层,保护层沿防护墙弯起高度 5.0 cm。保护层与防护墙接缝应采用聚氨酯防水涂料封边,封边高度不小于 8.0 cm。对于有砟轨道,全桥铺设防水层和保护层。防护墙间宜铺设卷材类防水层,防护墙根部加铺卷材附加层,附加层沿防护墙弯起高度 5.0 cm,水平向宽度 15 cm。防水层上设厚度不小于 4.0～6.0 cm 的纤维混凝土保护层,保护层与防护墙接缝应采用聚氨酯防水涂料封边,封边高度不小于 8.0 cm。保护层纵向每隔 4.0 m 设置宽 10 mm 深 20 mm 的横向预裂缝,并用聚氨酯防水涂料填实。

二、梁跨、墩台结构

(一)梁跨结构

高速铁路桥梁以 32 m 预应力混凝土整孔简支箱梁为主(图 7.6),整孔简支箱梁具有整体性好、抗扭刚度大等优点。设计速度为 350 km/h 高速铁路无砟轨道,跨度 32 m 预应力混凝土双线整孔简支箱(单箱单室)梁,跨中截面(如图 7.6 所示)。当跨越较宽道路、较大河流和山谷时,采用预应力混凝土连续梁或其他特殊结构。常用跨度预应力混凝土连续梁有(32＋48＋32)m 和抛物线变高度梁(40＋56＋40)m、(40＋64＋40)m、(48＋80＋48)m、(60＋100＋60)m 等。

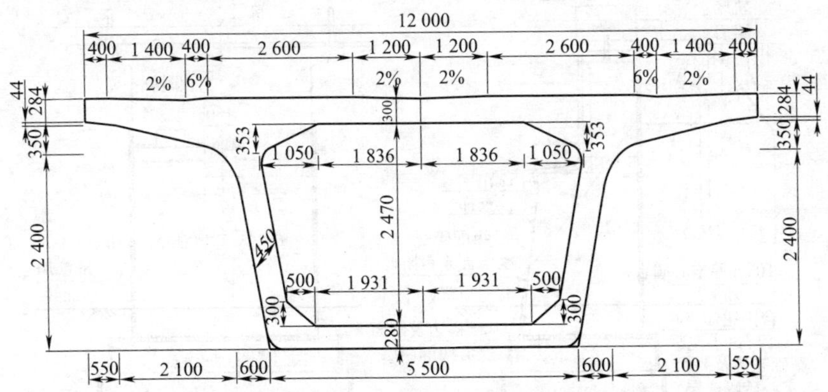

图 7.6　32 m 简支箱梁跨中截面(尺寸单位:mm)

箱梁内净空高度一般不小于 1.6m，并设置进入孔，进人孔设置在两孔梁梁缝处或梁端附近的底板上。梁体混凝土最小净保护层，除顶板顶层为 3.0 cm 外，其余均为 3.5 cm。

预应力混凝土梁的封锚及接缝处，在构造上采取防水措施，防止雨水渗入。各种接缝尽可能避开最不利环境作用的部位。对于结构有可能产生裂缝的部位，适当增设普通钢筋限制裂缝发展。湿接缝新老混凝土之间应无错台，混凝土表面应平整，无蜂窝麻面、露筋、夹缝。

墩台上相邻梁间、梁端与桥台胸墙间的间距，应能保证梁体自由伸缩，误差不应超过设计梁缝的±10%。

(二)墩台结构

高速铁路桥梁墩台结构一般采用混凝土或钢筋混凝土墩台，保证桥梁和轨道结构的安全、舒适、耐久和良好的动力性能。由于高速铁路设计的 ZK 活载较中—活载小，在结构受力上，桥台力学指标不控制桥台设计，无需采用大体积重力式桥台，而是大量采用一字形桥台或空心桥台。高速铁路一般路基填土厚度不高，一字形桥台较好地适用于台后路基填土高度 10 m 以下桥梁(图 7.7)；空心桥台与实体桥台相比大大节约了主体混凝土，并有利于台后填土的压实，可适用于高度 14 m 以下填土高度桥梁。

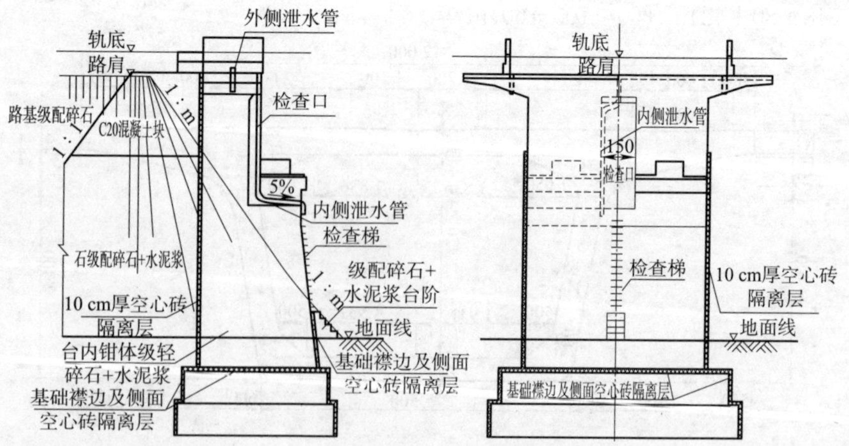

图 7.7 双线一字型桥台(单位:cm)

支承垫石、墩帽(或墩身上部不少于 1.5 m 范围)采用钢筋混凝土；寒冷地区墩台托盘一般采用钢筋混凝土。混凝土强度等级分别不低于 C40 和 C35;混凝土桥墩墩身设护面钢筋,混凝土强度等级不低于 C35。桥墩混凝土保护层厚度不小于 4.0 cm。桥墩台顶面尺寸要符合架梁施工和运营后的检查、养护、维修、支座更换及顶梁要求,墩台顶面设有不小于 2%的排水坡。

为方便日常检查维修,高速铁路桥梁墩台顶支撑垫石高度一般不小于 35 cm,墩顶在横向支撑垫石之间对应于梁底进人孔位置设置深 0.5 m、横向宽 1.5 m、纵向与顶帽等宽的凹槽。在 6 度及以上地震设防区段,梁底与墩台顶之间的支座内侧设置防落梁装置。墩台身施工时,预埋测量观测标,是精密工程控制测量网测点的组成部分,运营后用于桥墩台沉降观测。双线桥墩顶帽(图 7.8)。

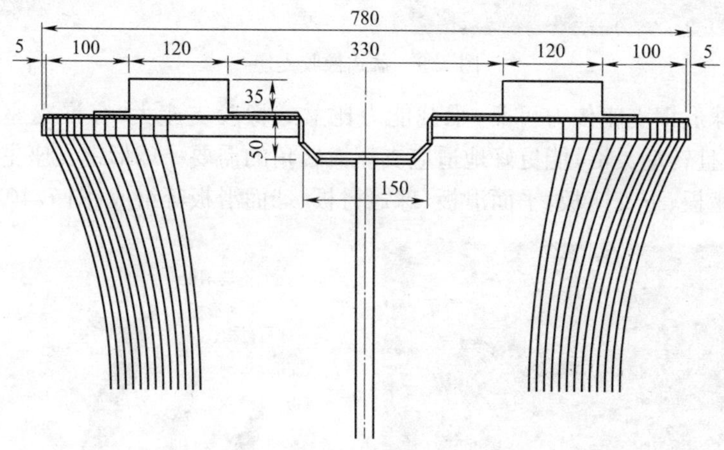

图 7.8　350 km/h 双线整孔简支箱梁桥桥墩顶帽结构示意图(单位:cm)

三、支座构造与布置

(一)支座构造

高速铁路桥梁一般采用盆式橡胶支座、球形钢支座,大跨度梁也可采用铰轴滑板支座;墩台基础工后沉降大的桥梁,采用了调高支座。

盆式橡胶支座具有承载能力大、水平位移量大、转动灵活等特点,且重量轻,结构紧凑,构造简单,建筑高度低,加工制造方便,节省钢材,降低造价等优点,在高铁桥梁中被广泛使用。盆式橡胶支座主要由上支座板、下支座板、滑板、铜密封圈、中间钢衬板、橡胶承压板等组成。(图 7.9)

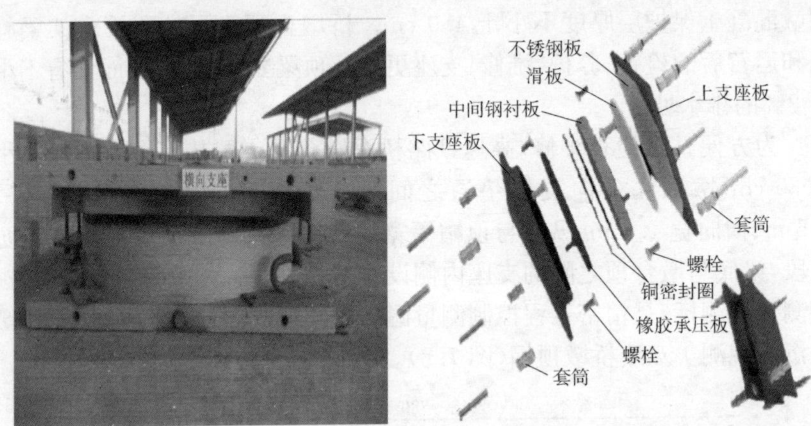

图 7.9　盆式橡胶支座

球形钢支座传力可靠,承载能力比盆式橡胶支座大,容许支座位移大,而且转动灵活,能更好地适应支座大转角的需要。球形钢支座主要由上支座板、下支座板、平面滑板、球冠衬板、球面滑板等组成(图 7.10)。

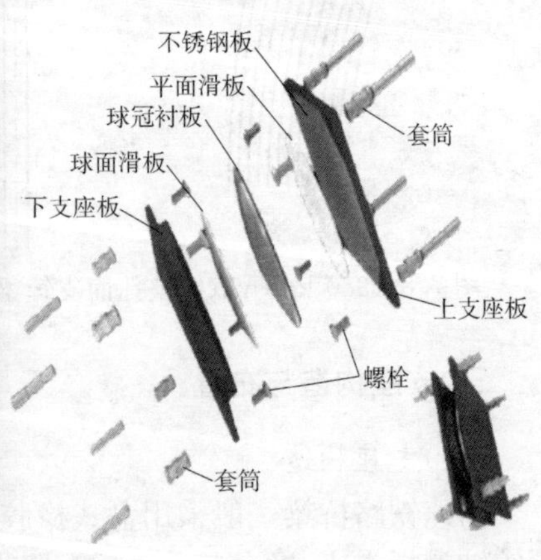

图 7.10　球形钢支座

铰轴滑板支座结合了传统铰轴支座和盆式支座的优点，上下摆以铰轴为中心转动满足桥梁的转动功能，采用摩擦系数极低的填充聚四氟乙烯复合夹层滑板与不锈钢板组成的滑动摩擦副，实现支座结构的位移功能，摩擦副使竖向力的传递由点接触或线接触变成了面接触，改善了结构的受力性能，铰轴滑板支座具有受力均匀、转动和滑动灵活，易养护、少维修、寿命长等优点。

对于区域性地面沉降地段，桥梁采用可调高支座，以补偿区域性沉降的影响，目前国内外支座调高方式主要有：垫板调高、螺旋调高、楔块调高、压注可固化体调高(图 7.11)等方式。垫板调高方式可实现最大调高 60 mm，普通支座也可通过加设钢垫板进行调高，最大调高量 20 mm。加设钢垫板采用 Q235D，加设钢垫板优先选择在上支座板顶与梁底之间加垫，加垫完毕将支座与钢板间的缝隙进行封堵，并用油漆进行防护。

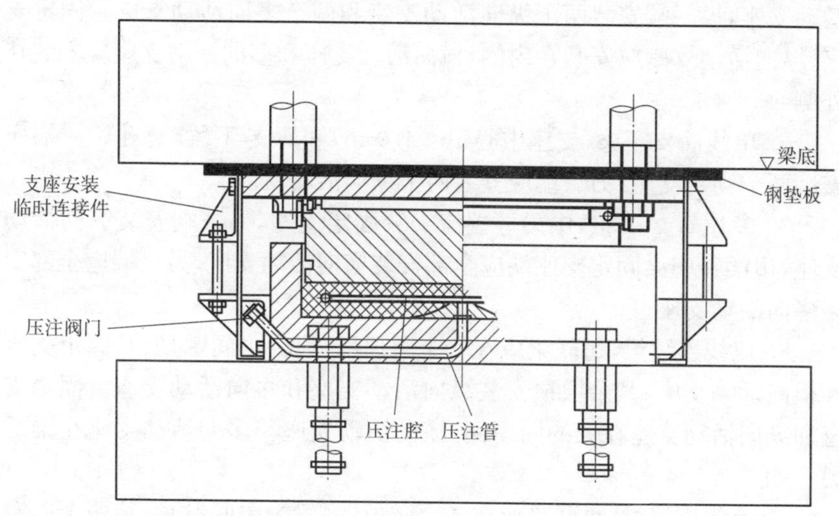

图 7.11　压注式可调盆式橡胶支座示意图

(二)支座布置

高速铁路桥梁主要采用双线整孔箱梁，因横向宽度大，故桥梁支座分为固定支座、横向活动支座、纵向活动支座和多项活动支座，以解决纵、横向受力变位和温度位移、转动。对支座架梁时临时连接件，使用中应解开或拆除。同一座桥梁中,支座布置应避免相邻梁端横向反方向温度位移。

支座布置应符合下列规定:

1. 同一座桥上固定支座的设置,应避免梁缝处相邻梁端横向反方向温度位移。

2. 在坡道上,固定支座宜设在较低一端;在车站附近,宜设在靠车站一端。

3. 对斜交梁,支座纵向位移方向应与梁轴线或切线一致。

4. 双线整孔简支箱梁,每孔梁一端应安装一个固定支座(GD)和一个横向活动支座(HX),另一端安装一个纵向活动支座(ZX)和一个多向活动支座(DX)。固定支座和纵向活动支座应在梁的同一侧,横向活动支座与多向活动支座应在梁的另一侧。

5. 双线并置简支箱梁,每孔梁一端应安装两个固定支座和两个横向活动支座,另一端安装两个纵向活动支座和两个多向活动支座。固定支座、纵向活动支座应安装在内侧,横向活动支座和多向活动支座应安装在外侧。

6. 单线简支箱梁(支座中心距<4.0 m)和简支T梁,每孔梁一端应安装两个固定支座,另一端应安装两个纵向活动支座。

7. 多片简支T梁,中梁一端应安装固定支座,另一端安装纵向活动支座,边梁在中梁固定支座端应全部安装横向活动支座,另一端应全部安装多向活动支座。

8. 双线连续梁,每联梁应在一个墩顶(一般为中间墩)安装固定支座和横向活动支座,其余墩顶安装纵向活动支座和多向活动支座。固定支座和纵向活动支座在梁的同一侧,横向活动支座与多向活动支座在梁的另一侧。

9. 单线连续梁,每联梁应在一个墩顶(一般为中间墩)安装两个固定支座,其余墩顶全部安装纵向活动支座。

10. 同一座桥梁中,当各桥跨固定支座安装条件相互抵触时,应首先满足线路一侧的支座横向位移约束条件相同的要求,即同桥同侧的要求。其次再按水平力作用影响较大的情况设置。简支箱梁支座布置(图7.12)。

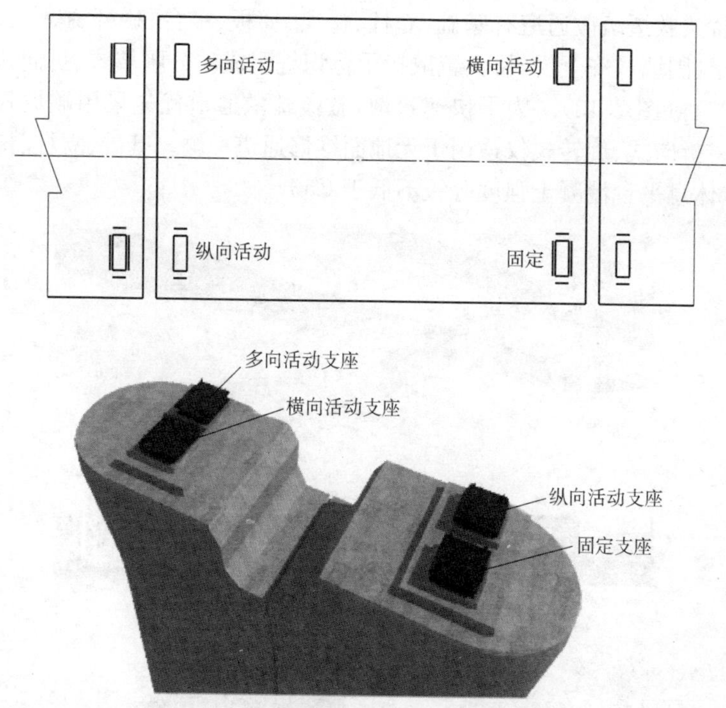

图 7.12　简支箱梁桥墩顶支座布置

四、救援疏散通道特点

高速铁路大量采用高架桥，单座桥梁长度数公里以上已为常见，桥梁救援疏散通道成为高铁铁路防灾救援安全保障体系的重要组成部分。运营中，为应对列车在桥上可能发生的诸如火灾、电力中断、设备故障、地震等突发事件；以便旅客安全、快速的疏散和抢险人员快速上桥救援；同时，在正常情况下，兼顾养护维修通道的功能，供工务、通信、信号、供电维护人员上线作业之用，方便桥上固定设备养护维修。桥梁救援疏散通道设置在铁路用地范围内，沿桥梁全长每隔 3 km 左右，结合地面道路条件，在线路两侧交错设置。救援疏散通道侧对应的桥上栏杆或声屏障位置应预留出口。

桥梁救援疏散通道有基础、立柱、梯梁、梯板、平台、栏杆、扶手、安全防护罩(围墙)、安全门、桥上疏散指示标识等组成。分顺坡式、折向式、旋转式三种(图 7.13)。为了快速疏散,救援疏散通道优先采用顺坡式、折向式。折向式、旋转式仅适用于无地面维修通道一侧。基础、立柱、梯梁、梯板、休息平台混凝土强度等级不低于 C35。

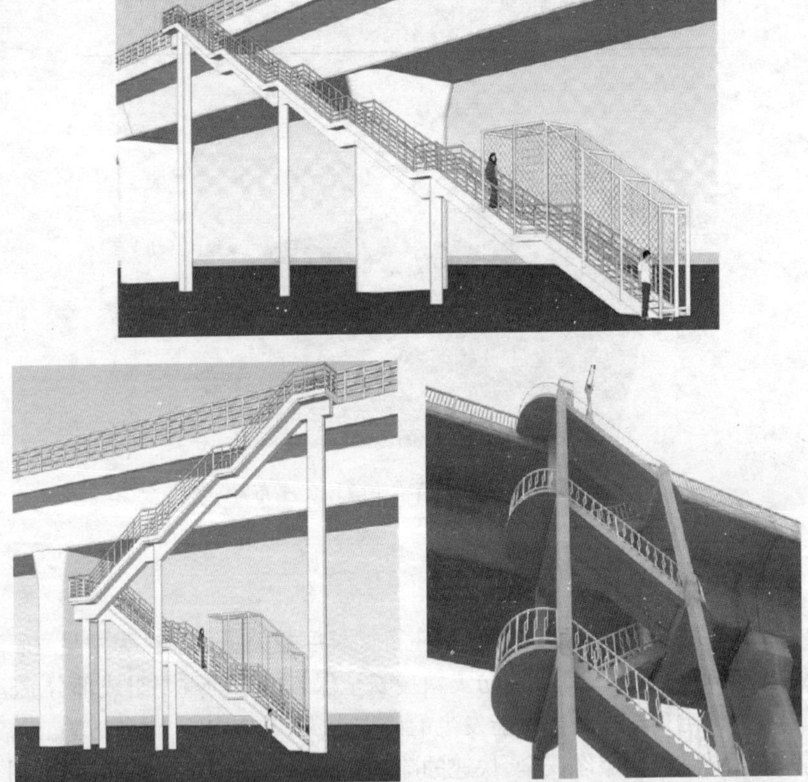

图 7.13 顺坡式、折向式、旋转式救援疏散通道

桥梁救援疏散通道要求与地面道路驳接平顺,设置在铁路征地范围内,并不应影响桥下地面维修通道的使用。桥梁救援疏散通道设置在有地面维修通道一侧时,应保证桥墩与疏散通道之间的净宽不小于 3.0 m。

救援疏散通道与梁部独立；通道顶部平台一般设置在桥墩位置，救援疏散通道应与桥面作业通道顶面相对高差不大于 8.0 cm。平台顶面与桥面遮板之间的缝隙一般要求在 5.0～10.0 cm，避免触碰和间隙过大。桥梁救援疏散通道宽度不小于 1.5 m；踏步长度不小于 1.25 m，宽度 0.30 m，高度 0.15～0.17 m。顶部休息平台宽度不小于 1.75 m；栏杆扶手顶面与踏步面高差不得小于 1.2 m；踏步面层要采取防滑措施。

桥梁救援疏散通道下方和与桥面相接处的通道平台上都必须设安全防护门。在距地面 3.0 m 高度范围内的部分，设置金属安全防护罩或砖、石、混凝土等砌体围墙。对设安全防护罩的疏散通道，为提高疏散通道防爬性能，对周边人员环境复杂地段，可将通道下方安全防护门和安全防护罩同步上移至地面 3.0 m 以上。

五、附属设施和安全检查设备

桥面作业通道栏杆高度不小于 1.0 m，立柱和扶手的水平推力要求能承受 0.75 kN/m 均布荷载和 1.0 kN 集中荷载的要求，栏杆与遮板连接锚固螺栓直径不应小于 16 mm，在梁端梁缝处断开，间隙满足梁的伸缩要求。

对环保有要求地段，高速铁路应设置声屏障，桥梁上的声屏障设在作业通道栏杆处，声屏障的高度不宜超过轨面以上 2.05 m，特殊地段声屏障高度超过轨面以上 2.05 m 部分采用透明材料，以尽量减少对旅客视线的遮挡。声屏障一般采用 H 型钢插板、直立结构，采用铝合金复合吸声板(图 7.14)。在设计声屏障时应考虑人行道检查车和桥面作业通道的通行。设计速度 350 km/h 桥面宽度 13.4 m 和设计速度 250 km/h 桥面宽度 13 m 的桥梁，每辆检查车的工作范围不宜超过 10 km。

高速铁路桥梁墩顶中央设置凹槽，双线墩凹槽宽一般不小于 1.5 m、单线墩一般不小于 0.8 m，凹槽深 0.5 m，纵向贯通。对无法采用道路升降高空作业车检查，且梁底至地面的高度超过 6.0 m 时宜设置吊篮(京沪高速铁路规定梁底至地面的高度大于 10m，或水中墩设置吊篮)，吊篮宽度不小于梁底宽度；为方便进入梁内进行检查，梁与墩顶之间设置检查梯。

图 7.14 声屏障

为保证接触网高压电下的作业人员安全，钢桁梁应配备防电检查维修车。空心墩、斜拉桥、拱等安装相应的检查设备。

涵洞、护锥、桥台及隧道洞口处，路堤及路堑边坡高度大于 3.0 m 时，设置检查台阶。

下穿铁路桥梁、涵洞且通行机动车辆的道路，当桥梁、涵洞净高小于 5.0 m 时，设置限高防护架和车辆通过限高标志，限高防护架的架身应喷涂黑黄相间条纹。限高防护架设置的宽度不得小于道路路面的实际宽度，设置位置应在铁路安全保护区范围内；限高防护架横梁底至路面净高在任何情况下都应低于桥下净高 20～100 mm，并与警示标志“限高”一致。

第三节 大跨度钢桥结构特点

一、武汉天兴洲公铁两用长江大桥（图 7.15）

主桥 98＋196＋504＋196＋98 m 双塔三索面斜拉桥，全长 1 092 m。

公路六车道，铁路四线。主桁节间长 14 m，桁高 15.2 m，焊接整体节点。

主塔倒 Y 形。桥面：铁路桥面，纵横梁体系，道砟桥面。公路桥面，主梁中部 756m 钢正交异性板桥面，主梁两端各 168 m 混凝土结合板桥面。

图 7.15　武汉天兴洲公铁两用长江大桥

二、南京大胜关长江大桥(图 7.16)

设计速度 300 km/h。
铁路 6 线京沪高速 2 线沿江通道 2 线城际铁路 2 线。
主桥 108＋192＋336＋336＋192＋108 m 六跨连续钢桁梁拱桥。
主桁三片主桁主桁间距 15 m。

图 7.16　南京大胜关长江大桥

三、京沪高速铁路济南黄河大桥(图 7.17)

设计速度 350 km/h。
主桥 112＋3×168＋112 m 等高度刚性梁柔性拱方案四线铁路。

四、郑州黄河公铁两用大桥(图 7.18)

设计速度 350 km/h。

图 7.17　京沪高速铁路济南黄河大桥

主桥第一联 121.05＋5×168＋121.05 m，六塔单索面部分斜拉连续。

钢桁梁方案；第二联 120.95＋3×120＋120.95 m 连续钢桁梁方案。上层公路六车道下层铁路四线。

图 7.18　郑州黄河公铁两用大桥

第四节　桥涵设备检查

一、检查制度

检查制度包括：周期性检查、定期检查、临时检查、水文观测、专项检查、检定试验等，各项检查必须建立相应责任制度，保证各项检查工作的落实。

二、周期性检查

对特殊结构（钢箱叠拱、桁式结合梁、系杆拱桥）、隧道出入口及其上方的防撞墙或防撞护栏、桥涵限高防护架等重要桥隧设备每季度检查一遍；对桥面及以上部位、涵洞排水、救援通道每半年检查一遍；桥面以下结构、支座、隧道、涵洞每年检查一遍；桥隧周边环境每年检查一遍。汛前对桥涵、隧道、防洪设施进行专项检查。

三、临时检查

1. 临时检查是当设备遭受地震、洪水、台风、火灾及车船撞击等紧急情况或发生突发性严重病害时，为及时得到结构物状态的信息而进行的检查。

2. 临时检查应反应迅速，检查后及时向上级单位汇报检查结果。

四、专项检查

1. 桥梁基础沉降观测对象的选择，可通过以下条件确定：

(1)调查设计、施工文件、沉降评估资料，根据设计情况和施工质量，选择有代表性的孔跨。

(2)根据桥上轨道状态的变化幅度和整修频率。

(3)根据可能影响桥梁基础沉降的周边环境变化（如抽水、堆载、开挖等）。

2. 选择沉降量大的桥涵，测量基础沉降。运营后第一年每半年 1 次，第二年后每年 1 次，基础沉降稳定，5 年后可不再测量。对沉降速率较大的应缩短测量周期；对沉降速率较小、基本趋于稳定的，可延长观测周期。观测资料应妥善保存并积累绘制出图表，以分析了解其变化趋势。

3. 选择有代表性的桥梁孔跨测量上拱度，开始运营后第一年，每半年观测 1 次，第二年起每年观测 1 次，或根据情况确定观测周期。上拱度稳定 5 年后可不再测量。

4. 上拱度测量应使用桥上的预设测点，基础沉降测量应利用高程控制网水准基点和控制基桩网（CPⅢ）精密水准点。测量应在恒载、气温比较恒定的夜间或阴天条件下进行。

5. 对运营中轨道状态出现频繁变化的位置，应在基础沉降观测、上拱度测量的基础上，分析对轨道状态的影响。

6. 大跨度桥梁梁端伸缩装置应进行状态检查和位移量观测。

7. 判断桥墩水下墩身和基础有无裂损、冲空时，可使用水下摄影、摄像或人工摸探进行。判断墩台及基础是否存在严重病害，可由专业机构通过测量墩台顶水平横向振动，与同类型墩台相比较，观测其波形、振幅和频率来进行。

8. 桥隧结构构造发生变化，可能影响建筑限界时，应进行限界测量。

五、检查重点

（一）钢结构应重点检查内容

1. 钢桥面板焊缝裂纹，密横梁与系梁连接处裂纹；

2. 正交异性板，横肋与纵梁、横肋与U肋相交处割焊孔焊缝裂纹；

3. 结合梁道砟槽板与纵、横梁连接处流锈、缝隙；

4. 纵梁与横梁及主梁与横梁联结处的母材、焊缝、高强度螺栓；

5. 受拉及受反复应力杆件的节点及联结系节点的高强度螺栓；

6. 受拉及受反复应力杆件上的焊缝及邻近焊缝热影响区的钢材；

7. 杆件断面变化处焊缝；

8. 联结系节点及焊缝；

9. 伸缩纵梁端横联处、支座上方钢杆件裂纹；

10. 加劲肋、横隔板及盖板处焊缝；

11. 加劲肋未顶紧上、下盖板时，腹板上加劲肋两端焊缝处；

12. 主桁箱形下弦杆的上水平板与桥面顶板的不等厚度的对接焊缝；

13. 主桁节点板与横梁下缘焊缝；

14. 对接焊缝；

15. 主桁节点处弦杆的上水平板槽口是否有裂纹、积水；

16. 对钢梁角落隐蔽部位，特别是电气化接触网连接板包裹部位应注意锈蚀的检查，检查时使用探伤仪器、化学药剂和手工结合进行。

(二)混凝土梁(拱)应重点检查内容

1. 检查桥面防水层(涂层)、保护层破损、开裂和起臌；

2. 泄水孔堵塞、漏水、丢失管盖；

3. 梁端止水带漏水、脱落、破损、堵塞，有砟轨道梁缝挡板脱落、盖板脱出；

4. 遮板端部挤死；

5. 混凝土栏杆松动、裂损、掉块、开裂，连接处脱落，栏杆螺栓松动、缺少，钢栏杆锈蚀；

6. 防护墙开裂、掉块；

7. 轨道底座板、侧向挡块和桥面接合状态；

8. 封锚混凝土开裂、脱落、空臌；

9. 梁与梁之间、异形墩上梁端与桥墩挤死；

10. 吊装孔、检查孔附近、倒角变截面处裂纹，矮墩防护门状态；

11. 拱脚与拱肋、拱脚与梁体连接部位混凝土裂缝；

12. 吊杆在拱、梁上的锚固混凝土裂缝、脱落；

13. 桥面、箱梁内积水；

14. 梁体渗水、流白浆；

15. 排水管破损、脱落丢失和漏水，上跨公路集中排水冬季结冰溜；

16. 排水孔、电缆孔尿梁；

17. 梁体检查梯、防护围栏锈蚀、开焊、断裂。

(三)混凝土墩台应重点检查内容

1. 墩台下沉、倾斜、滑动；

2. 墩台混凝土裂缝、腐蚀、空洞；

3. 空心墩、台温度裂缝，裂缝内外有无贯通；

4. 空心墩、台积水、结冰、冻胀裂损；

5. 高桩承台桥墩基桩环状裂缝、断裂；

6. 桥台护锥砌体灰缝缺损、开裂、下沉变形，土体陷穴，盲沟排水；

7. 寒冷地区墩台水位变化部位冻害、腐蚀；

8. 墩帽托盘有无冻裂；

9. 有冲刷的桥梁墩周局部冲刷的深度及基底淘空；

10. 水库下游的桥梁河床冲刷下切；

11. 跨越泥石流沟的桥梁桥下冲淤；

12. 混凝土中性化检查；

13. 行洪桥有无水标尺，水标尺是否稳固、标示清晰；

14. 水中桥墩表面冲蚀情况；

15. 墩身排水管是否有脱落、松动、损坏；

16. 墩身检查围栏、吊篮锈蚀、开焊、断裂、步行板损坏、开裂。

(四)支座应重点检查内容

1. 上下锚栓缺少、松动、弯曲、断裂，螺纹锈蚀，锚栓剪断时支座变位；

2. 上座板与梁底、下座板与支承垫石之间脱空，支点三条腿、支承垫石不平、开裂压碎；支座各部分是否完好；

3. 支座钢件锈蚀、裂纹、脱焊；

4. 聚四氟乙烯板脱出、磨损、凸出中间钢衬板高度，外露摩擦面状态；

5. 支座位移、转角超限；

6. 大吨位活动支座的相对位移不匀；

7. 橡胶密封件老化、外翻现象；

8. 支座的调高预留孔防护盖损坏、丢失，预留孔损伤、锈蚀、堵塞；

9. 支座防尘罩损坏、丢失；

10. 临时连接未拆除。

(五)防落梁挡块应重点检查内容

1. 防落梁挡块与支承垫石之间的空隙；

2. 活动支座旁防落梁挡块与支承垫石、墩台顶面顶死；

3. 防落梁挡块约束相邻跨梁体的自由伸缩；

4. 防落梁挡块和螺栓松动、损坏、丢失、锈蚀。

复习思考题

1. 简述高速铁路桥的特点。
2. 高速铁路桥梁采用了哪些新技术?
3. 简述高速铁路桥梁的检查重点有哪些。